고대 그리스에서 1년 살기

A Year in the Life of Ancient Greece

필립 마티작 지음 | 우진하 옮김

소설처럼 읽는 고대 그리스 생활사

고대 그리스에서 1년 살기

A Year in the Life of Ancient Greece

타인의사유

차례

이 책에 대하여 | 007

프롤로그 | 013

Chapter 1.　**10월, 새로운 시작**
농부 018 | 외교관 024 | 노예 소녀 031 | 달리기 선수 038

Chapter 2.　**11월, 새로운 시작**
어린 신부 046 | 건축가 052 | 상인 062 | 리라 연주자 067

Chapter 3.　**12월, 준비**
농부 074 | 외교관 080 | 도망자 087 | 달리기 선수 093

Chapter 4.　**1월, 준비**
어린 신부 102 | 건축가 109 | 상인 116 | 리라 연주자 121

Chapter 5.　**2월, 첫 걸음**
농부 128 | 외교관 134 | 도망자 140 | 달리기 선수 148

Chapter 6.　**3월, 첫 걸음**
어린 신부 156 | 건축가 162 | 상인 168 | 리라 연주자 176

Chapter 7.   **4월, 숨 고르기**

농부 184 | 외교관 190 | 도망자 197 | 달리기 선수 204

Chapter 8.   **5월, 숨 고르기**

어린 신부 214 | 건축가 222 | 상인 228 | 리라 연주자 236

Chapter 9.   **6월, 수확의 시기**

농부 244 | 외교관 249 | 도망자 257 | 달리기 선수 265

Chapter 10.   **7월, 수확의 시기**

어린 신부 272 | 건축가 278 | 상인 292

Chapter 11.   **8월, 쉼 없는 분투**

달리기 선수, 하나 300 | 농부 305 | 외교관 311
달리기 선수, 둘 318

Chapter 12.   **9월, 마지막 이야기**

리라 연주자 324 | 도망자 330

사진 출처 | 334
참고 도서 | 337

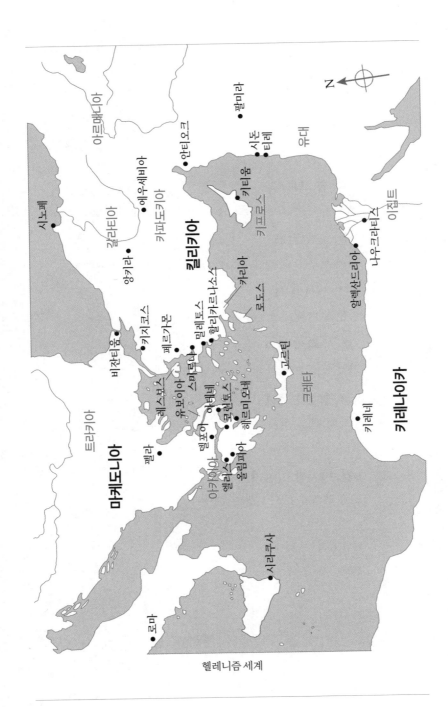

헬레니즘 세계

아르메니아
시노페
트라키아
마케도니아
펠라
비잔티움
카지코스
페르가몬
레스보스
밀레토스
스미르나
유보이아
엘리스
올림피아
아테네
코린토스
헤르미오네
크레타
카레네
갈라티아
앙카라
에우세비아
카파도키아
킬리키아
카리아
로도스
고르틴
안티오크
키프로스
팔미라
시돈
티레
키티움
유대
이집트
나우크라티스
알렉산드리아
로마
시라쿠사

카레나이카

기원전 248년의 세계가 펼쳐지다

인도까지 동방 원정을 감행했던 마케도니아의 알렉산드로스 대왕은 그리스 문화와 오리엔트 문화가 결합된 헬레니즘 시대를 열었다. 수많은 정복 전쟁을 통해 이 세계는 곧 엄청나게 거대해졌다. 알렉산드로스 대왕이 세상을 떠난 지 두 세대 정도 흐른 후에는 그리스 본토가 헬레니즘 세계의 극히 일부에 불과할 정도였다. 그리스 사람들은 인더스 강변에서는 인도 군사들과, 그리고 지중해 서쪽 해안에서는 이베리아반도의 원주민들과 마주했다. 이집트의 거대한 피라미드 주변이나 이스칸다르(지금의 아프가니스탄 근처)에서도 그리스 사람들을 찾아볼 수 있었는데, 이스칸다르는 알렉산드로스 대왕이 동방 원정길에 자신의 이름을 붙여 세운 도시였다.

헬레니즘 세계는 위험과 기회가 공존하는 거대하고도 신기한 세상이었지만, 동시에 세금을 바치고 매일의 일상생활을 꾸려 나가는 지극히 평범한 세상이기도 했다. 영토가 거대해지고 여러 문물이 뒤섞임에 따라 처음에는 낯설고 신기하던 그 모든 것들이 빠르게 일상생활 속으로 녹아들었다. 그리스 사람들은 조상들의 고향에서 얼마나 멀리 떨어져 있든지 간에 그리스 사람으로서의 정체성을 유지하고자 했다. 그들은 여전히 조상들이 믿었던 신들을 따르고, 체육관이나 경기장에서 몸을 단련했으며, 올림피아 제전에 4년에 한 번씩 참가해 자신들이 갈고닦은 힘과 기술을 겨뤘다. 기원전 248년은 132회 올림피아 제전이 끝난 지 3년이 지난 해이자, 133회 올림피아 제전을 1년 앞둔 때였다.

이 책에서 우리는 133회 올림피아 제전을 중심으로, 각기 다른 상황 속에서 그 시절을 살아갔던 8명의 그리스 사람들을 살펴보게 될 것이다. 이들은 물론 허구의 인물들이지만 그 삶은 그렇지 않다. 이들의 삶은 다양한 고고학적 발견의 도움을 받아 묘사되었는데, 현재 헬레니즘 세계와 관련된 고고학은 박물관용 조각상을 찾는 일을 넘어서서 일반 주민들이 살았던 삶의 터전을 연구하는 학문으로 발전하고 있다. 고고학자들은 고대 건축술에 대한 지식을 바탕으로 건축물의 터나 기초만 보고도 실제 건축물이 어떻게 생겼는지를 충분히 상상할 수 있는데, 이제 우리는 사회과학적 측면에서 고대 그리스 사람들의 일상생활을 재현할 수 있을 만큼 충분한 지식과 자료를 갖추게 되었다.

물론 왕궁이나 저택이 있던 자리라면 진귀한 보물 같은 유물들을 발굴해 낼 수 있을지도 모른다. 그렇지만 평범한 그리스 사람들의 진짜 흔적이 남아 있는 그런 장소에서 우리는 더 큰 수확을 얻을 수 있다. 왕이나 장군들이 아니라 그들에게 세금을 납부하고 그들이 이끄는 군대에서 목숨을 바쳤던 평범한 사람들의 역사 말이다.

나의 목표는 이런 평범한 사람들의 일상과 이들이 살았던 기원전 248년의 세계가 어떠했는지를 새롭게 재구성하는 것이다. 당시 이집트의 그리스계 주민들은 항구 도시 알렉산드리아에 고대 세계의 불가사의로 기록된 거대한 도서관과 등대를 세우고 있었고, 또 다른 곳에서는 과학과 철학, 그리고 문학을 통해 문명의 수준을 한 단계 끌어올리고 있었다. 비록 이집트와 시리아, 그리고 지중해 동부를 점령했던 기간이 그리 오래 지속되지는 않았지만, 당시의 그리스 사람에게는 자신들이 세운 이 새롭고도 거대한 세계가 영원히 변하지 않을 것처럼 보였을 것이다.

고대 그리스의 날짜 계산법

투키디데스가 그의 역작 《펠로폰네소스 전쟁사 The History of the Peloponnesian War》를 쓰기 시작했을 때 그는 시간과 관련된 문제가 있다는 사실을 알아차렸다. 별다른 할 일이 없이 유배 생활을 하던 그에게 글을 쓸 시간이 부족했다는 말은 아니다. 문제는 지나간 시간의 흐름을 설명하기가 너무 어렵다는 점이었다.

지금의 우리라면 시간의 흐름이나 날짜를 설명하는 게 대단히 간단한 일이다. 비록 완벽하고 정확하지는 않지만 예수 그리스도가 태어났다고 생각되는 바로 그때부터 연도가 계산되며, 1년은 1월 1일부터 시작한다. 서구 사회를 중심으로 하는 현대 문명에서 일주일은 정확하게 7일이며, 각 달을 채우고 있는 날들의 숫자도 모두 일정하다. 영국의 목요일과 독일의 목요일, 그리고 이탈리아의 목요일은 모두 다 똑같은 달의 똑같은 날에 시작된다.

그렇지만 고대 그리스에서 날짜를 계산하는 방법은 이루 헤아릴 수 없이 복잡했다. 그들은 자신들이 살고 있는 도시가 세워졌던 때나 혹은 전설적인 사건이 일어났던 때, 그리고 특별한 지도자가 등장했던 때를 기준으로 각기 다르게 연도를 계산했다. 그리고 연도는 숫자가 아니라 국왕이나 지배자들의 이름을 따서 불렸고 당연히 지역마다 다 달랐다. 그렇다고 새로운 한 해가 다 같이 동시에 시작되는 것도 아니었다. 어떤 지역에서는 새로운 한 해를 추분(秋分)과 함께 시작하는 편이 좋다고 생각했고, 또 다른 지역에서는 그보다 6개월 후인 봄에 새로운 한 해를 시작하기도 했다. 또 어떤 지역에서는 종교와 관련된 특정한 제전이 열리는 시기에 맞춰 한 해를 시작했다.

게다가 새로운 한 해가 시작된다 해도 이어지는 열두 달의 길이는 각기 다르고 유동적이었다. 지역의 행정을 책임지는 행정관들은 그 달의 일정이 조금 빡빡하다고 생각되면 다음 달에서 열흘쯤을 떼어 와 이번 달의 길이를 늘이곤 했다. 그렇지만 제정신을 가진 건물이나 토지의 주인이 그런 식으로 임대 기간을 늘려 주는 일은 있을 수 없었기에, 임대료는 대부분 태음월(太陰月)을 기준으로 계산되었다. 그 결과 아테네 한 곳에서만 해도 음력과 양력, 그리고 종교 행사와 행정 일정을 기준으로 각기 다르게 날짜를 계산할 수밖에 없었다.

안티키테라 기계란?

이에 나는 고대 그리스 사람들과 똑같은 해결책을 선택했다. 예를 들어 코린토스에서 온 어떤 상인이 소아시아 서부의 사르디스에 도착해 비단을 구입하려 한다고 상상을 해 보자. 거래 과정에서 지역마다 서로 다른 날짜를 조율하기 위해 이 상인은 세계 최초의 아날로그 컴퓨터를 사용하기로 한다.

해가 지고 달이 떠오르는 시간과 그 움직임, 그리고 기준이 되는 별자리의 위치를 어떤 기계 장치에 입력함으로써 상인은 자신이 어느 지역에 있든지 상관없이 고향인 코린토스의 정확한 날짜를 확인할 수 있다. 그런 다음 그 날짜를 사르디스 달력에 견주어 비교하고, 이번에는 다시 원하는 코린토스의 날짜를 입력하면, 사르디스 달력을 기준으로 비단이 코린토스에 도착해야 하는 날짜를 알 수 있다. 올림피아 제전이나 퓌티아 제전 같은 중요한 행사가 시작되는 날짜뿐만 아니라, 일식과 같은 천문 현상이 일어나는 때를 계산하는 방식도 이와 마찬가지였다.

1901년 그리스 본토와 크레타섬 사이에 위치한 안티키테라섬 근처 바닷속 어느 난파선 안에서, 바로 이 같은 기능을 하는 안티키테라 기계 The Antikythera Mechanism가 발견되었다. 덕택에 이제 우리는 고대 그리스 사람들이 그런 기계 장치를 사용했다는 사실을 알게 되었고, 나 역시 안티키테라 기계의 방식을 따라 모든 시간과 날짜 계산을 코린토스식으로 처리하고자 한다.

코린토스의 달력에 따르면 이 책의 새로운 한 해는 올림피아 제전이 열리는 도시 엘리스와 마찬가지로, 추분부터 시작이 되어야 한다. 기온이 낮은 북부 지방에서는 가을이 시작되면 바로 그 해가 저무는 것으로 생각했지만, 그리스인들이 생각하는 가을은 무덥고 건조하며 아무것도 제대로 자라지 않던 여름이 끝나는 시기였다. 그리고 또 가을은 새로운 시작을 알리는 첫 번째 우기(雨期)가 시작되는 때이기도 했다.

이제 올림피아 제전이 열리는 펠로폰네소스반도의 엘리스, 이곳을 찾은 8명의 이야기를 만나 보자.

헤라 여신을 모시는 엘리스의 어느 사원, 머리 위로 쏟아지던 빗줄기가 잦아들기 시작하자 정문의 지붕 밑에서 비를 피하고 있던 사람들은 각자 길을 떠날 준비를 했다. 사원을 지키고 있던 일꾼 한 사람은 사람들이 떠나는 모습을 지켜보며 이제는 이 이방인들의 정체나 신분에 대한 자신의 추측이 제대로 들어맞았는지 확인할 길이 없다는 사실을 깨닫고는 곧 아쉬운 마음이 들었다.

물론 이런 시기에 이곳을 찾은 사람들의 정체나 목적은 대부분 다 비슷할 것이다. 이제 올림피아 제전은 끝이 났고 수많은 관광객과 참가자들은 다시 고향으로 떠나기 위해 사방에서 분주히 움직이고 있었다. 지금 조바심이 난 듯 정문 기둥 사이를 왔다 갔다 하고 있는 덩치 큰 젊은 남자는 그 몸집을 보건대 아마도 제전의 달리기 경주에 참가했던 선수였을 것이고, 함께 있는 조금 더 나이 든 남자는 훈련 담당자인 게 거의 확실했다. 그 정도 추측쯤은 한쪽 구석에 있는 어느 가족들을 알아보는 것만큼이나 쉬운 일이었다. 이 가족은 입고 있는 옷차림이나 말하는 억양으로 미루어 이 근처 사람들이 분명했는데, 남자와 그 남자의 겉옷으로 몸을 감싸고 있는 젊은 여자는 부부 사이처럼 보였다. 그렇다면 옆에서 두 사람을 향해 뭔가 걱정스럽게 잔소리를 하고 있는 덩치 큰 여자는 남자나 여자의 어머니임에 틀림없었다.

그렇지만 도착하자마자 사원 정면의 구조를 주의 깊게 살펴보고 기다리는 동안 인상을 쓰던 저 땅딸막한 체격의 머리가 벗겨진 남자의 정체는 무엇일지 알쏭달쏭했다. 목에 말 모양의 문신을 새긴 갈색 머리의 소녀도 이상했다. 값비싼 옷을 차려입은 어느 수척한 남자의 옆을 떠나지 않고 지키는 저 소녀는 노예일까, 연인일까, 아니면 그냥 주인의 수발을 드는 하녀일까?

그리고 3명의 하인과 함께 빗속을 뚫고 나타나 거친 마케도니아 억양으로 사원의 일꾼에게 의자를 가져오라고 명령했던 신분이 높아 보이는 남자도 있었다. 일꾼은 사원을 찾는 높으신 분들을 많이 대해 봤기 때문에 두말하지 않고 바로 달려가서 의자를 가져왔다. 이 남자는 비 때문에 어쩔 수 없이 기다려야 하는 시간의 대부분을 어느 여자와 조용히 이야기를 나누며 보냈다. 그 여자는 자신의 몸이 젖는 것에는 아랑곳하지 않고 가죽으로 된 상자 하나를 한쪽 팔로 꼭 끌어안으며 상자가 비에 맞지 않도록 애를 썼다. 여자는 어딘지 모르게 당당한 분위기에 미모도 아주 뛰어났지만 매춘부처럼은 보이지 않았다. 그렇다면 아마도 뭔가 악기를 연주하는 악사가 아닐까 싶었다.

사원의 일꾼은 갑자기 쏟아지는 거친 빗줄기 속에 찾아온 사람들을 관찰하며 고개를 흔들었다. 이렇게 비가 내리는 오후, 그들 각자는 저마다의 특별한 우연과 상황이 겹쳐 이 신전 앞으로 모여들었을 것이다. 그들은 다 어디에서 왔을까? 어느덧 비가 그치자 사람들은 하나둘씩 다 떠나갔고 일꾼은 그저 어깨를 으쓱할 뿐이었다. 이제는 결코 아무것도 알 수 없을 것이다. 하지만 만약 헤라 여신이 그에게 전지전능한 능력을 부여했다면, 그는 이곳까지 이어진 그들의 여정이 이미 1년 전부터 시작되었다는 사실을 알아차릴 수 있었을 것이다.

ΦΟΙΝΙΚΑΙΟΣ ΑΡΧΕΣ

Chapter.

1

10월, 새로운 시작

농부

어느 청명한 가을 아침, 이피타는 여느 때처럼 동이 트기 전에 일찌감치 자리에서 일어났다. 그리스 남부 펠로폰네소스반도의 도시 엘리스에 살고 있는 농장주 이피타는 사실 이 지역 행정관들이 흘러가는 달과 해의 이름이나 길이를 어떻게 정했는지 거의 신경 쓰지 않았다. 행정관들이 마음먹기에 따라 한 달의 길이가 더 늘어날 수도 있는데다가, 또 이웃들도 제대로 알지 못하는데 굳이 거기에 신경을 써야 할 이유가 없었다. 이피타는 그저 끝없이 이어지는 계절의 변화와 서쪽으로 이리저리 모양을 바꾸면서 하늘을 가로지르는 달의 움직임을 따를 뿐이었다.

이제 날이 점점 더 밝아오면서 지평선을 따라 낮게 떠 있던 플레이아데스 별자리의 일곱 별들이 새벽하늘 위로 느릿느릿 사라지고 있었다. 플레이아데스 별자리의 별들이 선명하게 보이면 바로 그 무렵이 한 해 농사를 시작해야 할 때다. 그동안 자신이 적어 놓은 기록들을 확인한 이피타는 가을에 심을 농작물에 대해 고민하기 시작했다. 그리스의 여름은 건조하고 무더워서 농작물이 그리 잘 자라지 않는다. 따라서 초가을에 겨울철 날씨를 예상하며 승부를 준비해야만 했다. 신중의 신 제우스와 대지의 여신 데메테르가 미소를 보내고 가을비만 충분히 내린다면,

밀이나 기장을 선택해 볼 만도 했다. 그렇지만 가을부터 겨울까지 계속 건조한 날씨가 이어진다면, 보리처럼 물을 적게 줘도 괜찮은 농작물을 선택한 농부들이 자신들의 선견지명을 자축하게 될 것이다.

다행히 이피타가 소유하고 있는 밭들은 알피오스강의 제방들을 따라 듬성듬성 펼쳐져 있었기 때문에 수로 관리에만 제대로 신경을 쓴다면 비가 적게 오는 건 그리 큰 문제는 아니었다. 그래서 지금 이피타는 겨울철에 내리는 비의 양보다는 오히려 앞으로 다가올 12개월을 어떻게 보낼 것인지를 더 고심하고 있었다. 그녀는 자신의 밭을 잠시 빌려 쓰고서 막대한 이익을 가져다줄 또 다른 '수확물'을 기대했는데, 그것은 바로 엄청난 숫자의 사람들이었다.

행정관들이 올해를 무슨 알쏭달쏭한 이름으로 부르든 상관없이, 가장 중요한 사실은 올해가 132회 올림피아 제전이 끝난 후 3년이 지난 해라는 점이었다. 이제 12개월이 지나면 133회 올림피아 제전이 이피타가 꾸려 나가는 농장 근처의 올림피아 경내에서 열리게 된다. 지금껏 이피타와 그녀의 가족들은 몇 세대에 걸쳐 이 제전에 참가하는 수많은 사람들에게 필요한 것들을 제공하면서 넉넉한 생활을 꾸려 왔다. 예를 들어 북쪽으로 크로노스산을 바라보며 알티스 성역의 남쪽을 따라 펼쳐져 있는 밭이 그랬다. 이피타는 지난 2년 동안 이 밭에서 적지 않은 밀을 수확해 왔는데, 그녀는 밀이 자라면서 데메테르 여신의 신성한 정수를 빨아들인다는 것을 알고 있었다. 따라서 계속해서 씨를 뿌리고 농작물을 거둬들이다가 그 정수가 다 메말라 버린다면 더 이상 농사가 제대로 될 리가 없었다. 이럴 때 이피타는 보통 1년 정도 농사를 쉬면서 땅이 기력을 회복할 수 있는 시간을 주는데, 내년에는 가을 씨뿌리기가 시작되기 전 그 밭 위로 300여 개가 넘는 천막이 들어서게 된다. 그리고 그보다 더 중요한 건 화장실도 100여 개가 넘게 세워진다는 사실이었다. 밭을 차지했던 사람들이 떠나기 전 그 땅을 기름지게 해 주고, 뿐만 아니라 사용료까지 내고 간다는 건 그녀의 마음을 넉넉히 만들기에 충분했다.

그리스에서 농사가 시작되는 시기

그리스 농부들이 보내는 한 해는 농사를 짓는 밭과 거기에서 자라는 농작물에 따라 결정이 되었다. 당시에는 1년에 두 번씩 농작물을 거둬들일 수 있을 만큼 기름진 밭이 거의 없었다. 그래서 대부분의 농부들은 가을비가 내리면 새로운 한 해가 시작되는 것으로 생각했다. 또한 농부들은 대개 가장 기본적인 농기구만을 가지고 농사를 지었기 때문에, 뜨거운 여름 햇살에 단단하게 굳어 버린 흙을 파헤치는 건 보통 힘든 일이 아니었다. 당시만 해도 밭의 흙은 말 그대로 그저 조금 파일 뿐이었고, 제대로 밭을 간다는 개념은 중세가 되어서야 겨우 등장을 했다. 이 때문에 농부들은 비가 내린 후에 곧바로 씨를 뿌렸다. 보통 곡물은 6월이나 7월쯤에 수확했고 올리브나 무화과를 비롯한 다른 과일 등은 초가을에 거둬들였다. 가을에는 포도도 열렸기 때문에 농부들은 힘든 하루를 보낸 후 적어도 신선한 포도주 한 잔 정도는 마실 수 있었다.

이피타는 머릿속으로 밭을 이 구획 저 구획으로 나누며 어디를 어떤 일꾼들에게 맡길지, 그리고 귀한 황소들을 언제 밭일에 데려가 써야 하는지 궁리했다. 당장은 콩이 좋을 것 같았다. 그녀는 밭에 렌틸콩과 병아리콩, 그리고 누에콩을 심기로 결심했다. 각기 구역을 나눠 따로 심고 비가 충분히 내리지 않을 때는 알피오스강에서 물을 끌어다 뿌리면 된다. 농부들은 오래전부터 데메테르 여신의 정수를 필요로 하는 건 밀이나 보리 같은 곡물들뿐이라는 사실을 잘 알고 있었다. 콩은 아무리 많이 심어도 땅의 기력이 줄어들지 않는다.

만약 지역 사제가 이피타가 가을에 바친 제물을 보고 신들이 만족한 것 같다고 전해 오면, 그녀는 다음 보름달이 떴을 때 일꾼들에게 밭갈이를 준비시킨 뒤, 큰 비가 내리자마자 바로 씨뿌리기에 들어갈 생각이었다. 그러면 적어도 세 번 보름달이 뜬 후 병아리콩과 누에콩이 자라서 익을 것이며, 날이 서늘하다면 다시 열흘 정도가 지난 후에 렌틸콩도 거둬들일 수 있을 것이다. 이 콩들이 헛간의 바구니 안에서 잘 건조되는 동안, 이피타는 콩 덕택에 기력을 회복한 밭에 오이며 양파, 그리고 마늘을 심을 수도 있었다.

이런 푸성귀들은 대부분 이피타의 가족과 일꾼들이 먹어 치웠다. 이 지역은 오가는 길이 험해서 썩기 쉬운 농작물들을 멀리 있는 시장에 제때 내다 팔기가 너무 어려웠다. 하지만 올림피아 제전이 열리는 해에는 시장이 바로 근처에 들어설 것이고, 허기진 사람들이 그녀가 농작물을 파는 노점상의 가판대로 몰려들 게 분명했다.

그때가 되면 이피타는 가축들을 근처에 있는 안전한 이웃 농장으로 옮겨야 하고 그녀가 부리는 일꾼들은 공짜로 먹을거리를 얻기 위해 몰려드는 사람들이나 사랑을 나눌 장소를 찾는 남녀들을 쫓아내기 위해 과수원을 지켜야 한다. 그리고 한 이주일가량은 이곳저곳에서 소란과 혼란이 계속될 것이 분명했다. 그렇지만 그렇게 모여들었던 사람들이 다 떠나고, 깨진 그릇들을 비롯한 쓰레기들을 다 치우고 나면, 크로노스산의 그늘 밑에서 들리는 유일한 소리는 은화들의 쩔그렁거리는 소리가 될 것이다.

농장의 앞마당 바깥쪽에서 개들이 부산을 떨며 짖어 댔다. 일꾼들이 오늘 할일에 대한 지시를 받기 위해 모여들고 있었다. 이피타의 남편은 거의 10년 전 이 무렵 세상을 떠났는데, 그때 대부분의 주변 사람들은 가족이 꾸려 가던 농장은 이걸로 끝이라며 떠들었다. 뚱뚱하고 게으르기만 한 아들과 단 둘이 남게 된 젊은 이피타가 잔혹할 정도로 힘든 농사일을 이렇게 잘 해내리라고는 아무도 예상하지 못했다.

그 아들은 현재 엘리스의 시가지 중심부에 살면서, 대부분의 시간을 자신만의 만족을 추구하는 에피쿠로스학파의 철학 연구나 리라 연주에 할애하고 있었다. 명목상으로는 아들이 이 집안의 주인이 맞았지만 아들은 단 한순간도 엄하기 짝이 없는 어머니의 명령을 거부할 생각 같은 건 하지 못했다. 이 집안의 실질적인 가장이자 주인은 분명 이피타였고, 그녀는 남편의 농장 경영 기술을 잘 전수받았음을 증명해 보이며 지금까지 가장의 자리를 굳건하게 지켜 왔다.

그녀는 경험이 많은 일꾼들의 우두머리를 앞세워 지금까지 한 치의 빈틈도 없이 농장을 꾸려 나갔고, 아들의 혼사를 치러 가문의 이름을 이을 수 있는 합법적인 자식을 낳도록 하는 게 이 집안에 남은 유일한 과제였다. 이피타는 자리에서 일어나 농장 경영에 대한 기록이 적힌 두루마리를 옆으로 치우면서, 다음에 아들이 찾아오면 이 문제에 대해 확실하게 매듭을 지어야겠다고 마음속으로 단단히 다짐했다.

외교관

〰〰〰〰〰

강대국의 사절들이 마케도니아의 왕궁을 방문하면, 그들은 왕궁 안에서도 특별히 더 안락한 장소로 안내되어 악시오스 강가 계곡에서 빚은 값비싼 포도주를 대접받는다. 그런 다음 국왕이 가장 믿을 수 있는 심복인 페르세우스Persaeus가 나타나 아주 조심스럽게, 그렇지만 아주 공손한 태도로 그들이 갖고 있는 잠재적인 유용성을 평가하기 시작한다. 키프로스 출신의 페르세우스는 스토아학파의 철학자이자 유능한 신하였으며, 자신의 제2 고향인 마케도니아를 위해 그 탁월한 외교 기술을 발휘해 왔다.

페르세우스는 그리스에서 마케도니아 사람들만큼 오해나 부당한 대우를 받는 사람들은 없을 거라고 생각하곤 했다. 그리스 남부 지역 사람들의 태도만 봐도 그렇다. 대부분의 마케도니아 사람들처럼 그도 마케도니아 사람들이 그리스 남부에 비해 뒤떨어진다는 말을 듣거나 그런 분위기만 느껴도 바로 반감을 드러냈다. 그들 그리스 남부 사람들이 지금까지 그리스 사람으로서의 정체성을 지켜 올 수 있었던 건 피와 땀을 바쳐 야만족들의 침략을 막아 온 마케도니아 사람들의 희생 덕분이 아니었던가.

마케도니아의 남자들은 적어도 한 세대에 한 번 이상 도나우강 너머에 살고 있는 침략자들로부터 왕국을 지키기 위해 군대에 소집이 되었고, 동쪽과 서쪽으로부터 동시에 침략을 당하는 경우도 적지 않았다. 그런데 마케도니아가 그렇게 야만족 침략자들과 싸우고 있는 동안 그리스 남부 사람들은 이들의 이런 희생에 대해 어떤 보답을 했냐는 말이다. 마케도니아 사람들에게 돌아온 건 "반쪽짜리 그리스 사람"이나 "무지한 촌놈들"이라는 경멸뿐이었다. 심지어 어떤 아테네의 논객은 "마케도니아 출신들은 노예로 부리기에도 시원치 않다"며 비웃었다지 않은가. 물론 얼마 지나지 않아 그가 비웃었던 그 쓸모없는 마케도니아 군대가 그리스 전역을 재패하고, 아테네 사람들이 절대로 잊을 수 없는 멍에와 굴욕을 선사하긴 했지만.

페르세우스는 그리스 출신 중 역사상 가장 위대했던 인물인 정복왕 알렉산드로스 대왕을 잠시 떠올렸다. 알렉산드로스 대왕은 그리스의 독립을 오래전부터 위협해 온 영원한 숙적 페르시아에 최후의 일격을 가해 멸망을 시켰다. 서쪽으로는 지중해부터 시작해 동쪽으로는 고비 사막까지 이어지는 거대한 페르시아 제국을 정복한 뒤 그리스의 발아래 무릎을 꿇게 만든 것이다.

하지만 페르시아 제국이 무너진 뒤에도 북부의 마케도니아를 비롯한 그리스 전역은 여전히 불안한 분위기였다. 알렉산드로스 대왕이 세상을 떠나자 그를 가장 가까이에서 모셨던 장군들이 대왕의 제국을 물려받아 정복 전쟁을 계속 이어 가려고 했기 때문이다. 마케도니아 왕국이 대표하는 그리스를 위협하는 건 이제 대왕의 제국을 차지한 같은 그리스 혈통의 군주들이었다. 그나마 천만다행이랄까, 현재 알렉산드로스 대왕이 남긴 제국의 대부분을 다스리고 있는 건 자비심이 많다고 알려진 셀레 우코스 제국의 안티오코스 2세Antiochos II였는데, 페르세우스는 이 셀레 우코스 제국의 국왕과 그리스 본토의 마케도니아가 서로 평화로운 관계 를 유지할 수 있도록 중요한 역할을 하는 외교관 중 하나였다.

하지만 제국을 물려받은 또 다른 그리스 혈통의 군주이자 이집트의 지배자 프톨레마이오스 2세와는 그런 평화로운 관계를 맺기가 어려웠 다. 페르세우스는 자신의 본분을 잊지 않는 철저한 외교관으로서 스스 로를 끊임없이 단련했고, 프톨레마이오스 2세와 관련된 민감한 주제가 나올 때마다 흥분을 가라앉히며 침착함을 유지하려고 애를 썼다. 그렇 지만 상황을 잘 모르는 보통 사람의 눈에도 페르세우스의 얼굴이 약간 일그러지며 포도주 잔을 감싸고 있는 손가락 관절에 힘이 들어가는 것 이 보일 정도였다.

프톨레마이오스 2세 Ptolemaeos II

알렉산드로스 대왕이 세상을 떠난 후 그의 휘하 장군 중 하나였던 프톨레마이오스는 한시도 지체하지 않고 곧장 이집트로 향했다. 그는 대왕이 세웠던 제국을 차지하기 위해 다른 장군들과 서로 다 투게 될 것을 잘 알고 있었고, 알렉산드로스 대왕이 기원전 332년 손에 넣었던 이집트 지역을 자신의 몫으로 차지하고 싶어 했다. 프톨레마이오스는 이집트를 마케도니아 왕국이 계속 지배하도록 그냥 내버려 둘 생각이 없었다. 그는 본인이 직접 파라오, 즉 정치와 종교 모두를 아우르며 이집트를 다스리는 최고 지배자가 되기를 원했다. 그 후 이집트의 중심은 나일강 삼각주에 위치한 항구 도시 알렉산드리아로 바뀌었다.

프톨레마이오스 왕조는 알렉산드로스 대왕의 동방 제국 대부분을 차지하고 있던 셀레우코스 왕조와 여러 차례 전쟁을 벌였으며, 그리스 본토와 멀리 떨어져 있으면서도 대왕의 후계자를 자처하며 그리스를 실질적으로 지배하려고 애를 썼다. 이런 분위기는 프톨레마이오스 1세의 뒤를 이은 그의 아들 프톨레마이오스 2세까지 이어졌으며, 그가 세상을 떠나자 헬레니즘 세계 전역에서는 안도의 한숨이 터져 나왔다고 한다. 프톨레마이오스 2세는 동방의 관습에 따라 그의 누이와 혼인을 했고 그 때문에 '형제를 사랑하는 자'라는 뜻의 '필라델포스Philadelphos'라는 이름이 덧붙여졌다. 프톨레마이오스 필라델포스는 알렉산드리아를 그리스 문화의 새로운 중심지로 발전시켰으며, 그의 아버지와 마찬가지로 세상을 떠날 때까지 헬레니즘 세계의 다른 군주들을 깎아내리고 무너트리기 위해 끊임없이 노력을 했다.

비록 페르세우스 본인이 개인적으로 감정을 가라앉히려 애를 쓴다고 해도, 솔직히 말해 프톨레마이오스 2세라는 존재는 말 그대로 목에 걸려 있는 가시나 다름없었다. 마케도니아와 이집트는 최근 몇 년 동안 규모는 크지 않지만 몇 차례 치열한 전투를 벌였고, 머지않은 장래에 비슷한 전투나 전쟁이 또 벌어질 것이 분명했다. 한 세기 전 알렉산드로스 대왕이 그리스 본토를 평정하고 마케도니아가 그리스를 대표하게 된 이후 마케도니아의 문제는 곧 그리스 전체의 문제나 다름없었다. 물론 페르세우스를 비롯한 다른 마케도니아의 대신들은 누군가 알렉산드로스 대왕의 업적을 그리스 본토에 대한 '정복'이라고 표현하는 식으로 무례하게 굴 경우, 아주 예의바르게 깜짝 놀라는 표정을 지어 보이곤 했다. 그리스 사람이 같은 그리스 사람들을 '정복'하는 건 있을 수 없

●
프톨레마이오스
2세의 흉상

는 일이었으니까.

마케도니아가 그리스를 대표하게 됨으로서, 쉬지 않고 지루하게 이어지던 도시 국가들 사이의 공방전이 멈춘 것은 분명 모두가 감사할 만한 일이었다. 하지만 그 대신 이제 그리스의 작은 왕국이며 도시 국가들은 마케도니아의 실질적인 지배에 대해 끊임없이 소소한 저항을 벌였다. 먼저 아테네가 지나치게 거만한 태도를 보이다가 일격을 당했고 곧이어 스파르타가, 그리고 아르카디아가 도전을 해 오면서 창과 방패로 무장한 병사들이 서로 격돌하는 전통적인 그리스 방식의 전투가 끝도 없이 이어졌다.

이런 소소한 저항이나 반란들의 배경을 살펴보면 근본적인 원인이 분명하게 드러난다. 그리스 본토에는 프톨레마이오스 2세가 보낸 첩자들이 사방에서 활동했는데, 이들은 이집트의 보고에서 가져온 황금과 무기, 그리고 외교적 지원에 대한 약속을 통해 마케도니아에 대한 불만을 부추겼다. 그리스 남부 지역 사람들은 마케도니아의 지배가 시작되기 전의 몇 년을 그리스의 황금시대로 여겼다. 그래서 마케도니아의 세력이 줄어들게 되면 곧장 예전 페리클레스와 소크라테스, 그리고 에우리피데스 등으로 대표되는 정치와 철학, 그리고 문학의 황금시대가 금방이라도 다시 돌아올 것처럼 여겼다.

최근에도 프톨레마이오스 2세가 '자유'를 약속하며 아테네를 부추겨 또다시 반란을 일으키도록 유도했는데, 여기에 분노한 마케도니아가 반란을 진압하기 위해 남쪽으로 군대를 내려 보냈다. 그러자 프톨레마이오스 2세는 그 즉시 그렇게 끈질기게 관계를 맺고자 했던 아테네를 저

버리기도 했다.

상황이 이렇다 보니, 다음 올림피아 제전이 다가오고 있는 지금, 페르세우스는 프톨레마이오스 2세의 첩자들이 다시 활동을 시작할 것을 믿어 의심치 않았다. 그들은 암암리에 불만 세력들을 규합해 마케도니아에 대항하는 갈등과 분열을 조장할 것이 분명했다. 그러면서 그리스 전역을 반란의 도가니로 만들기 위한 작업도 게을리 하지 않을 것이다.

이런 급박한 상황 속에서 페르세우스에게 유일하게 위안이 되는 일이 있다면 자신도 올림피아 제전에 참석할지 모른다는 것이었다. 만일 그렇게 된다면 반란을 일으킬 가능성이 있는 자들을 잘 구슬리거나 혹은 어느 정도 위협을 가해 다시 마케도니아 편으로 돌아서게 만들 수 있을지도 몰랐다. 그리고 그 어떤 방법도 먹히지 않는 최악의 경우에는 떠들썩한 혼란을 틈타 사고로 위장해 그들을 은밀하게 암살할 수도 있을 것 같았다. 게다가 외교를 담당하는 대신이 그리스 전역을 통틀어 가장 중요하게 여겨지는 이 행사에 참석하는 걸 이상하게 생각할 사람은 아무도 없을 테니, 그것 또한 페르세우스 입장에서는 유리한 일이었다.

노예 소녀

늘 그렇듯 집을 나서기도 전부터 이미 트라타는 돌아와서 매를 맞지나 않을까 하는 걱정이 앞섰다. 어딘지 서글픈 기분으로 그녀는 잇몸과 아랫입술 사이의 빈틈에 혀를 단단히 갖다 댔다. 아테네 사람들이 은화를 물고 다니는 곳이었다. 아테네에서 사용하는 은화는 그 크기가 정말 작았는데, 특히 트라타가 입 안에 물고 있는 오볼obol 은화는 밀 한 알 정도의 크기에 불과했다. 그 바람에 돈을 어딘가에서 흘리거나 잃어버리기가 아주 쉬웠다. 하지만 안주인이 준 돈은 그것뿐이었기에, 가게를 찾아가 주인에게 건네줄 때까지 입안에 단단히 물고 있어야 했다. 안주인의 명령에 따라 장을 보러 가는 게 이번이 처음은 아니었지만, 이런 난감한 장보기 심부름이 제발 오늘로 마지막이 되기를, 잘 기억도 나지 않는 신들의 이름까지 들먹이며 트라타는 기도를 올렸다.

케레메이코스 근처의 허름한 시장을 찾아간다 해도, 그리고 또 일주일이나 묵어 시들어 버린 푸성귀를 필사적으로 값을 깎아 살 수 있다 해도, 집으로 들고 올 수 있는 건 고작해야 내일 먹을 수 있을 정도의 양뿐이었다. 그러면 안주인은 사들고 온 푸성귀의 양이 부족한 건 고사하고 왜 이렇게 시원치 않은 걸 사왔냐며 그녀를 닦달할 것이 뻔했다.

안주인이 바깥주인으로부터 생활비를 적게 받고 있는 건 아니었다. 트라타는 바깥주인이 먹을거리를 사는 데 들어가는 비용을 하루에 반 드라크마drachma로 계산하고 열흘마다 안주인에게 돈을 준다는 사실을 아주 잘 알고 있었다. 남자들이 거의 드나들지 않는 안채에는 작은 꽃병이 하나 있었는데, 그 안에는 안주인이 살림살이를 쥐어짜서 모은 돈이 가득 들어 있었다. 심지어 올 한 해에 그만큼의 돈을 모았다. 만일 바깥주인이 저녁밥을 먹으며 반찬 투정이라도 한다면 안주인의 인색함으로 인해 고통을 겪게 되는 건 다름 아닌 노예 소녀 트라타 자신이었다.

장보기 말고도 저녁마다 트라타가 혼이 날 만한 일은 또 있었다. 그녀는 옷감 짜는 솜씨가 영 시원치 않았다. 일반 가정집에서 일을 하는 다른 여자 노예들과 마찬가지로 트라타 역시 실을 잣고 옷감을 짜는 데 아주 많은 시간을 보내야 했다. 여자 노예라면 솜씨 좋게 옷감을 짜고 옷도 지을 수 있어야 했지만, 트라타의 재주는 거기에 들어간 털실이 아까울 정도였다. 오늘 아침 트라타는 그렇게 짠 형편없는 옷감을 풀러 다시 털실로 만들어야 했는데 변덕스러운 안주인은 예정에도 없던 장보기에 그녀를 내보냈다. 시장에 다녀온다고 해서 아침에 했어야 할 일에서 해방이 되는 것은 아니니, 트라타는 집에 돌아가면 밤늦게까지 그 일을 끝내야 했다. 그러다 내일 아침이 되면 등잔 기름을 낭비했다는 이유로 또 다시 벌을 받게 될 것이다. 때때로 트라타는 안주인이 그저 자신을 학대할 구실만을 찾고 있는 게 아닌가 하는 생각을 했다. 저 늙은 암퇘지는 그 일을 즐기고 있는 것이 분명했다.

트라타는 등의 피부에 들러붙은 딱지가 벌어지는 것을 느끼며 어깨를 구부려 보았다. 언젠가 한 번 샘에서 물을 길어 돌아오는 길에 딱지가 떨어져 나가며 옷에 피가 번진 적이 있었다. 그걸 본 이웃 사람이 걱정이 되었는지 트라타의 안주인에게 어찌된 일인지 물었고, 그 바람에 집에서는 난리가 났다. 아테네에서는 노예를 학대하는 사람은 누구든 고발을 당할 수 있었다. 그날 저녁 트라타는 등이 아닌 허벅지에 채찍을 맞았다. 그러면 설사 상처가 나더라도 남의 눈에 잘 뜨이지 않기 때문이었다.

아테네에 노예를 보호하는 법이 생긴 건 노예들의 처우를 염려해서가 아니었다. 학대를 받는 노예들의 숫자가 늘어날 경우 그들이 힘을 합쳐 반란을 일으킬 가능성이 높아지기 때문이었다. 아테네에는 자유민들보다 노예들의 숫자가 훨씬 더 많았는데, 엄밀히 말해 트라타는 주인이 소유하고 있는 재산 목록에서 네 발이 달린 가축이 아니라 두 발이 달린 '인간 가축'으로 분류되어 있었다. '인간 가축'인 트라타의 값어치는 약 450드라크마 정도였다. 이는 건축 현장에서 노예와 일꾼들을 부리는 일을 하는 바깥주인 수입의 약 8개월 치에 해당하는 금액이었다. 집안일을 하는 노예들은 대부분 가치 있는 도구이자 재산으로 여겨져 어느 정도 대우를 받았지만…… 그렇다고 전부 다 그런 건 아니었다.

바싹 여윈 몸으로 좁은 거리를 따라 몰려드는 사람들 사이를 헤치고 지나가던 트라타는 그중에 자신처럼 매일 매를 맞는 노예들이 얼마나 많이 섞여 있을지 궁금한 생각이 들었다. 아테네의 노예들은 신분을 알려 주는 어떤 표시나 복장이 딱히 없었기 때문에 자유민과 노예를 구분하기가 쉽지 않았다. 그렇다고 해도 트라타의 경우는 노예 신분임을 쉽게 알아볼 수 있었다. 아테네의 다른 모든 여자들처럼 트라타도 뒷머리를 둥글게 말아 올려 묶고 다녔는데, 그 때문에 조금만 신경을 쓴다면 그녀의 쇄골에서 목선을 따라 새겨진 말의 문신을 볼 수 있었다.

트라키아의 예술가에게 그 문신은 대단히 자랑스러운 작품이었을 것이다. 트라키아는 마케도니아 동쪽 스트루마 강변을 따라 깊숙이 펼쳐져 있는 야생 지역이었는데, 트라타는 거기 살고 있던 어느 부족 우두머리의 어린 딸이었다. 그녀가 열두 살이 되던 해 하얀색 아마포를 여러 겹 겹쳐서 만든 갑옷의 남자들이 칼과 곤봉을 무자비하게 휘두르며 마을로 들이닥쳤고, 그날 그녀는 난생처음 그리스 사람들과 마주하게 되었다. 침략자들은 당연히 제일 먼저 족장인 아버지부터 죽였고 이미 냄새를 맡고 몰려든 마을의 굶주린 개들에게 둘러싸인 채 땅바닥에 널브러진 찢겨 나간 시체가 트라타가 마지막으로 본 아버지의 모습이었다.

동쪽에 있는 타소스섬으로 끌려간 트라타는 그곳에서 어머니와 헤어져 다시 델로스섬으로 보내졌다. 한 상인이 그녀를 포함해 한 무리의 노

팔에 문신을 새긴
트라키아 여자의 모습(왼쪽)

예들을 사서 아테네로 끌고 와 팔아넘겼는데, 그러는 사이 가족을 모두 잃은 트라타는 이제 이름까지 잃게 되었다. 새로운 주인들은 그녀를 '트라키아 사람'이라는 뜻의 '트라타'라고 불렀으며, 자부심의 상징이었던 말 문신은 야만인을 나타내는 표식으로 전락했다. 스스로를 문명인으로 자처하는 아테네 사람들은 몸에 문신 같은 걸 일절 새기지 않았고 문신을 새기는 건 태어날 때부터 노예가 될 수밖에 없는 운명을 지닌 야만족들뿐이라고 믿었다.

어느덧 열여섯 살이 된 트라타는 지난 밤 꿈속에서 수풀이 우거진 널찍한 강변과 북쪽으로 회색의 눈 덮인 산이 보이는 트라키아의 고향집을 보았다. 그녀는 풀밭을 따라 여기저기 흩어져 있는 양떼들이며 어딘가를 향해 날면서 계절의 변화를 알려 주던 철새들을 떠올렸다. 그러다가 그녀는 에리다누스강에서 풍기는 배설물 냄새에 잠에서 깼고, 동이 트기도 전에 피곤한 몸을 이끌고 일어나 빵을 구울 때 쓸 발효시킨 밑반죽을 확인했다.

비록 집안에 있는 도구이자 재산의 일부일지는 몰라도 트라타는 마당 한구석에 뒹굴고 있는 빗자루 등과는 분명 다른 존재였다. 그녀는 빗자루와는 다르게 꿈을 꿀 수 있었고 자유를 꿈꾸었을 뿐만 아니라 그 꿈을 현실로 이루기 위해 은밀하게 노력을 해 왔다.

트라타는 일반 가정집에 있는 노예들이 종종 풀려나는 경우가 있다는 사실을 알고 있었다. 물론 이 집의 안주인이라면 자신을 풀어 주기보다는 죽을 때까지 채찍질을 하거나 일을 시킬 가능성이 더 크다는 사실도 잘 알고 있었다. 그렇지만 지금 그녀가 찾아가는 케레메이코스의 시장의 푸성귀 농사꾼이자 장사꾼인 늙은 앙기티스도 한때는 노예였다. 그는 같은 트라키아 출신으로서 트라타가 받고 있는 대우에 대해 분개했으며, 가끔 팔리지 않을 정도로 시들어 버린 오래된 푸성귀를 공짜로 주곤 했다. 그러면 트라타는 안주인에게서 받아 온 돈을 그의 비밀 금고 안에 맡겨 둘 수 있었다. 트라타의 계산에 따르면 필요한 돈은 은화로 200오볼 정도였다. 그녀가 앙기티스와 함께 몰래 모아 둔 돈은 70오볼이었는데, 장을 보러 갈 때마다 제대로 받았어야 했지만 받지 못하고 안주인의 주머니 속으로 들어간 돈은 120오볼가량 되는 것 같았다.

그런데 이런 그녀의 막연했던 계획이 갑작스럽게 현실적인 계획으로 바뀌었다. 어제 트라타는 시장에 갔다가 우연히 마주친 한 어부와 길게 이야기를 나누었다. 어부는 최근에 불어닥친 폭풍우 때문에 다른 동료들과 함께 여기 서쪽의 아테네로 흘러들어 왔다고 했다. 그들은 어선을 수리하는 대로 보스포루스 해협 남쪽에서 소아시아 연안을 따라 이동한 다음, 고등어 떼를 따라 자신들의 고향인 할리카르나소스Halicarnassos로 돌아갈 계획이었다.

어선을 다 고치더라도 이들에게는 돈이 필요했기 때문에, 100오볼 정도라면 여자를 배에 태워 바다로 나가야 한다는 마뜩치 않은 기분 정도는 극복하고, 트라타를 할리카르나소스까지 데려다줄 수 있다고 했다. 문제는 어선이 내일 아침 물때가 좋은 때를 놓치지 않고 바로 떠나야 한다는 점이었다. 이미 시기가 많이 늦어진데다가 이 무렵의 에게해는 위험할 정도로 날씨가 거칠기 때문에, 작은 어선의 경우 내일 출발하지 못한다면 아예 이곳을 떠나지 못할 수도 있었다. 그래서 바로 그

어시장 한복판에서 트라타는 삶의 가장 큰 결정을 내려야만 했다. 그녀는 한순간도 주저하지 않고 마음을 정했다는 사실에 오히려 스스로 자랑스러움을 느꼈다.

오늘 트라타는 앙기티스에게 맡겼던 돈을 돌려받고 오후 일과를 참고 견딘 후, 한밤중에 몰래 집에서 빠져나와 어선이 정박해 있는 피레아스 항구로 갈 것이다. 위험천만한 일인 것은 분명했다. 트라타는 어부들이 도망 노예인 자신을 겁탈하고 죽여 버린 다음, 그 시체를 그냥 바다에 던져 버릴 가능성도 크다는 사실을 알고 있었다. 그렇지만 그녀는 위험을 감수해야만 했다. 트라타로서는 내일 죽는 한이 있더라도 적어도 자유민으로 죽고 싶었다. 아, 그렇지! 도망칠 때 안주인이 작은 화병 속에 모아 둔 돈도 함께 가져가야겠다. 그렇게 안주인이 생활비를 빼돌리는 바람에 고초를 겪은 건 다름 아닌 트라타였으니까. 게다가 화병 속에 그렇게 처박혀 있는 것보다는 신선한 바닷바람이라도 쐬는 게 돈한테도 더 좋을 게 틀림없었다.

달리기 선수

🀄🀄🀄🀄🀄

네아폴리스 출신의 시밀로스는 거의 10년 가까이 고향을 찾지 않았다. 그가 무슨 죄를 짓고 고향을 등진 것은 아니었다. 시밀로스는 고향 사람들이 자랑스럽게 여길 만큼 스스로를 내세울 자격이 충분했고, 또 언제든 돌아가기만 하면 영웅 대접을 기대할 수 있었다. 하지만 금의환향을 하고 싶다고 해도, 그의 고향이 있는 위치가 문제라면 문제였다.

이탈리아 서해안에 있는 네아폴리스는 그리스에서 넘어온 사람들이 개척하고 정착을 한 곳이지만, 정작 이탈리아 본토는 야만족 로마인들의 땅이었다. 지난 20년 동안 이 로마인들은 아프리카 북부와 시칠리아 섬을 지배하는 또 다른 야만족의 나라 카르타고와 도무지 끝이 보이지 않는 전쟁에 온 힘을 쏟고 있었다.

이탈리아에 살고 있는 그리스 사람들의 관점에서 보자면, 로마와 카르타고가 서로의 다름을 인정하거나 아니면 아예 서로를 멸망시켜 평화를 가져올 수 있다면 그보다 더 좋은 일은 없었다. 하지만 당장은 그렇게 될 가능성이 거의 없어 보였다. 우선 이 두 나라는 서로 너무나 닮았기 때문에 오히려 서로를 더 격렬하게 증오했다. 그리고 로마도 카르타고도 문명이 완성되어 가는 과정에서 당연히 뒤따르는 합리적인 사고방식을 전혀 갖추지 못했다. 무슨 말이냐면, 그리스 국가들은 몇 차례 전쟁 아닌 전쟁을 치르며 서로를 탐색한 후 우호적으로 갈등을 해결하곤 한다. 그런데 로마와 카르타고는 이유를 알 수 없는 쓸데없는 고집을 부리며, 합리적이지 않은 전쟁이 터무니없이 오래 이어지고 있다는 사실을 인정하지 않았다. 이렇게 피로 피를 씻는 전쟁이 오랫동안 이어지면 필연적으로 어느 한쪽이 완전히 멸망해 모조리 죽어 나갈 때까지 소모전이 지속될 수밖에 없었다.

현재 이 기나긴 전쟁은 시칠리아섬을 둘러싸고 있는 바다에서도 진행 중이었다. 전투가 없어도 해군들이 나타나 지나가는 상선들을 멋대로 불러 세운 뒤, 싣고 있는 화물을 몰수하는 일이 종종 일어날 만큼 분위기가 험악했다. 만에 하나 해군들이 배를 나포한다면 거기 타고 있던 승객이나 선원은 해군 전함의 노잡이로 끌려가기 십상이었고, 중립국 소속이라도 확실하게 어느 한쪽 편을 들지 않는 것에 대한 본보기로 노예가 되거나 바로 처형을 당할 수도 있었다.

젊고 유망한 달리기 선수 시밀로스가 고향에 한 번 다녀오려다가 해군 전함의 노잡이나 아니면 올리브 농장의 노예 일꾼으로 새로운 인생을 시작할 수는 없는 노릇이다. 당연히 시밀로스는 지금의 인생이 더 만족스러웠다.

시밀로스는 올림피아 제전에 출전할 정도의 실력을 갖춘 단거리 전문 선수였다. 사실 시밀로스는 현재 세상에서 가장 빠른 사나이일지도 몰랐다. 그가 출전하는 경주를 고대 그리스에서는 '스타디온stadion'이라고 불렀는데, 이 스타디온이라는 말은 대략 185미터에서 200미터 가량을 가리키는 거리의 단위이면서, 동시에 경기장을 나타내는 뜻으로도 사용되었다. 스타디온 경주가 벌어지면 선수들은 원래는 전차 경주가 벌어지는 경기장을 따라 약 1스타디온 정도를 달리는데, 그 실제 거리는 장소에 따라 조금씩 달라지곤 했다. 시밀로스는 가장 최근에 이집트에서 열렸던 프톨레마이아 제전의 스타디온 경주에서 우승을 하면서, 사실상 이미 올림피아 제전 우승자와 비슷한 정도의 대접을 받고 있었다. 세상을 떠난 아버지 프톨레마이오스 1세의 영광을 기리자는 주변 아첨꾼들의 말을 듣고 파라오 프톨레마이오스 2세가 개최한 이 제전은 이미 그 규모와 권위가 올림피아 제전을 능가한다는 소문이었다. 프톨레마이오스 2세도 자신이 개최하는 제전이 올림피아 제전에 버금간다고 공언을 하고 다녔다. 따라서 프톨레마이아 제전의 우승자들도 그리스 본토에서 열리는 올림피아 제전의 우승자에 맞먹는 영예를 누릴 자격이 있다는 논리였다.

올림피아 제전의 우승자가 누리는 영예에는 우선 막대한 상금과 상품이 있었다. 그리고 우승자의 동상이 광장이나 시장 한가운데에 세워졌으며, 평생 동안 행정 관청에서 제공하는 식사를 공짜로 대접받았다. 또 적지 않은 액수의 연금까지 받을 수 있었다. 간단히 말해서 그리스의 모든 운동 경기 선수들이 원하는 부와 명예를 거머쥘 수 있었다. 시밀로스는 단순히 운동 경기를 사랑하는 순수한 마음으로 올림피아 제전에 출전해 실력과 기술을 겨룬다는 생각을 해 본 적이 없었다. 그는 운동 경기 선수였고, '선수'라는 말 자체에는 '상을 받기 위해 경쟁하는 사람'이라는 의미가 있었다. 심지어 트로이전쟁 같은 전설적인 이야기 속에서도 그리스의 영웅들은 잠시 전쟁을 쉬는 동안 여러 경기를 열어 말과 무기 그리고 여자 포로들을 상으로 받아 갔다는 일화가 있지 않은가. 어쨌든 가장 낮은 자리에 있는 일꾼에서 가장 높은 자리에 있는 장군들까지 모두 다 자신이 일한 만큼의 대가를 받아 가는데, 대부분의 사람들보다도 더 열심히 자신의 몸을 던져 움직이는 운동선수들이 그만큼의 대가를 받기를 기대하는 건 너무도 당연한 일이었다.

현재 시밀로스는 키레네(지금의 리비아 근처에 있는 도시)에 있는 어느 후원자의 집에 머물며 다음 일정을 준비하고 있었다. 이 후원자는 부유한 귀족이었는데, 우수한 경주마나 귀중한 예술 작품으로 자신을 과시하듯 그렇게 손님들에게 시밀로스를 내보이기를 원했다. 그 대신 시밀로스와 그의 훈련 담당은 잠자리와 먹을거리를 공짜로 제공받았으며 필요할 때마다 키레네의 체육관을 마음대로 이용할 수 있었다.

어떻게 해야 제전을 가장 잘 준비할 수 있을지는 정말로 중요한 문제였다. 이미 그의 고향에서는 훈련 담당, 식사 담당, 안마 담당을 비롯해 시밀로스가 필요로 하는 모든 것들에 대한 비용을 책임질 준비가 되어 있다는 전언을 보내온 상태였다. 프톨레마이오스 2세가 여는 제전의 권위나 수준도 대단했지만 올림피아 제전의 우승자가 고향에 가져다주는 영광에 비길 만한 것은 세상 어디에도 없었으며, 시밀로스의 고향 역시 그 영광을 위해 기꺼이 투자를 할 준비가 되어 있었다. 심지어 이 무렵의 도시들은 올림피아 제전의 우승자가 이미 있던 성문을 걸어서 통과하느라 위신이 깎일 필요가 없도록 아예 성벽을 뚫어 새로운 통로를 만들기까지 했다. 기존의 성문을 통과하는 건 5종 경기 같은 상대적으로 인기가 덜한 경기의 우승자들뿐이었다. 올림피아 제전에서도 가장 오래되고 중요한 경기는 바로 단거리 달리기 경주인 스타디온이었으며, 스타디온의 우승은 대단히 영예롭게 여겨졌기 때문에, 올림피아 제전이 끝나고 다음 제전이 열릴 때까지 4년 동안 스타디온 우승자의 이름을 붙여 부를 정도였다. "네아폴리스 출신인 시밀로스의 올림피아 제전"이라는 이름으로 4년 동안 불리는 영광을 차지할 수 있다면, 시밀로스도 그의 고향도 정말이지 어떤 대가든 치를 준비가 되어 있었다.

물론 지금 시밀로스가 머물고 있는 집 주인은 이 귀한 손님이 천천히 그리고 느긋하게 올림피아 제전 준비를 하면서 키레네의 따뜻한 바닷가 날씨를 만끽하며 계속 남아 있기를 바라고 있겠지만, 마냥 그렇게 할 수는 없는 노릇이었다. 달리기 선수는 혼자만 운동을 하면 경쟁을 통한 이점을 하나도 얻을 수 없기 때문이다. 이것은 비단 시밀로스뿐만 아니라 비슷한 수준의 다른 선수들 역시 잘 알고 있는 사실이었으며, 그들 모두 지금 시밀로스가 생각하고 있는 것과 똑같은 계산을 하고 있을 터였다. 이제부터 과연 어디로 가서 훈련을 하고, 어떤 경기에 미리 출전을

●
달리기 경주를
하는 선수들

해 볼 것인가? 그리고 또 거기에는 어떤 선수들이 함께 출전할 것인가?

당연한 이야기지만 시밀로스와 다른 선수들은 올림피아 제전 전에 열리는 여러 경기에서 경쟁을 하며 서로를 지켜보고 그 실력을 평가할 수 있기를 간절히 바라고 있었다. 물론 올림피아 제전 전에 너무 빨리 진짜 실력을 내보였다가 정작 중요한 경기에서 제대로 실력을 발휘하지 못하는 상황을 바라는 사람은 없었지만, 그와 동시에 불안한 모습을 보여 다른 경쟁자들이 심리적으로 자신감을 얻게 되기를 바라지도 않았다. 결국 아주 조심해서 균형을 맞추는 일이 중요했다. 올림피아 제전에 출전할 수 있을 정도의 선수라면 아무리 대수롭지 않은 경기에서라도 자신도 모르게 이기기 위해 전력을 다하는 경향이 있고, 또 아무도 지고 싶어 하지 않기 때문에 충돌이나 부상을 더욱 조심해야 했다.

안 그래도 상황이 이렇게 복잡한데, 때마침 크레타섬 중앙에 위치한 도시 고르틴에서 이달 말 열리는 대회에 와 달라고 초대를 했다. 이 소식을 전해 온 심부름꾼은 거기에 덧붙여 고르틴의 의회가 그에게 충분히 도움이 될 만한 무언가를 제안할 거라는 사실을 넌지시 알려 주었다. 시밀로스는 그 제안이 무엇일지 무척이나 궁금해졌다.

ΚΡΑΝΕΙΟΣ ΑΡΧΕΣ

Chapter.
2

11월, 새로운 시작

어린 신부

ᕤᕤᕤᕤᕤ

"파이디아Paidia에서 아르테미스Artemis로 자란다." 아테네의 어머니들은 딸들이 자라나는 모습을 보며 종종 이렇게 이야기한다. 파이디아와 아르테미스는 둘 다 여신이지만 정확하게 말하자면, 파이디아는 아직 정신적으로 충분히 자라지 못하고 장난스러움과 철없는 행동을 상징하는 반면, 아르테미스는 좀 더 진지하고 성숙한 모습을 나타낸다. 그리고 대단히 중요한 공통점이 있는데, 파이디아는 물론 아르테미스 역시 아직 남자를 알지 못하는 처녀라는 것이다.

어린 아피아는 이 "파이디아에서 아르테미스로 자란다"라는 말이 말 그대로 여자아이가 성인 여성으로 자라나는 여정이라는 사실을 확실하게 알게 되었다. 불과 몇 주 전 아피아는 자신의 방에서 말없이 선 채로 어머니가 자신의 장난감들을 치우는 모습을 지켜봐야만 했다. 거기에는 세 살 무렵부터 함께했던 헝겊 인형과 호메로스의 《일리아스Iliad》놀이를 하고 놀 때 상상 속 트로이 성벽을 수없이 드나들었던 바퀴 달린 말 장난감도 있었다. 어머니는 이 헝겊 인형과 말 장난감을 비롯해 방울이며 팽이, 그리고 다른 동물 장난감들을 모두 다 조심스럽게 주머니 안에 담았다.

그 후 아피아는 어머니를 따라 비슷한 또래의 다른 여자아이들과 함께 아르테미스 신전에서 지루하기 짝이 없는 의식을 치렀다. 어린 시절 장난감들을 여신에게 바쳤고, 자신들이 더 이상 어린아이가 아니며 지금부터 성숙한 여성의 길로 들어서게 되었다는 사실을 공식적으로 알렸다. 이 의식이 진행되는 동안 아피아는 주변을 슬쩍 둘러보며 다른 아이들은 몇 살이나 되었을까 생각해 보았다. 아피아는 이제 막 열다섯 살이 되었는데 가장 많은 나이는 아니었다. 어쨌거나 함께 의식을 치르는 모든 여자아이들에게는 한 가지 공통점이 있었다. 이들은 요 근래에 모두 다 처음 생리를 경험했으며, 아테네의 여자아이에게 있어 생리란 어린

아르테미스 여신을 찾은
어린 소녀의 조각상

시절과의 작별을 알리는 신호였다.

　말하자면 아피아는 이제 더 이상 '아이'가 아닌 성인 여성이 된 것이다. 그녀에게는 불확실한 미래가 기다리고 있었다. 아피아라는 이름에는 '늘어난다'는 뜻이 포함되어 있는데, 사실 그녀의 출생 자체가 가족의 입장에서는 걱정거리 하나가 더 늘어난 것이나 마찬가지였다. 아피아는 자신이 어느 정도 여유도 있고 집안도 좋은 그런 가정에서 태어난 것을 행운이라고 생각했지만, 반면 딸만 넷 있는 집의 막내라는 점은 유감스러운 일이었다. 아들은 가족의 재산을 물려받고 세상에 나가 가문의 이름을 널리 알린다. 딸들은 집안을 돌보며 아이를 낳지만, 만족스러운 상대를 찾으려면 적지 않은 지참금이 필요했다.

　어떤 식으로 생각하든 지참금의 중요성은 간과할 수 없었다. 우선 지참금이 오가는 건 분명 사적인 문제이지만 관심이 있는 사람이라면 누구든 그 대략적인 액수를 알아낼 수 있었다. 당연히 양가 집안의 위신도 지참금의 규모에 따라 올라가기도 하고 떨어지기도 했다. 둘째, 지참금 준비는 전적으로 신부의 몫이며 지참금이 없는 신부는 상상조차 할 수 없었다. 그러니 모든 신부는 혼사를 치르기 전에 자신이 의지할 수 있는 지참금을 꼭 준비해야 했다.

　여기에 아피아의 집안 사정까지 더해져 상황을 좀 더 복잡하게 만들었다. 아피아의 집안은 2대에 걸쳐 아테네에 살고 있었지만 아테네 시민이 아니었고 앞으로도 절대 그렇게 될 수 없었다. 아테네 사람들은 시민권을 엄격하게 관리했다. 최근 몇 년 동안 관련 법률이 느슨해지기는 했지만, 그래도 아테네의 정식 시민이 아닌 사람이 아테네 시민과 혼인을 하는 것은 법적으로 인정받기 어려운 문제였다. 아테네에서는 시민권이 없는 장기 외국인 거주자들을 '메토이코스métoikos'라 부르며 구별지었고, 이들 대부분은 자신들의 공식적인 고향의 행정 관청에 따로 도움을 요청하거나 신고를 하는 번거로움 없이, 그냥 살고 있는 곳에서 자기들끼리 혼인을 하는 일이 많았다.

이런저런 어려운 사정에도 불구하고 아피아의 세 언니들은 모두 이미 다 자라 혼사를 치렀다. 그렇지만 아버지로서는 막내딸을 위한 마지막 지참금을 마련하기가 쉽지 않았고 아피아가 가장 고민하는 문제도 바로 이 지참금이었다. 아피아는 어쩌면 부족할지 모르는 지참금을 대신하기 위해 교양을 쌓고 갖가지 집안일도 열심히 배우는 등 최선을 다해왔다. 그러면 미래의 남편의 눈에 쓸모 있는 아내로 보일 수도 있을 것이기에. 다행히 먼저 시집을 간 세 언니가 모두 합쳐 12명이 넘는 아이들을 낳아 자식 부자가 되었고, 이는 큰 도움이 되었다. 그것도 대부분이 다 사내아이들이었기 때문에, 미래의 남편 가문에서 충분히 눈여겨보고 점수를 줄 만한 부분이었다.

이와는 별개로, 아피아가 눈이 번쩍 뜨일 정도로 아름답고 성숙한 처녀로 자라고 있다는 사실도 언급하지 않을 수 없다. 그녀는 어린 망아지처럼 늘씬한 몸매에 녹갈색의 커다란 눈을 가지고 있었고 티 하나 없는 깨끗한 피부와 숱 많은 황금색 머리카락을 지니고 있었다. 상대적으로 외모가 평범한 그녀의 언니들은 첩이나 매춘부도 아닌데 여자가 얼굴만 예뻐서 뭐하느냐고 빈정거리듯 말하곤 했지만. 실제로도 아내를 찾는 예비 남편이 제일 먼저 둘러보는 건 외모가 아니었다. 좋은 집안, 넉넉한 가정 형편, 그리고 건강한 신체 등이 외모보다 더 중요했다. 애초에 돈이 많은 남자라면 아름다운 여자들을 몇 명이고 곁에 둘 수 있지만 아내는 오직 한 사람만 데려올 수 있기 때문이다. 남자가 그저 잠자리를 할 여자를 찾는 거라면 그가 기준을 어디에 두던 아무도 그걸 신경 쓰거나 참견하지 않을 것이다.

어쨌든 미래의 남편 입장에서 외모가 중요한 고려 대상은 아니라 할지라도, 가족과 친구가 아내 후보로 추천해 준 여러 젊은 처녀들에 대해 충분한 시간을 들여 평가하는 건 지극히 정상적인 일이었다. 아피아 역시 자신의 이상적인 배우자에 대해 생각하거나 상상할 수는 있었지만, 그 문제에 대해서는 한마디도 내세울 수 없었다. 혼사는 전적으로 아피아의 '퀴리오스kyrios'가 결정할 문제였다. 퀴리오스는 보통 '가장이나 주인'을 뜻하는 말인데, 여기에서는 결국 그녀의 합법적인 후견인, 그러니까 아버지를 뜻했다. 아피아의 혼인 상대와 시기, 그리고 조건들을 결정하고 조율하게 될 사람은 그녀의 아버지였다.

확실한 건 아니었지만 최소한 아피아도 혼인을 하기 전에 예비 남편을 먼저 만나 볼 수 있을지 몰랐다. 비록 그 만남의 목적이 서로의 애정을 확인하는 것이 아니라 혼사를 치르기 전에 필요한 준비 상황을 남편이 직접 점검하기 위한 것이라고 해도 말이다. 아피아의 세 언니들은 모두 다 이런 식으로 예비 남편들의 얼굴을 처음 보았고 그 후 자매들은 자기들끼리만 모여 몇 주 동안이나 부모의 선택에 대한 자신들의 생각을 솔직하게 털어놓으며 웃고 떠들었었다.

지금은 그나마 두 가지 측면에서 아피아가 마음을 편히 가질 수 있었는데, 우선 그녀가 아직 어려서 적어도 2년은 더 있어야 집안에서도 본격적으로 남편감을 찾는 일을 시작할 터였다. 그리고 이미 혼인을 한 그녀의 세 언니가 아주 든든한 교사이자 친구가 되어 준다는 점도 다행이었다. 자매들은 각자 가정이 있어도 서로 어울리며 집안 문제를 의논하고 육아에 대한 경험을 나누는 일이 잦았다. 앞으로의 부부 생활이 어떻게 펼쳐질지는 아직 알 수 없었지만, 적어도 깜짝 놀랄 일은 별로 없을 거라고 그녀는 생각했다.

건축가

ᗺᗺᗺᗺᗺ

인간을 만들어 낸 건 신이다. 그런데 인간이 신을 만들어 낼 수 있을까? 건축가인 메톤은 이 문제에 대해 늘 곰곰이 생각해 왔고, 오늘 또다시 그 문제를 떠올렸다. 그는 이집트에서 온 의뢰인을 만나기 전에 여러 숫자들을 확인하는 중이었다. 의뢰인은 엘리스의 올림피아에 이집트의 신 세라피스Serapis를 모시는 사원 하나를 세우기 원했다.

그런데 이 세라피스는 실제로 존재하는 신일까 아니면 필요에 의해 만들어진 신일까? 듣기로는 프톨레마이오스 왕조가 이집트에 자리를 잡으면서, 이집트 원주민들과 그리스계 이주민들 사이의 화합을 이끌어 내고 동시에 이집트의 우월성을 나라 밖에 더 널리 알릴 목적으로, 저승 세계를 지배하는 이 새로운 신을 내세우게 되었다고 했다.

어쨌든 한 가지는 확실했다. 프톨레마이오스 1세 이전까지만 해도 세라피스는 사람들이 잘 알지 못할 정도로 그 존재감이 미미했지만, 지금은 지중해 전역에서 수많은 사람들의 숭배를 받으며 큰 인기를 끄는 신이 되어 있었다.

메톤 본인은 이른바 단일 신을 믿는 사람이었다. 다른 신들의 존재를 인정하긴 했지만, 자신은 오직 회색 눈의 여신 아테나만을 섬겼다. 아테나 여신은 전쟁의 수호신으로 알려져 있지만 동시에 기술자들을 지켜 주는 신이기도 했다. 그런 의미에서 이집트의 새로운 신을 섬기기 위한 사원을 짓는 일에 크게 걱정할 건 없어 보였다. 세라피스는 그리스의 신들 중에서 저승 세계를 다스리는 하데스에 해당되지만, 메톤이 섬기는 아테나 여신이 하데스 신의 질투로부터 그를 보호해 줄 테니까. 이 신실한 건축가는 분명 그렇게 될 거라고 믿었다. 비록 사원을 세우고 그 안에 이방 신의 조각상을 세우는 일이 그리스 사람들이 보기에 따라서는 신성모독에 가까운 일일지 몰라도 말이다.

새롭게 부활한 신 세라피스

마케도니아 왕국의 장군이었던 프톨레마이오스가 이집트를 지배하게 됐을 때, 그에게는 적당한 이미지 메이킹이 필요했다. 이집트 원주민들에게는 자신을 이집트 왕조의 전통을 계승하는 지배자 파라오로 내세워야 했고, 동시에 그리스에서 건너온 이주민들에게는 자신이 여전히 그리스 사람이라는 사실을 보여 줄 필요가 있었다. 얼핏 불가능에 가까운 목표를 달성하기 위한 방법으로, 프톨레마이오스는 이집트에서 가장 오래된 종교 중 하나인 신성한 황소 아피스Apis에 대한 숭배를 부활시켰다. 이집트에서는 그럴듯하게 생긴 황소 한 마리를 받들어 모시다가 죽으면 또 다른 황소를 찾는 일을 반복하는 관습이 있었는데, 이 황소들은 죽어서도 신으로 떠받들어졌다. 그런데 프톨레마이오스는 저승 세계를 지배하는 이집트의 전통 신 '오시리스Osiris'를 '아피스'와 합쳤고, 다시 '오시리스-아피스'라는 이름을 그리스식으로 바꿔 '세라피스'라고 불렀다. 다시 말해 세라피스는 이전부터 존재했던 신으로도 볼 수 있었고, 상황에 맞춰 새롭게 만들어진 신으로도 볼 수 있었다.

이집트의 신들은 몸은 인간이지만 머리는 동물 모습을 한 걸로 유명했는데, 세라피스는 아피스 황소를 나타내면서도 인간의 머리를 갖고 있었다. 그러면서 좀 더 그리스 신의 모습에 가까웠다. 이 신에 대한 숭배가 헬레니즘 세계 곳곳에서 공격적으로 장려되었고, 세라피스가 여신 이시스Isis와 더불어 파라오의 수호자이자 후원자로 결정이 되면서, 세라피스 신에 대한 숭배는 프톨레마이오스 왕조에게 큰 도움이 되었다. 오직 세라피스 신만을 모시기 위해 세워진 알렉산드리아의 신전 세라페이온serapeion은 고대 세계의 가장 거대한 신전 중 하나로 널리 알려졌다. 이 신전은 서기 391년까지 남아 있었지만, 훗날 이곳을 이교도들의 본거지로 생각한 그리스도교 신자들에 의해 파괴되었다고 한다.

세라피스 신을 모시는 사원의 건축을 맡기 위해서, 메톤은 당연히 신상에 대해서도 많은 고민을 했다. 세라피스 신의 조각상은 '나오스naos', 즉 사원 안에서도 가장 신성한 부분인 중앙의 내실 안에 세워지게 된다. 메톤이 생각한 신상의 모습은 흑해 연안의 도시 시노페에 세워져 있던 유명한 세라피스 신상에 바탕을 두고 있었다. 시노페의 신상은 겉모습은 그리스 남자의 그것과 비슷했지만 걸치고 있는 옷은 이집트 방식이었다. 이렇게 인간의 모습을 하고 있는 것만으로도 동물의 머리를 가진 여러 이집트 신들과 확실히 달랐다. 그것 말고도 이 신상의 머리 위에는

기둥에 기대 서 있는
아테나 여신의 모습

바구니 하나가, 그리고 발치에는 머리가 셋 달린 개가 함께 있었다. 머리가 셋 달린 이 무서운 개는 분명 지옥의 입구를 지키는 개 케르베로스 Kerberos를 나타내는 장치일 게 분명했다. 더구나 일반적인 상식이 있는 그리스 사람이라면 머리 위에 얹고 있는 바구니도 알아볼 수 있을 터인데, 그리스에서 바구니는 보통 곡물을 보관하는 데 사용하며, 또 곡물은 땅에 떨어져 한 계절이 지난 후 새롭게 싹을 틔우기 때문에 죽음과 부활의 상징으로 인정받았다. 어쩌면 세라피스 신의 모습은 그리스의 저승을 지키는 하데스 신을 흉내 낸 것도 아니고, 또 흉내를 안 낸 것도 아닌, 그래서 하데스가 별로 달가워하지 않을 모습일지도 몰랐다.

하지만 이 시노페 신상의 모습은 세라피스 신 그 자체를 대표할 만큼 널리 알려져 있었다. 그렇기 때문에 비록 어딘지 모르게 하데스 신의 모습을 연상시킨다고 해도 메톤은 가능하다면 이 시노페의 신상을 비슷하게 재현해 이집트 사람들의 기분을 맞춰 주고 싶었다. 이 신상에 대해서는 또 다른 숨은 이야기가 있었다. 이집트의 파라오 프톨레마이오스 1세가 세라피스 신을 섬기기 위해 알렉산드리아에 거대한 신전을 새로 지었는데, 공사가 진행될 당시 세라피스가 꿈속에 나타나 이 신상을 신전 안에 세워 두라고 말했다. 하지만 꿈속에서 프톨레마이오스 1세가 들은 건 신상의 모습에 대한 설명과 대략적인 위치뿐이었다. 파라오는 심지어 그런 신상이 실제로 존재하고 있는지조차 확신할 수 없었지만 그 꿈에 대한 이야기를 들은 신하 중 한 사람이 시노페의 신상을 기억해 내고 그에게 이 사실을 알렸다고 한다.

프톨레마이오스 1세는 즉시 그 신상을 사 오도록 사람들을 보냈지만 시노페의 주민들이 특별한 이유도 없이 이집트 사람들의 요청에 응할 리가 없었다. 그러다 마침내 지루한 협상이 끝나고 이집트 사람들이 신상을 배에 싣고 고향을 향해 떠났다. 그런데 이 일을 맡았던 이집트 사람들이 전해 온 이야기에 따르면 세라피스 신은 이야기가 길게 늘어지는 것에 짜증을 냈고 스스로 서 있던 자리를 떠나 이집트의 배 위로 올라탔다고 한다. 반면에 시노페 주민들은 이집트 사람들이 한밤중에 갑자기 들이닥쳐 자기들 멋대로 도르래를 이용해 신상을 끌어내 훔쳐서 달아났다고 주장했다. 어느 쪽의 말이 사실이든 상관없이 메톤은 자신이 지을 사원에 시노페의 신상과 똑같은 모습을 한 신상을 세우고 싶었다.

이집트의 그리스 사람들

오이디푸스와 스핑크스의 수수께끼 이야기를 알고 있다면, 고대 그리스와 이집트의 역사가 서로 밀접하게 연결되어 있다는 사실을 알아차릴 수 있을 것이다. 특히 프톨레마이오스 왕조 시대가 열리면서 두 지역 사이의 관계는 더욱 가까워졌는데, 이집트가 그리스에서 건너온 장군의 지배를 받게 되면서 그리스 사람들의 이주와 정착지 건설을 적극적으로 장려했기 때문이다. 이런 일이 가능하게 된 또 다른 이유 중 하나는 그리스의 '폴리스polis' 제도 덕분이다. 고대 그리스의 전통적인 자급자족 국가 형태인 폴리스는 그리스 고유의 문화를 그대로 간직하면서 약간의 지역적 특색을 받아들이는 방식을 고수했고, 이 방식은 이베리아반도에서 저 멀리 아프가니스탄에 이르기까지 헬레니즘 세계 전체로 퍼져 나갔다. 그 한 가지 증거로 고고학자들은 알렉산드리아에서 200킬로미터 떨어진 와트파Watfa의 한 유적지에서 전통적인 그리스 양식의 체육관을 발굴해 냈다. 로마가 이집트를 지배하게 된 후에도 그리스 문화는 계속해서 그 명맥을 이어 갔고 파피루스 두루마리에 기록된 문서와 조각상, 그리고 그림 등의 풍부한 유산들을 남겼다. 하지만 서기 640년 이슬람교도들의 정복 전쟁이 시작되면서 하나둘씩 사라지고 말았다.

프톨레마이오스 왕조의 왕들이 이 '새로운' 신을 숭배하는 일에 쏟은 정성과 자금을 생각하면, 프톨레마이오스 2세가 세상 어느 곳보다도 가장 그리스의 정체성이 살아 있는 장소, 즉 올림피아 제전이 열리는 올림피아의 신성한 경내에 세라피스 신의 사원이 세워지기를 원하는 건 당연한 일이었다.

하지만 올림피아가 속해 있는 엘리스 지역의 원로와 유지들은 이미 여러 신전이나 사원들로 북적대는 이 신성한 경내에 또다시 새로운 신을 모시자는 제안을 격렬하게 거부했다. 메톤은 이집트 사람들이 사실 올림피아 안에 사원을 짓겠다는 생각을 진지하게 해 본 적이 한 번도 없으며, 그저 최대한 가까운 곳에 짓는 것을 목표로 협상을 진행하기 위해 처음부터 그런 무리한 제안을 한 것이 아닌가 하는 의심이 들었다. 게다가 올림피아의 중심부에 위치한 신전 안에는 위대한 조각가인 피디아스Phydias가 상아와 황금으로 만든 제우스 신상이 서 있었다. 이 신상은 고대 세계의 불가사의 중 하나였으며 부유하기로 이름난 이집트 왕국조차 이 정도로 화려하고 장대한 신상을 세우는 걸 버겁게 여길 정도였다.

결국 이런 저런 사정으로 인해 올림피아와 아주 가까이 붙어 있는 어느 농부 소유의 밭을 사들이자는 기발한 해결책이 제시되었다. 크로노스 산기슭에 있는 이 밭의 제일 높은 지대에 새로운 사원을 짓는다면, 올림피아의 제우스 신전만큼 주목을 받지는 못하겠지만 적어도 그 신전을 좀 더 높은 곳에서 내려다볼 수는 있을 터였다.

그 유명세와는 별개로 어쨌든 경우에 따라 사람들의 눈에 더 잘 들어올 수 있는 위치이기도 했다. 세라피스 신의 사원은 그리스 신전 건축 양식의 모범을 따라 최대한 근사하게 지어져야 했고 예산도 꽤 넉넉할 것으로 예상되었다. 그런 이유로 메톤은 아테네는 물론 멀리 에페수스에서 불러들인 기술자들과 함께 의논에 의논을 거듭했고, 지금은 정밀하게 만들어진 각기 다른 세 가지 사원의 모형을 두고 고심 중이었다.

잘 모르는 사람들이 보기에는 세 가지 모형이 다 엇비슷하게 보일 수도 있었지만, 그건 신전이나 사원을 지을 때 지나친 파격을 허용하지 않는 관습 때문이었다. 예를 들어 도리아 양식으로 지어진 사원은 신들을 모신 중앙의 내실과 그 내실을 둘러싸고 있는 '페리스타시스peristasis', 즉 기둥들로 된 일종의 벽이, 엄격하게 정해진 비율을 따라야 했다. 다른 부분들의 위치나 비율 역시 정해져 있었다. 헬레니즘 세계 전역의 신전이나 사원들이 서로 비슷한 모습을 하고 있는 건 이 때문이다.

다만 수많은 건축 양식이나 방식이 아주 오래된 전통을 고수하고 있다 해도, 건축의 주요 자재가 나무라는 사실은 변함이 없었고, 건축물의 너비는 보통 지붕을 가로지르는 대들보의 개수에 따라 결정이 되거나 제한이 되었다. 그런 한편 과거에 이 나무 대들보들을 지탱하는 데 사용되었던 특별한 나무못 등은 지금은 그저 순전히 장식으로만 남아 있는 경우도 많았다. 어쨌든 신들은 이런 식으로 자신들이 머물 곳이 만들어지는 걸 좋아했고, 이미 너무나 많은 관습과 규칙들을 깨트려 온 세라피스 신도 원래는 화합과 통합을 위한 신이니, 더 이상의 무리한 파격은 원하지 않을 것 같았다. 그러니 새로운 사원도 다른 신전이나 사원과 비슷한 모습이 될 게 분명했다.

메톤은 사원을 도리아 양식으로 지을 수 있도록 이집트의 의뢰인을 설득하고 싶었다. 도리아 양식은 별다른 치장이 없이 평범했지만, 그만큼 주어진 예산 안에서 규모가 더 커 보이는 건축물을 짓는 것이 가능했다. 그는 아주 작은 사원을 짓는 데 들어가는 비용조차 사람들의 상상을 초월한다는 사실을 알고 있었고, 따라서 예산을 잘 운용하는 것은 그가 가장 중요하게 생각하는 우선과제 중 하나였다.

예를 들어 보자면 아무런 장식이 없는 기둥 하나를 도리아 양식으로 세우는 데 들어가는 비용이 약 5만 드라크마였는데, 이런 기둥을 만드는 숙련공이 평생 벌어들일 수 있는 돈이 약 2만 드라크마 남짓한 정도였다. 메톤은 최대한 양보를 해서 이런 기둥을 12개 정도 세우고 싶었지만, 만일 이집트 측에서 도리아 양식이 아닌 좀 더 화려한 이오니아 양식을 원할 경우 기둥 하나 당 비용은 6만 5천 드라크마까지 치솟게 된다. 기둥의 머리 장식이며 몸통에 세로로 새겨지는 줄무늬가 더 화려하기 때문에 그런 작업만 해도 1만 드라크마가 넘는 비용이 추가로 더 들어갈 수밖에 없었다.

하지만 그만큼 막대한 예산이 들어가는 작업이었기 때문에 메톤은 적극적으로 사원 건축에 한몫 끼고 싶었다. 전체 건축 예산의 100분의 1 정도만 수고비로 챙길 수 있어도 다시는 돈 걱정 같은 건 하지 않고 살 수 있었다. 이리저리 서성이며 의뢰인이 도착하기를 기다리는 동안, 메톤은 고향인 멜로스섬으로 돌아가 은퇴 생활을 즐기는 상상을 했다. 고향으로 돌아가게 된다면 이번에는 남이 아닌 바로 자기 자신과 가족들을 위한 그런 집을 지을 것이다.

상인

🎕🎕🎕🎕🎕

호루스 신에게 바쳐진 거대한 신전 도시 아폴로노폴리스는 나일 강변
에 위치하고 있었다. 이곳은 무역상인 사키온이 부담 없이 오가기에 너
무나 먼 남쪽이었다. 평상시에 사키온은 대부분의 시간을 알렉산드리아
에 머물면서 아직 덜 발전된 서방과 문명화된 동방의 여러 지역 사이를
오가는 물건들을 사고팔았고 그 중간에서 수익을 올렸다.

　동방에서는 주로 향신료와 비단, 신발 같은 사치품들이 들어왔다. 하
지만 사키온은 동방이 얼마나 멀고 넓은지 전혀 알지 못했다. 그가 알
고 있는 건 이 물건들이 홍해 연안의 항구 도시 아르시노에로 들어온다
는 사실뿐이었다. 무역상의 생활이란 대단히 불안정했기 때문에 때때
로 거래가 무산되는 건 안타깝지만 어쩔 수 없는 일이었다. 인도에서 들
어오는 후추를 구입하기로 계약한 상인이 세상을 떠났거나 파산을 했
다고 생각해 보자. 혹은 해적들의 본거지로 유명한 라이토스에서 출발
한 무장 선박이 알 수 없는 이유로 이 후추를 '손에 넣게' 될 수도 있다.
그럴 때 나서서 주인 없는 화물을 인수하고 새로운 구매자를 찾는 것이
사키온의 주된 사업이었다.

　오래전 이집트에 정착한 그리스 가문 출신의 상인 사키온은 헬레니

즘 세계 전역에 걸쳐 구축해 둔 인맥을 통해 어떤 구매자가 어떤 상품에 대해 얼마만큼의 값을 치르려 하는지 그 시세나 동향을 잘 알고 있었다. 정말 가치가 있는 상품의 경우 사키온은 직접 거래에 나서 흥정을 하고 동시에 개인적인 인맥도 새롭게 정비하곤 했는데, 이런 인맥들은 그의 생계에 있어 아주 중요한 문제였다.

사키온이 알렉산드리아에서 멀리 떨어진 아폴로노폴리스까지 찾아온 것도 그 때문이었다. 그는 불과 3개월 전까지만 해도 저 멀리 이집트 남쪽에 있는 쿠시 왕국을 사업상 그리 중요한 상대로 생각하지 않았다. 하지만 갑자기 상황이 크게 달라졌다. 사키온의 동료 상인 중에서, 지난 1년의 대부분을 쿠시의 주요 도시 메로에Meroë에서 보내며 중요한 거래를 진행하던 이가 있었다. 마침내 거래가 성사되어 계약서에 서명을 하고 공증까지 받았는데, 이베리아반도의 은을 알렉산드리아까지 배로 실어오는 와중에 초가을 폭풍우를 만나 졸지에 세상을 떠나고 말았다. 그러자 상인의 아내가 사키온에게 연락을 해 남편의 계약에 관심이 있는지를 물었고 거래 내용을 확인한 사키온은 바로 태도가 바뀌었다. 12탈렌트talent, 그러니까 무게가 대략 700킬로그램이 넘는 가공되지 않은 상아를 아주 싼 가격에 넘겨받을 수 있는 기회였기 때문이다. 마침 그 무렵 소아시아 지역의 페르가몬 왕국에서 새로운 신전이며 기념비 등을 꾸미기 위해 상아를 애타게 찾고 있다는 정보를 입수한 터였다.

쿠시의 상인들은 나일강을 따라 상아를 가져와 쿠시 북쪽에 있는 마을 엘레판티네에서 중간상인에게 전달하기로 약속했고, 그 중간상인은 다시 아폴로노폴리스까지 상아를 가져오기로 계약을 맺었다. 이 때문에 사키온은 돈을 지불하고 상아를 넘겨받기 위해 이 사암으로 세워진 오래된 도시까지 와야만 했다. 나일강의 거센 강물을 헤치고 대략 5400 스타디온, 그러니까 1000킬로미터 이상을 가야 하는 이 길이 결코 쉬운 여정일 리는 없었다. 게다가 중간에 있는 멤피스를 지나갈 때는 말 그대로 점점 커져만 가는 이집트 원주민들의 적대적인 감정을 느낄 수 있었다. 이런 기분은 그를 극도로 불편하게 만들었다.

이집트는 자랑스러운 역사를 지닌 오래된 왕국이었다. 알렉산드로스 대왕이 이 땅에 도착하기 이미 1000년 전에 아시리아 제국과 교역을 하며 지중해 동부 지역의 일부를 다스리기도 했었다. 그러다가 약 500 년 전 이집트는 잠시 쿠시 왕국의 지배를 받았는데 그런 이유 때문인지 오늘날의 쿠시 상인들은 엘레판티네를 넘어 북쪽까지 올라오는 걸 마음 편하게 생각하지 않았다.

당연한 이야기겠지만 이집트 사람들은 누군가의 지배를 받았던 시절보다 정복자로 지냈던 시절을 떠올리고 싶어 했고, 또 정복 전쟁을 치렀던 여러 왕들의 모습이 새겨진 기념물들도 곳곳에 갖고 있었다. 그렇기 때문에 그리스 사람들이 새롭게 세운 알렉산드리아의 상인들이나 쿠시 왕국의 상인들이 나타나 현재와 과거의 굴욕을 상기시키는 것에 분노를 느꼈다. 이렇게 무뚝뚝하고 반항적인 사람들이 있는 이집트 남부는 아무래도 상인들이 활동하기에는 불편한 지역임에 틀림없었다.

사키온은 무역상이었고 따라서 상상조차 할 수 없는 먼 거리를 거쳐 온 상품들을 취급하는 데 익숙했다. 언젠가 한 번은 인도에서 온 상인을 만난 적이 있는데, 그는 자신이 취급하는 향신료가 그리스에서 이집트까지 오는 길보다 더 먼 길을 거쳐 왔다는 사실을 알려 주기도 했다. 쿠시 왕국의 수도인 나파타에는 이집트의 테베보다도 피라미드가 더 많고, 메로에 역시 울창한 숲으로 둘러싸인 우뚝 솟은 건축물들과 사람들이 많은 도시라는 이야기도 들었다. 메로에의 철제품은 품질이 뛰어났지만 쉽게 구하기 힘든 것으로 유명했다. 무게는 많이 나가지만 가격이 비교적 저렴한 상품을 북쪽에 있는 알렉산드리아까지 2500킬로미터 이상의 길을 따라 운반해 오려는 상인이 드물었기 때문이다. 다이아몬드나 표범 가죽, 그리고 이국적인 동물들이나 지금 사키온이 찾는 상아라면 그런 먼 여행을 할 수도 있겠지만, 그렇다고 상인 한 사람이 이런 상품들을 처음부터 끝까지 다 책임지고 운반하는 경우는 거의 찾아볼 수 없었다. 사키온이 동방에서 사들이는 향신료처럼 이런 상품들도 여러 상인들의 손을 거쳐 이동한다. 그래서 마지막으로 상품을 손에 넣는 사람들은 상품이 처음에 어디에서부터 출발을 했는지, 그리고 얼마나 많은 상인들이 수고를 했는지 전혀 알지 못하는 경우가 많았다.

어쨌거나 상아를 가져가기 위해 일찌감치 아폴로노폴리스에 도착한 사키온은 나일강이 내려다보이는 숙소에서 머무는 중이었다. 저녁이면 숙소의 그리스인 주인과 연극 이야기를 하거나 그리스와 동방에 대한 여행 이야기로 주인을 흥겹게 만들어 주며 시간을 보냈다. 그리고 낮에는 부둣가 옆을 따라 돌아다니면서 소중한 화물이 잘 오고 있다는 소식이 도착하기를 초조하게 기다렸다.

그러다가도 사키온은 문득 아프리카 대륙의 나머지 다른 지역과 검은색 피부를 가진 원주민들에 대해 생각하곤 했다. 쿠시 왕국과 이집트는 나일강이라는 길게 이어지는 뱃길을 함께 공유하고 있었고, 또 상품과 정보가 그 길을 따라 쉴 새 없이 오가고 있었기 때문에 지중해 근처에 살고 있는 사람들도 쿠시 왕국의 존재에 대해서 어느 정도 알고 있었다. 그렇지만 아프리카는 광활한 대륙이며, 이집트의 서쪽에는 사하라 사막이라는 지나갈 수 없는 거대한 모래의 바다가 뻗어 있었다. 나일강의 서쪽과 사하라 사막의 남쪽에는 과연 무엇이 있을까? 어떤 왕국과 문명들이 자리를 잡고 서로 오가고 있으며 또 어떤 사람들이 어떤 문화를 누리며 살아가고 있을까?

사키온은 그리스 사람이자 이집트 사람이었고 또 자신이 속해 있는 땅과 문화가 세계 어느 곳보다도 더 뛰어나다는 사실에 대해 흔들리지 않는 확신을 가지고 있었다. 그렇지만 남쪽에 있는 거대한 미지의 땅에 대해 알게 되면서 호기심이 부풀어 올랐다. 어쩌면 평저선이라도 한 척 전세를 내어 강을 따라 내려가 중간 지점에서 상아를 받아 오는 게 더 나을지도 몰랐다. 강둑에는 악어며 따오기, 하마 등이 살고 있을 것이며, 연분홍색 홍학이 북쪽으로 이동하는 도중에 그 모습을 드러낼 수도 있었다. 그렇게 가슴 두근거리는 여행이라면, 아폴로노폴리스의 우울한 신전들과 무뚝뚝하면서도 교활한 사람들 속에서 웅크리고 있는 것보다는 훨씬 더 나을 것만 같았다.

리라 연주자

@@@@@@

자신의 방으로 돌아온 칼리아는 그동안 모은 돈의 절반 이상을 투자해 구입한 악기의 포장을 조심스럽게 풀었다. 그 악기는 다름 아닌 리라lyre 였다. 침대 머리맡에 기대어져 있는 예전 리라를 대신하기 위해 사 온 새것이었다. 원래 쓰던 악기도 여전히 소리가 나긴 했지만, 아나톨리아 반도의 뜨거운 여름 날씨 때문에 더 이상 자신과 같은 직업 악사가 쓰기에는 문제가 있었다. 그래서 칼리아는 대체품을 찾아야만 했고 매우 신중히 선택을 했다.

모든 리라가 다 똑같은 모습을 하고 있는 것은 아니었다. 양을 키워서 먹고 사는 작은 마을들을 돌아다니는 떠돌이 악사들은 여전히 옛날 방식의 포르밍크스phorminx 리라를 연주했으며, 전해 오는 전설에 따르면 역사상 최초로 만들어진 리라라고 하는 오래되고 만들기 까다로운 켈리스chelys 리라도 있었다.

리라에 거북이를 뜻하는 '켈리스'라는 이름이 붙게 된 건 같은 신이면서 다른 신들의 전령 노릇을 하는 헤르메스가 리라를 만들기 위해 거북이를 사용했다는 전설 때문이다. 헤르메스는 태양의 신 아폴론에게서 훔쳐 온 한 무리의 질 좋은 소떼를 돌보고 있었는데, 그냥 있기가 지루했는지 죽은 영양의 두개골에서 양쪽으로 나 있는 뿔들을 떼어 낸 다음, 그 사이에 줄들을 엮었다고 한다. 그렇게 엮은 줄을 퉁기면 듣기 좋은 소리가 났지만 어딘지 모르게 힘이 없었다. 이에 헤르메스는 거북이를 잡아 그 속을 비우고 껍데기를 울림통으로 삼아 좀 더 깊은 울림이 있는 그런 소리를 만들어 냈다는 것이다.

칼리아는 지금 여기 아나톨리아에 그런 켈리스 리라가 있었으면 좋겠다고 생각했다. 그렇지만 진짜 켈리스 리라는 한 쌍의 영양 뿔과 짝을 이루는 거북이 껍데기가 적절한 두께와 유연성으로 완벽하게 서로 맞아떨어져야 했고, 그렇게 되려면 정말로 예상치 못할 정도의 행운이 뒤따라야만 했다. 칼리아는 때로 그런 완벽한 켈리스 리라가 만들어지기까지 도대체 얼마나 많은 영양과 거북이를 잡아다 시험을 해 봐야 하는지 궁금한 생각이 들었다.

어쨌거나 다른 전문적인 리라 연주자들과 마찬가지로 칼리아도 키타라kithara 리라를 사용했다. 키타라 리라는 포르밍크스 리라처럼 나무로 만든 울림통을 쓴다. 물론 악기의 품질에 있어서 키타라 리라가 멋진 경주마라면 포르밍크스 리라는 거름 수레를 끄는 당나귀 정도에 불과했지만.

나무로 된 울림통은 불필요하게 거북이를 희생시키는 잔혹함 없이도 거북이 껍데기와 비슷한 역할을 훨씬 더 정교하게 해낸다. 나무의 재질과 두께, 그리고 울림통의 전체적인 형태에 따라 똑같은 줄을 퉁겨도 그윽하면서도 웅장한 소리 또는 깊게 울리는 소리와 가볍게 떨리는 소리를 모두 낼 수 있었다.

칼리아가 원래 사용하던 키타라 리라의 울림통은 벚나무로 만들었는
데, 단단하면서도 쪼개지기 쉬운 벚나무는 리라 장인이 굉장히 꺼리는
소재였기 때문에 값이 훨씬 더 비쌌다. 게다가 같은 벚나무라도 가공해
목재로 만들면 그 겉 부분과 속 부분이 서로 다르게 건조되거나 숙성되
어 질감이 달라지기 때문에, 장인은 보통 둘 중 한 부분만을 가지고 작
업을 해야만 했다. 심지어 그렇게 만들어진 울림통도 나무 소재라는 한
계 때문에 금방 색이 벗겨질 뿐더러, 또 처음에는 풍부하고 맑은 소리를
내더라도 언제든 들릴 듯 말 듯한 불협화음으로 바뀔 수 있었다.

벚나무의 또 다른 문제는 상대적으로 습도가 높은 지역에서 자란다는 점이었다. 그래서 만일 장인이 한여름의 사하라 사막 같은 곳에서 충분히 건조시킨 벚나무로 리라를 만들지 않았다면, 그런 리라를 들고 아나톨리아의 고지대로 여행을 온 건 현명하지 못한 행동이었다. 칼리아도 미처 그런 점까지 고려하지 못한 악사들 중 하나였다. 나무 울림통에 아직 물기가 남아 있었다는 사실을 알게 된 그녀는 큰 충격에 빠졌다. 아나톨리아 고원의 찌는 듯한 열기 속에서 울림통은 조금씩 뒤틀리기 시작했고 전체적인 크기도 줄어들었다. 그녀의 키타라 리라는 말 그대로 제멋대로 쪼개지고 부서지기 일보직전이었다.

침대에 기대 세워 놓은 문제의 키타라 리라도 시끄러운 장날에 모인 사람들이나 휴가를 받아 몰려나온 군인들의 흥을 돋우기 위한 정도라면 여전히 어느 정도 연주가 가능했다. 그렇지만 안타깝게도 이 키타라 리라는 순수하게 공연 그 자체만을 위해 특별하게 만들어진 것이었기 때문에, 수준 높은 귀족들이 드나드는 전용 공연장에서 연주하기에는 적합하지 않았다. 헬레니즘 세계에서는 이런 음악 전용 강당들을 '오데온 odeon'이라고 불렀는데, 주로 아폴론 신을 기리며 만들었다. 아폴론 신은 태양의 신인 동시에 음악의 신이기도 했다.

꼭 리라 연주가 아니더라도 음악 감상에 대한 깊은 관심과 조예는 귀족들에게 좋은 가문 출신이라는 증거가 되었다. 칼리아는 질 좋은 악기로 수준 높은 연주를 기대하는 귀족들에게 최고의 보수를 받는 악사였다. 하지만 그녀의 낡고 망가진 리라는 더 이상 그런 연주에 어울리지 않았다. 물론 그런 리라라도 되팔고 싶다면 괜찮은 값을 받을 수 있기는 했다. 칼리아는 명성이 자자한 악사였고, 그녀가 연주했던 악기를 소유한다는 것만으로도 음악에 조예가 깊다는 일종의 증거가 될 수 있기 때문이다. 그리고 리라를 직접 연주하는 귀족들은 대부분 연주 솜씨 자체가 시원치 않았기 때문에 오래된 키타라 리라의 미묘한 문제점들이 그냥 묻힐 수도 있었다. 아니면 현재 자신의 후원자를 자처하고 있는 에우세비아의 어느 의원이 이 리라를 살지도 몰랐다. 지금은 아니었지만 칼리아는 그 의원의 자녀들에게 리라 연주를 가르친 적이 있었다.

전해 내려오는 전설에 따르면 영웅 헤라클레스는 활 솜씨는 대단히 뛰어났지만 줄이 달린 악기를 다루는 데는 아무런 재주가 없었다고 한다. 그렇지만 헤라클레스는 높은 문화 수준을 자랑하던 테베의 귀족 가문 출신이었기 때문에 어쨌든 음악도 배워야만 했다. 그래서 헤라클레스의 부모는 이 어려운 문제를 해결하기 위해 최고의 음악 스승인 트라키아의 리노스를 모셔 왔다. 리노스는 역사상 최고의 음악가로 일컬어지는 오르페우스의 동생이었다. 그 역시 비범한 재능으로 유명했는데 두 사람의 부모가 음악의 신 아폴론과 학문과 예술의 여신 칼리오페였다는 사실을 생각하면 그리 놀랄 일도 아니었다.

칼리아는 비극적인 최후를 맞이했던 리노스의 이름을 따라 '리노이 linoi'라고 부르는 우울한 분위기의 노래들을 직접 부른 적이 있었다. 리노스는 헤라클레스가 리라를 제대로 연주하지 못하자 화가 난 나머지 그의 머리를 후려쳤고, 마찬가지로 화가 치밀어 오른 헤라클레스는 리라를 휘둘러 스승을 때려죽이고 말았다. 하지만 리라 전문가인 칼리아의 생각에는 아무래도 헤라클레스가 연주하던 리라 자체에 무슨 문제가 있었을 것 같았다.

칼리아가 지금 가르치고 있는 제자들은 헤라클레스와 달리 힘도 없고 성질도 온순했지만 안타깝게도 음악적 재능이 떨어진다는 점에서는 그와 유사했다. 남자아이 둘은 음정이나 박자조차 이해하지 못했고 둘의 여동생도 그저 조금 더 나은 정도였다. 사춘기에 접어든 여자아이는 뜨거운 눈빛으로 악기 연주에 지나치게 열을 냈다. 아마도 아이가 어디서 무슨 연애시의 한 구절이라도 읽고 그대로 따라 하는 모양이었다.

어쨌든 지금 칼리아는 조심스러운 손놀림으로 새로 산 악기의 포장을 풀면서 이곳 에우세비아에서의 시간을 돌아봤다. 이곳은 문화적인 면에서 다소 뒤떨어지는 변두리였다. 마침 그녀에게 새로운 리라를 만들어 준 장인이 좀 더 다양하고 수준 높은 고객을 찾아 페르가몬 왕국으로 떠난다고 했다. 칼리아는 이곳에서 충분히 오래 머물렀다는 사실을 떠올리며, 하던 일을 모두 그만두고 그와 함께 떠나기로 결심했다. 그렇게 하면 혹시 새로운 리라에 문제가 생기더라도 별다른 어려움 없이 해결할 수 있다는 장점도 있었다.

ΛΑΝΟΤΡΟΠΙΟΣ ΠΡΟΕΤΟΙΜΑΣΙΕΣ

Chapter.

3

12월, 준비

농부

밭 위로 은빛 장막이 펼쳐지듯 비가 내리면서 크로노스산도 장막 뒤로 모습을 감추었다. 이피타는 양손으로 허리를 짚은 채 집 현관의 지붕 아래 서서 이제 살았다는 표정으로 그 광경을 바라봤다. 드디어! 지난 달 내내 하늘 위의 구름은 그녀를 조롱해 왔다. 이오니아해로부터 몰려 온 묵직한 먹구름들은 고작 몇 군데 비를 뿌린 후에 내륙으로 흩어지곤 했다. 그렇지만 이제 억수 같은 비가 내리면서 대지를 흠뻑 적셨고 단단하게 굳은 흙더미도 조금씩 부드러워졌다. 드디어 밭을 갈 수 있게 된 것이다.

그렇다고 해서 지난 시간들을 헛되게 보낸 것은 아니었다. 그동안 이피타가 부리는 일꾼들은 하늘의 별들이 지평선 아래로 완전히 사라지기도 전에 집 밖으로 나와 밭갈이 준비를 했다. 날카로운 낫을 든 일꾼들은 한 줄로 늘어서서 여름 내내 자란 잡초들을 끊임없이 베어 넘겼다. 그렇게 모은 풀 더미는 마차로 실어 와 헛간 뒤에 쌓아 두었는데, 이제 쏟아지는 빗줄기 덕분에 풀 더미는 적당하게 썩을 것이다. 그러면 말린 가축의 똥이나 사람들의 배설물과 뒤섞어 퇴비를 만든 다음 밭에 다시 뿌려야 한다. 사실은 그런 지저분한 과정이 있어야 갓 구워 내는 달콤한

화병의 밑바닥에 그려진
밭갈이 하는 모습

과자며 향기로운 빵이 나올 수 있는 것이다.

지난 몇 주 동안 일꾼들은 황소에게 먹이를 든든히 먹이고 규칙적으로 운동도 시켰다. 본격적으로 밭을 가는 작업이 시작되면 매일 쉬지 않고 완전히 지쳐 쓰러질 때까지 황소를 부려야 하기 때문이다.

이피타는 또한 여분의 쟁기에 별 문제가 없는지 확인했다. 단단하게 굳어 버린 땅을 파헤치는 일은 만만치가 않아서 쟁기가 부서지는 경우도 드물지 않게 일어났다. 주변의 준비성 없는 이웃들은 이파타가 갖고 있는 그 여분의 쟁기를 빌려 달라고 찾아오는 경우가 많았는데, 어떤 상황에서라도 황소를 빌려주는 일은 없을 것이기에 그녀는 차라리 쟁기를 빌려주는 게 이웃들과 잘 지내는 현명한 방법이라고 생각했다. 언젠가 이웃의 한 농부가 황소를 빌려 가 실컷 채찍질을 하며 지쳐 쓰러질 때까지 부려 먹고 거의 움직이지 못하는 상태로 만들어 돌려보낸 다음부터, 이피타는 결코 자신의 황소를 빌려주지 않았다. 다행히 지금은 모든 농가들이 다 바쁜 시기일 뿐더러, 황소를 빌려줄 수 없다는 그녀의 기발한 변명이 그럭저럭 잘 먹혀들어 갔기 때문에, 이제는 이웃들도 더 이상 황소에 대해서 말을 꺼내는 일은 없었다.

그러는 사이 이피타의 일꾼들은 그녀가 아끼는 참나무 숲에서 나뭇가지들을 끌어모았고 그중에서 굵은 것들을 골라 각자의 손에 맞는 '망치' 비슷한 것을 만들었다. 어떻게 보면 그저 나무 방망이 같기도 한 이 조잡한 도구는 앞서가는 쟁기를 뒤따르며 남아 있는 큰 흙덩어리를 부수는 데 사용했다. 또 올해는 밭을 가는 일이 늦게 시작되었기 때문에 밭을 가는 즉시 바로 뒤에서 씨를 뿌리기로 했다. 그래서 씨 뿌리는 사람 뒤로 새총을 든 청년 하나를 추가로 붙였다. 지금 막 뿌려진 씨앗을 찾아 배를 불리려 했던 새들은 오히려 인간들의 배를 불리는 신세가 될 운명이었다.

이번에 이피타는 콩 말고도 밀을 심는 도박을 해 보기로 했다. 다른 해 같았으면 지금 심어서 너무 늦게 거둬들일지 모를 밀은 피하고, 더 많이 팔지는 못하더라도 아마 보리를 심는 쪽을 택했을 것이다. 늦게 심은 밀을 때에 맞춰 수확하려면 이듬해 봄에 비가 충분히 내려야 하는데, 그 누구도 이를 장담할 수 없기 때문이다. 그럼에도 이런 결정을 하게 된 건, 건조하고 화창한 봄 날씨가 이어져 그 결과 밀 수확이 시원치 않다고 해도 농장의 재정 상태에는 큰 영향을 끼치지 않기 때문이다. 이제 곧 올림피아 제전을 준비하는 시기가 돌아온다. 이 농장의 일꾼들은 염소젖을 짜내는 것만큼이나 관광객들에게서 돈을 짜내는 데 아주 익숙했다. 농사 결과와 상관없이 돈을 벌 수 있는 다른 방법이 마련되어 있으니, 거기에 더해 더 큰 수익을 거둘 수 있도록 모험을 한 번 해 보는 것도 괜찮을 것 같았다.

그런 생각을 하다 보니 문득 농장의 염소들한테서 아직도 젖이 넉넉히 나온다는 사실이 떠올랐다. 올림피아 제전을 찾는 관광객들은 염소 젖으로 만든 치즈를 아주 좋아했다. 그런 와중에 몇몇 어린 암염소들은 젖이 줄고 요란하게 소리를 내며 잠시도 가만히 있지를 못했는데, 그건 짝짓기 시기가 돌아왔다는 것을 의미했다. 지금 새끼를 배면 출산까지 약 5개월가량이 걸리니 봄까지는 넉넉하게 젖을 낼 수 있다. 그 젖으로 치즈를 만들어 다시 3개월 정도 숙성시키면 올림피아 제전을 찾는 모든 사람들이 일등급 치즈를 맛볼 수 있을 것이다. 실제로 이피타의 농장에서 만들어 내는 치즈는 시장에서 "아폴론 신의 아들 아리스타이오스가 인간들에게 치즈 만드는 법을 알려준 이래로, 지금까지 만들어진 치즈 중 최고의 진미"라는 거창한 광고와 함께 팔리고 있었다.

그렇지만 지금은 염소들의 짝짓기가 문제가 아니지……. 이피타는 얼마 전에 아들과 나눴던 대화를 떠올리며 얼굴을 찡그렸다. 지난 주 이피타는 저녁 식사를 함께하자며 아들을 농장으로 불러들였다. 아니, 좀 더 정확하게 말하면 어머니의 소환 명령을 아들이 감히 거부할 수 없었다는 게 맞는 말이리라. 저녁 식사를 하기 전, 그리고 식사를 하는 내내, 또 심지어 후식으로 꿀을 바른 과자까지 다 먹어 치운 후에도, 혼사와 자식에 대한 이야기가 쉬지 않고 이어졌다. 농장을 꾸려 나가느라 바빠서 이웃 사람들과의 교류가 다소 적을 수밖에 없는 상황에서도, 이피타는 지난 두 달 동안 엘리스에서 아는 사람들을 총동원해 혼기가 찬 젊은 처녀들을 소개받았다. 그리고 뒤에서 어렵사리 자리를 만들어 아들이 여자들을 만나볼 수 있게 했지만 전혀 성과가 없었다.

정말 화가 치밀어 올랐다. 이피타가 어머니가 아닌 아버지였다면 그저 이웃 농장에서 적당한 처녀를 하나 골라 그녀의 아버지와 함께 지참금을 대신할 밭에 대해 의논을 하고, 아들에게는 이제 곧 아내를 얻게 될 거라고 말을 하면 그만이었다. 그런데 엄밀하게 말하면 이피타는 자신이 나서서 혼사를 치러 줘야 하는 이 쓸모없는 아들에게 딸려 있는 식구나 마찬가지였다. 명목상으로는 분명히 아들이 이 집안의 주인이었기 때문에 어머니라도 여자인 자신이 나서서 문제를 해결하기가 훨씬 더 어려웠다. 게다가 이피타의 아들은 평소에는 매우 순종적이었지만 혼사 문제에 있어서만큼은 의외로 고집을 부렸다. 아들은 에피쿠로스 철학을 공부하기 위해 아테네로 떠나기로 결정했는데, 실제로 에피쿠로스 철학에서는 가정이나 부부 생활로부터 가능한 한 멀리 거리를 두는 일의 중요성에 대해 가르치곤 했다.

그렇다고는 하지만 완전히 절망할 일은 아니었다. 이피타의 가족은 아테네에 살고 있는 이곳 엘리스 출신의 어느 가족과 '크세니아xenia' 관계를 계속 유지하고 있었다. 크세니아란 '피가 섞인 관계는 아니지만 필요할 경우 서로를 돌봐 주는 전통적인 관계'를 의미한다. 아테네의 이 가족이 올림피아 제전을 구경하러 온다면 그들은 당연히 이피타의 농장에서 환영받는 손님이 된다. 반대로 이피타의 가족 중 한 사람이 사업이나 여행을 위해 아테네를 방문한다면 그 사람 역시도 그 집에서 머물 수 있다. 이렇게 크세니아 관계로 맺어진 사람들을 보통 '크세노스xenos'라고 불렀다. 이런 관계는 평소에도 대단히 유용했는데, 특히 조심스럽게 알아본 결과 아테네의 크세노스에게는 혼기가 찬 딸이 하나 있었다. 일반적인 경우라면 아테네에 사는 사람은 같은 지역에 사는 사람과 혼인을 하기를 바라겠지만 어쩌면 고향 땅의 사람들과 오랫동안 이어진 인연을 내세워 그녀의 부모를 설득할 수 있을지도 몰랐다. 이 딸은 네 자매 중에서도 막내였기 때문에 지참금은 크게 기대할 수 없었다. 그렇지만 지금 이피타의 심정으로는 상대 처녀가 임신을 할 수 있을 정도로 건강하고 자신의 까탈스러운 아들을 받아들일 수만 있다면, 어디 무슨 도적의 딸이라 해도 기꺼이 혼사를 치러 줄 수 있을 것만 같았다.

외교관

⊡⊡⊡⊡⊡

서재에 앉아 밖으로 보이는 눈 덮인 지붕들을 바라보며 페르세우스는 혼인 문제에 대해 생각했다. 물론 자신의 얘기는 아니었다. 이 마케도니아의 외교관은 거의 10년 가까이 풍만한 육체를 가진 자신의 애첩과 편안하게 살아왔으며 이 관계를 깨트릴 생각이 전혀 없었다. 그가 지금 고심하고 있는 문제는 바로 프톨레마이오스 2세의 딸과 안티오코스 2세 사이의 영 마뜩치 않은 결합이었다.

마케도니아의 숙적이라고 할 수 있는 프톨레마이오스 2세가 자신의 자식을 내세워 강대한 셀레우코스 제국의 왕위 계승 문제에 직접적으로 개입을 하려는 건 그 자체로 상당히 골치 아픈 일이었다. 하지만 이집트와 길고도 힘든 전쟁을 치른 후 영토의 상당 부분을 잃을 지경에 처한 안티오코스 2세에게는, 프톨레마이오스 2세의 딸을 받아들이는 것 외에는 별다른 선택의 여지가 없었다. 그는 어쩔 수 없이 원래 살고 있던 왕비와 이혼을 하고 이집트의 공주를 새로운 왕비로 받아들였다.

비단 이혼을 당한 안티오코스 2세의 왕비뿐만 아니라 마케도니아 역시 이 혼사 문제에 마음이 편하지 않았다. 게다가 안티오코스 2세의 왕궁 안에 숨어들어 있던 마케도니아 첩자들의 보고에 따르면, 국왕 자신

실존 인물 페르세우스의 일생

페르세우스는 기원전 310년경 어느 귀족 가문에서 태어났다. 서기 3세기경 활동했던 역사가 디오게네스 라에르티우스에 따르면, 페르세우스는 음악과 사교 모임을 즐기는 인물이었다고 한다. 마케도니아의 국왕 안티고노스 2세가 위대한 철학자 제논을 마케도니아로 초청했을 때, 제논은 제자인 페르세우스를 자기 대신 보냈고 페르세우스는 곧 마케도니아의 국왕이 신뢰하는 심복이 된다. 어느 날 안티고노스 2세는 페르세우스에게 키프로스에 있는 그의 재산을 모두 빼앗기게 되었다는 소식을 전해 주며 그의 철학적인 이상을 시험했다고 한다. 이때 페르세우스가 괴로워하는 모습을 보이자, 스토아학파인 그에게도 결국 물질적인 재산은 중요한 문제라는 사실을 알게 되었다고 한다.

마케도니아를 위한 페르세우스의 마지막 임무는 아카이아 동맹에 대항해 코린토스를 마케도니아의 영향력 아래에 두는 것이었다. 헬레니즘 시대, 그리스 본토를 뒤흔들었던 이 동맹군이 코린토스를 공격해 오자 페르세우스는 자신의 임무를 다하기 위해 싸우다 전사했다.

도 새로운 왕비에 대해 불만이 많다고 했다. 왕궁의 내실 안에서 다투는 소리가 끊이지 않는데다가 안티오코스 2세가 가능한 한 수도를 멀리 떠나 시간을 보내는 일이 잦다는 보고도 이어졌다. 안 그래도 어렵게 흘러가는 나라 사정을 감안한다면 국왕이 왕비의 곁에 머물지 않고 밖으로 나돌기 위한 핑계를 찾는 건 그리 어렵지 않은 일이었다.

헬레니즘 세계의 여러 국가들은 셀레우코스 제국의 국왕이 프톨레마이오스 2세와의 혼인 계약을 파기하고, 뾰로통해 있는 전 왕비에게 다시 돌아갈 것인지에 대해 열띤 논쟁을 벌였다. 당연한 이야기였지만 마케도니아로서는 상황이 그렇게 흘러가기를 간절히 바라고 있었다. 그렇게만 된다면 프톨레마이오스 2세의 코가 납작해질 터이고 그것만으로도 충분히 만족스러울 게 분명했다. 게다가 프톨레마이오스 2세의 음모와 계략이 그리스 본토가 아닌 셀레우코스 제국에 계속 집중되는 결과도 가져올 수 있었다.

그러한 이유로 마케도니아의 국왕은 얼마 전 페르세우스를 불러들여

●
동전의 앞면에 새겨진
안티오코스 2세의 모습

셀레우코스 제국의 수도 셀레우키아Seleucia에 다녀오라는 명령을 내렸다. 일단 그곳에 도착하게 되면 페르세우스는 안티오코스 2세를 만나다시 왕비를 바꿀 경우 마케도니아에서 전폭적인 지원을 하겠다는 뜻을 전달할 예정이었다. 한겨울에 여행을 떠나는 어려움은 차치하고서라도, 페르세우스가 안티오코스 2세를 만날 무렵이 되면 그는 아마 다가오는 봄을 위한 계획과 준비로 대단히 분주할 터였다. 봄이 되어 새롭게 전쟁을 시작하게 된다면, 셀레우코스의 국왕은 동쪽 아르메니아와아나톨리아의 골치 아픈 분리 독립파들을 상대해야 하는지, 아니면 혼사를 통한 양국의 합의를 무효로 돌리고 프톨레마이오스 2세의 분노에맞서야 하는지를 결정해야만 한다. 페르세우스는 목표는 안티오코스 2세를 설득해 프톨레마이오스 2세와의 대결이 가장 중요한 과제가 되도록 만드는 것이었다.

한겨울의 여행은 그만큼 세심한 준비가 필요했다. 겨울이 아니라 봄이었다면 페르세우스는 그저 항구로 내려가 배를 타고 셀레우키아 피에리아로 가기만 하면 되었다. 셀레우키아 피에리아는 오론테스 강어귀에 있는 항구의 이름으로 수도의 입구나 마찬가지였다. 페르세우스의 제2의 고향인 마케도니아의 수도 펠라Pella에도 바다와 연결되는 항구가 있었지만, 오늘날에 이르러서는 모래가 쌓여 사용할 수 없었다. 어쨌든 봄이 아닌 겨울철에 폭풍우가 몰아치는 이오니아해를 지나가는 건돈이 많이 드는 사치스러운 자살 행위나 마찬가지였다. 그래서 페르세우스는 동쪽의 육로로 트라키아의 황무지를 통과해 가는 방법을 택했다. 그런 다음에는 비잔티움의 헬레스폰트 해협을 건너 남쪽으로 소아

12월, 준비

83

시아까지 갈 계획이었다.

길고도 힘든 여정이 되겠지만 페르세우스로서는 마케도니아 밖의 상황들을 자신의 눈으로 직접 확인하고 국왕에게 보고할 수 있는 좋은 기회였다. 그는 여행을 하는 중간 중간에 페르가몬 왕국이나 앙키라 같은 곳에도 들를 예정이었다. 그는 자신과 같은 고위급 외교 인사가 잠시 나라 밖을 둘러보는 것도 나쁘지 않은 일이라 여겼다. 이곳 마케도니아의 국왕 앞으로 들어오는 소식이라고는 대개 듣기에 좋은 비현실적이고 낙관적인 이야기들뿐이었다. 수도를 벗어나 직접 세상을 살핀다면 다시 돌아올 때 국왕에게 좀 더 정확한 정보들을 전달할 수 있을 것이다.

페르세우스는 한숨을 몰아쉬며 파피루스 두루마리 한 장을 앞으로 끌어당겼다. 국왕이 외교관을 셀레우키아로 파견할 필요가 있다고 결정한 것 자체는 대단히 바람직한 일이었다. 그렇지만 이제 그는 자신의 수하들과 함께 모여 아주 중요한 문제들을 조율해야만 했다. 우선 자신이 자리를 비우는 사이 그 일을 대신해 줄 사람들이 있어야 했고, 나라 밖에 나가 있더라도 나라 안에서 일어나는 여러 가지 사안들에 대해 신속하게 대처할 수 있도록 소식을 전해 주는 전령들이 필요했다. 또한 셀레우키아까지 가는 길에 지나칠 여러 나라나 도시에 자신보다 먼저 도착해 미리 여러 가지 준비를 해 줄 심부름꾼들도 필요했다. 헬레니즘 세계에서도 최강대국에 속하는 마케도니아의 고위급 관료가 아무런 예고 없이 불쑥 나타나는 것을 기꺼이 반겨 줄 사람은 아무도 없었다. 그러니 페르세우스로서는 그들에게 마음의 준비를 할 시간을 줘야만 했다. 어쨌거나 그의 출현은 모두에게 좋은 의미로 해석될 필요가 있었다.

함께 길을 떠나야 하는 수행원들의 문제도 있었다. 마케도니아를 대표하는 입장에서 지치고 허름한 방랑자 같은 모습으로 돌아다닐 수는 없었기에, 깨끗한 옷들은 물론 자신을 보살펴 줄 사람들이 필요했다. 거기에 제대로 된 숙소를 찾지 못해 야영을 할 경우 요리를 할 사람들을 비롯해, 목적지에 도착할 때까지 귀중품이나 때로는 목숨까지 안전하게 지켜 줄 적지 않은 숫자의 기병들도 있어야 했다. 그리고 그가 지나쳐 가야 할 여러 왕국이나 도시들이 마케도니아 기병대의 이런 갑작스러운 출현을 보고 잘못된 생각을 하지 않도록 모든 걸 미리 깨끗하게 정리해 두는 일도 꼭 필요했다.

　　어쨌든 그저 모든 일이 다 잘 되길 바랄 뿐이었다. 안전한 왕국을 떠나 소아시아까지 이어지는 이 외교 여정이 아무 일 없이 끝나게 된다면, 페르세우스는 셀레우코스 제국의 수도 근처에서 안티오코스 2세를 만나게 될 것이며, 그러면 이 국왕은 새로 맞이한 이집트 출신의 왕비에 대해 깊은 환멸을 느끼고, 외교적인 문제 때문에 억지로 헤어져야만 했던 따뜻한 가족의 품으로 기꺼이 다시 돌아가려 할 것이다.

　　그렇게 모든 문제가 다 해결이 된다면 돌아오는 여정은 또 어떻게 해야 할까? 그리스 본토는 여전히 온갖 불만이 끓어오르는 도가니나 마찬가지였기 때문에, 셀레우코스 제국의 국왕 안티오코스 2세와의 협상이 성공적으로 진행된 이후에는 에게해를 지나 남쪽의 아테네와 테살리아를 거쳐 다시 북쪽의 마케도니아로 돌아오는 것도 나쁘지 않을 것 같았다. 페르세우스는 또한 마음속으로 그해 후반기에 펠로폰네소스에 들릴 수 있도록 어떻게 해서든 여행 일정을 연장했으면 하는 생각도 하고

있었다. 예상치 못했던 새로운 임무가 생기긴 했지만, 그는 여전히 올림
피아 제전이라는 기회를 이용하겠다는 생각을 완전히 버리지 못했다.

도망자

㎒㎒㎒㎒㎒

대부분의 그리스 도시들과 마찬가지로 할리카르나소스의 행정 관청 역시 도망친 노예를 잡기 위한 공고문을 정기적으로 광장에 써 붙였다. 예컨대 헤르몬이라는 이름의 도망 노예에게 걸려 있는 현상금은 3탈렌트였는데, 만일 사원이나 신전으로 몸을 피했을 경우는 그의 위치를 알려 주더라도 2탈렌트만 받을 수 있었다. 노예가 성역의 보호를 요청한다면 신의 노여움을 사는 일이 발생하지 않도록 아주 조심해서 그를 끌어내야 했기 때문이다.

사람들이 몇 명 모여 그렇게 써 붙여진 공고문 앞에 있으려니 누군가 글을 읽을 줄 모르는 사람들을 위해 공고문의 내용을 큰 소리로 읽어 주었다. 모여 있는 사람들 중 제일 뒤에는 이제 막 어린 티를 벗은 듯한 깡마른 남자아이가 하나 있었다. 아이의 모습은 모자가 달린 외투에 감춰져 있어 잘 보이지 않았다. 모자 덕분에 그 아이는 추운 겨울바람과 사람들의 시선 모두를 피할 수 있었다.

광장에는 아직까지 트라타가 두려워할 만한 소식 같은 건 없었다. 예컨대 "도망친 여자 노예를 찾음. 이름은 트라타. 나이는 18세. 금발에 목덜미에는 말 문신이 있음. 40드라크마 가량을 훔쳐 달아났으며 건방지고 무례한 태도로 채찍질을 당한 상처가 남아 있어 쉽게 알아볼 수 있음" 같은 내용 말이다.

하지만 트라타는 그런 공고문이 내걸리는 건 단지 시간문제라는 사실을 잘 알고 있었다. 일단 노예가 도망을 치면 분개한 주인은 지역 행정관에게 그 사실을 알리고 자세한 인적 사항과 함께 어느 정도의 현상금을 준비할 수 있을지 함께 전달했다. 그러면 도망친 노예들의 명단이 헬레니즘 세계의 방방곡곡에 퍼지게 되며, 도망 노예를 찾는 일이 뜻하지 않은 횡재라고 생각하는 각 지역 사람들이 거기에 관심을 갖게 되는 것이다.

트라타는 도망 노예 추적을 생업으로 삼는 사람들도 있다는 이야기를 들었지만, 조심스럽게 수소문해 본 결과 그런 사람들은 주로 주인의 재산을 적지 않게 훔쳐 달아난 노예들을 쫓는다는 사실을 알게 되었다. 예를 들어 공고문에 적힌 헤르몬이라는 노예는 주인집에서 진주 몇 알과 금화를 훔쳐서 달아났는데, 이는 그다지 바쁘지 않은 추적자들이라면 관심을 보일 수 있을 정도의 금액이었다. 그리고 현상금이 이전보다 더 올랐다고 하는 걸 보니 헤르몬의 도망은 지금까지 꽤 성공적으로 이어지고 있는 것 같았다.

언젠가 다시 붙잡혀 잔뜩 앙심을 품고 있을 잔혹한 안주인 앞으로 끌려갈지 모른다는 두려움은 트라타의 매일에 어두운 그림자를 끊임없이 드리웠다. 그런 두려움 때문에 그녀는 간신히 찾은 자유를 완전히 누리지 못했다. 트라타를 태운 어부들은 여자를 배에 태우면 안 된다는 미신 때문에 처음에는 많은 걱정을 했지만, 구름 한 점 없는 맑은 날씨에

순풍이 불고 거기에 고등어까지 넉넉하게 잡히자 생각을 바꿨다. 이들은 신들이 이 일을 인정해 주었다고 확신했다. 게다가 트라타는 원숭이처럼 돛대를 기어 올라가 저 바다 밑으로 물고기들이 우르르 움직이는 모습을 보고 이를 어부들에게 알려 주는 등 고등어를 잡는 데 도움을 주기까지 했다. 자질구레한 일들을 도우려 하는 적극적인 태도에 매를 맞는 일이 없어 눈에 띄게 밝아진 모습이 더해지자, 어선이 할리카르나소스에 도착했을 무렵 어부들은 트라타를 몹시 예뻐하며 소중한 존재로 여기게 되었다. 그리하여 육지로 올라가기 전에 어부들은 서로 의논을 해 트라타를 킬리키아 출신인 어느 생선 장수 아내의 남자 조카이며, 약초나 약재를 파는 일을 돕기 위해 찾아온 것으로 서로 말을 맞췄다.

트라타는 데메테르 여신을 모시는 사원과 동쪽 성문 밖 공동묘지 사이, 분주한 도로변 어느 옷가게 위층의 작은 방에 살게 되었다. 이 집은 항구가 가까워 편리했는데, 할리카르나소스는 이 항구 주변의 드넓은 바닷가를 중심으로 펼쳐져 있는 초승달 모양의 도시였다. 그녀는 매일 아침 동이 트기 전에 일어나 어부들이 밤새 잡아 온 물고기들을 내려놓는 부둣가로 서둘러 달려갔다. 트라타는 이제 한 번 슬쩍 둘러보기만 해도 어부들의 그물에 멸치나 정어리, 숭어가 걸려들었는지 아니면 별미로 여기는 귀한 가다랑어를 낚았는지 알아볼 수 있었다.

트라타는 이렇게 자신이 확인한 내용들을 그녀의 '이모부'에게 알린다. 그러면 이 생선 장수는 부둣가로 내려가 '조카'가 알려 온 대로 그날 필요한 신선한 물고기들을 사들인다. 사들인 물고기들 중 일부는 프톨레마이오스를 기념하는 극장과 기념비들 사이에 있는 언덕 위 부잣집들로 배달되었고, 그런 다음에야 비로소 이 생선 장수는 남은 물고기들을 시장에 있는 자신의 가게에 진열할 수 있었다. 새벽 일과를 끝마친 트라타는 이번에는 '이모'를 찾아가 지금까지 한 일들을 알리고, 이번에는 이모와 함께 약초를 구분해 말리고 뒤섞는 등의 여러 가지 작업을 했다. 트라타의 남은 오전 시간은 대개 그런 식으로 흘러갔다.

점심을 먹고 난 후부터는 하루 종일 이곳저곳을 자유롭게 돌아다닐 수 있었다. 확실히 이곳 할리카르나소스는 여왕 아르테미시아 2세가 아나톨리아 지역의 중심지로 만들기로 결심했던 과거 시절만큼 변화하지는 않았다. 알렉산드로스 대왕이 페르시아 제국의 영토였던 할리카르나소스를 점령했을 때 패배를 목전에 둔 페르시아군 사령관은 자포자기하

● 세상을 떠난 남편을 위해 지은 영묘를 살펴보는 아르테미시아 2세

는 심정으로 도시에 불을 질렀고 그 이후 이곳은 과거의 영광을 다시는 되찾지 못했다. 또한 최근 들어 지진이 잦았던 것도 한 가지 이유가 되어, 불과 한 세기 전에 지어졌다는 저 유명한 아르테미시아 2세의 영묘(靈廟) 역시 어느새 조금씩 무너져 가는 모습을 볼 수 있었다. 그래도 여전히 그곳은 세계의 불가사의 중 하나로 꼽히는 유명한 곳이기도 했다.

할리카르나소스에서 트라타가 가장 마음에 들었던 것들 중 하나는 이곳이 바로 프톨레마이오스 왕조가 지배하는 이집트의 보호 아래에 있다는 사실이었다. 덕분에 도망 노예를 추적하는 과정에서 그리스 본토에 있는 아테네의 영향력이 곧장 미치지 못했다. 프톨레마이오스 2세는 자신을 기리는 기념비 등을 비롯해 많은 공공 건축물을 짓거나 복원하는 등 이 도시를 위해 좋은 일들을 많이 해 왔다. 또 그의 통치는 지나치게 관대해서 실제로 지배한다고 말할 만한 것이 없었고, 그런 사실에 대해 할리카르나소스의 주민들은 정말로 감사하고 있었다.

트라타는 아테네에서 도망을 친 이후의 삶이 지금보다 훨씬 더 안 좋게 흘러갈 수도 있었다는 사실을 분명히 알고 있었다. 지금 트라타에게는 머물 곳과 먹을 것이 있었고 또 주변에는 친절해 보이는 사람들도 함께 있었다. 할리카르나소스는 분명 안전한 피난처였다. 그렇지만 그런 상황이 영원히 계속될 수는 없을 거라고 그녀는 생각했다. 이제 얼마 지나지 않아 사람들은 왜 이 남자아이가 시간이 지나도 수염이 자라지 않는지, 또 왜 변성기가 오지 않는지 궁금해 할 것이다. 그리고 여름이 오면 그녀의 목에 새겨진 말 문신도 더 이상 숨기기 어려울 것이다. 거기에 아테네에서 트라타를 찾는다는 소식이 도착하는 건 시간문제일 텐데,

그때가 되면 이 문신은 도망 노예에 대한 확실한 증거가 될 뿐이었다.

　트라타의 눈은 이미 북쪽에서 온 상인들의 무리를 향하고 있었다. 그녀는 그들이 돌아갈 때 그 사이에 함께 껴서 갈 수 있는 방법을 궁리했다. 트라타는 여기 아나톨리아 남부 지역이 마음에 들었지만, 그러면서도 고향의 탁 트인 평원과 북쪽 지평선을 따라 늘어서 있는 하이모스 산맥의 눈 덮인 봉우리들이 정말로 그리웠다.

달리기 선수

🏛🏛🏛🏛🏛

원형 경기장에서 잠시 달리기 연습을 한 시밀로스는 성스러운 숲으로 알려진 어느 숲의 그늘 가에 앉아 쉬면서 눈앞에 있는 오래된 플라타너스 나무의 굵고 주름진 몸통을 주의 깊게 살펴보았다. 나무의 높이는 시밀로스 키의 스무 배는 넘을 만큼 커 보였고 가지도 놀라울 정도로 무성했다. 이 마을 사람들 말로는 바로 이 나무 아래에서 제우스가 에우로페와 사랑을 나누었다고 했다. 황소로 변한 제우스가 페니키아의 공주를 동방에서 납치하듯 이곳까지 데리고 왔으며, 크레타섬의 국왕 미노스Minos가 잉태된 곳도 바로 이 나무 아래라는 것이다.

시밀로스는 이 일화를 다른 방향에서 골똘히 생각해 보았다. 한 남자가 애정이 없는 부부 생활로 돌아가기 전 어떤 여자와 잠시 뜨거운 불장난을 벌일 수는 있다. 하지만 여자가 동의한 불장난이 아니고 심지어 강제로 납치한 것이라면, 플라타너스 나무가 있는 이 성스러운 숲은 사실상 제우스가 저항하지 못하는 가련한 처녀를 폭행하고 강간한 장소일 뿐이었다. 결국 이야기나 전설이 어떻게 전해지느냐의 문제인 것이다.

제우스와 에우로페의 이야기에 대한 다른 측면을 떠올리던 시밀로스는 문득 크레타섬, 그중에서도 특히 여기 고르틴에 대해서 그와 비슷

고대 크레타섬

크레타섬은 여러 가지 면에서 그리스 본토보다 더 그리스를 대표하는 곳으로 여겨졌다. 그리스의 많은 관습과 법률이 제우스가 태어난 곳으로 알려진 크레타섬에서 유래했기 때문이다. 헬레니즘 시대로 접어들면서 크레타섬에서는 많은 도시 국가들이 두각을 나타냈는데, 그중에서 가장 유명한 곳이 남부 해안가에 위치한 고르틴이었다. 크레타섬은 그리스 본토와 소아시아, 그리고 이집트 사이에서 해상 무역으로 이익을 얻을 수 있는 좋은 위치에 있었지만, 여러 도시 국가들이 경쟁을 하는 바람에 전쟁이 끊이지 않았고 대부분의 농민들은 빈곤하게 살 수밖에 없었다. 적지 않은 크레타섬 사람들이 용병이 되기 위해 고향을 떠났으며 그중에서도 특히 궁수들이 유명했다. 당시 벌어졌던 전쟁에서 양 진영 모두 크레타 출신 용병들을 고용하는 일도 드물지 않았다. 용병이 아닌 다른 길을 택한 크레타 사람들은 그리스 본토와 소아시아 지역의 평화로운 곳으로 이주했다. 갈 곳을 잃은 일부 크레타 사람들은 바다로 나갔고 국제 무역을 위협하는 이 크레타섬 출신의 해적들은 결국 기원전 1세기경 로마에 의해 진압되었다. 이후 크레타섬 전역이 로마 제국의 지배하에 들어가게 된다.

한 이중적인 감정을 느꼈다. 고르틴이 크레타섬에서도 아주 인상 깊은 도시라는 점에는 의심의 여지가 없었다. 고르틴의 성벽과 성채는 아주 견고한 모습으로 우뚝 솟아 있었으며 경기장 시설은 그가 보아 온 곳들 중에서도 최고 수준이라고 할 만했다. 또한 아침마다 광장으로 부산하게 몰려드는 사람들 속에는 뭔지 모를 불안정하고 뜨거운 열기와 기운 같은 것이 느껴졌다. 그것은 자기 자신은 물론 다른 이들에게 어떤 대가를 치르게 하더라도 반드시 남보다 더 앞서 나가겠다고 하는 강렬한 의지였다.

그런 분위기가 딱히 마음에 들지 않을 이유는 없었다. 시밀로스 역시 그와 똑같은 의지를 갖고 지금까지 살아왔기 때문이다. 그렇지만 과연 그런 분위기 속에서 남은 인생을 모두 보내고 싶은 사람이 있을까? 시밀로스는 그 문제에 대해서 곰곰이 생각을 해 보게 됐다.

크레타섬에 도착할 때까지는 특별히 신경 쓰일 게 전혀 없었다. 물론 지금 와서 돌이켜 보면 시밀로스와 그의 일행이 고르틴의 항구인 레베나에 상륙한 이후에 이상하다는 생각이 들 정도로 열광적인 환영 인사를 받기는 했다. 시밀로스를 비롯해 그의 훈련 담당과 안마 담당에게는 원형 경기장에서 그리 멀지 않은 곳에 있는 숙소가 제공되었으며 거기에는 수발을 들 요령 좋은 하인들까지 기다리고 있었다. 물론 시밀로스가 곧이어 개최될 제전에서 가장 중요한 경기에 출전하는 유명 선수이기는 했지만, 그런 점을 감안하더라도 이곳 행정관들의 이런 대접은 조금 지나친 감이 있었다. 솔직히 말해서 그런 지나친 환영과 어딘지 모르게 거북한 아첨 같은 것들이 이어지면서 시밀로스는 점점 신경이 곤

두서기 시작했다.

그가 이곳에서 출전하기로 되어 있는 대회와 경기는 헬레니즘 세계 전역에서 펼쳐지는 수십 여 개의 행사들과 그 진행 과정이 아주 비슷했다. 우선 경기장으로 사람들의 행렬이 이어지면서 이 도시의 수호신인 아테나 여신을 기리는 희생 제물이 바쳐진다. 그런 다음에는 연설이 있다. 이 도시는 현재 민주주의를 따르고 있는데 선거에서의 승리에 목마른 정치가라면 한 곳에서 많은 유권자들을 만날 수 있는 이런 좋은 기회를 놓칠 리가 없었다. 다음날부터는 본격적으로 행사가 시작되고 수많은 관중들이 여러 가지 경기를 지켜보기 위해 모여든다. 단지 여신에게 경의를 표하고 있다는 걸 보여 주기 위해서 뿐만 아니라 운동 경기에 직접 출전해 탁월한 역량을 발휘하거나 혹은 그런 선수들에게 아낌없는 응원을 보내는 것이 그리스 사람들을 구별 지어주는 특징 중 하나이기 때문이다. 게다가 여기 크레타 사람들은 스스로를 본토의 그리스 사람들보다 더 진짜 그리스 사람으로 여기고 있었다.

첫째 날에는 멀리뛰기와 원반던지기 그리고 창던지기 경기 등이 진행되었으며 둘째 날에 다소 잔혹하다고 할 수 있는 권투와 씨름, 그리고 '판크라티온pankration' 경기가 있었다. 판크라티온은 어지간한 공격 방법이 전부 허용되는 일종의 격투 경기다. 이어서 다섯 가지 주요 종목에서 실력을 겨루는 5종 경기가 열렸고, 그 다음 날에는 하루 종일 전차 경주가 진행됐다. 이때는 크레타의 귀족들이 자신들의 전차와 말을 끌고 와서 말 다루는 솜씨와 빠른 속도를 겨뤘다.

그런데 시밀로스는 귀족들이 주로 참가하는 전차 경주에서 불길할 정도로 거칠고 포악한 기운이 맴도는 것을 알아차렸다. 이들의 이런 깊은 경쟁의식은 크레타섬의 정치적 안정에 있어 결코 좋은 징조가 될 수 없었다. 종종 본격적인 내전으로 확대되기도 하는 당파 싸움은 그리스 시민들에게는 저주나 다름없었다. 지나치게 강력한 권력을 휘두르는 기득권, 아니 자신들의 정치적 경쟁자에게 맞서기 위해, 어느 유서 깊은 귀족이 사람들을 선동하며 지지를 호소하는 일은 흔히 볼 수 있었다. 이 과정 속에서 모든 '아리스토이aristoi', 즉, 스스로를 최고로 여기는 귀족들은 자신들과 비슷한 수준이었던 동료 귀족이 새로운 지도자로 급부상하는 모습을 지켜봐야 했고 그때부터 상황은 더 악화되기 시작했다.

지금까지 시밀로스는 그런 문제들에 대해서는 거의 관심을 기울이지 않았다. 전쟁 중인 도시 사이라 해도 신을 모시는 제전이 열릴 때는 대개 휴전을 했다. 시밀로스는 그럴 때 경기에 출전을 했다가 재빨리 좀 더 평화로운 지역으로 떠나곤 했다. 그런데 이곳 고르틴은 사정이 조금 달랐다.

제전에서 마지막으로 열리는 경기인 스타디온 경주는 그야말로 절정의 순간을 장식하는 행사였다. 경주장은 널찍하고 거칠 것이 없었으며 알렉산드리아에서의 승리 이후 여전히 최상의 몸 상태를 유지하고 있던 시밀로스는 너무도 쉽게 1등으로 경주를 끝마쳤다. 뒤이어 들어오는 2등과 3등 선수의 모습을 여유 있게 확인할 수 있을 정도였다.

그리고 그날 저녁, 시밀로스는 그의 승리를 축하한다는 명목하에 시 중심부 언덕에 위치한 최고 정치가 중 한 사람의 집에 저녁 초대를 받았다. 분위기는 아주 좋았고 식사를 마친 후에는 초대를 해 준 집주인과 나란히 2층 창가에 앉아 남쪽 저 멀리 달빛을 받아 반짝이는 지중해를 바라보며 이야기를 나눴다. 신들에게 바치는 의미로 포도주를 바닥에 조금 쏟고 난 후 정치가는 드디어 본론을 꺼냈다.

간단하게 이야기하면, 고르틴 의회는 시밀로스가 고향인 네아폴리스의 시민권을 포기하고 크레타섬의 고르틴 시민이 되기를 원했다. 물론 그에 상응하는 대가는 충분히 준비되어 있다고 했다. 형식적인 등록 절차만 마치면, 그는 완벽한 고르틴 시민이 되어 다가올 올림피아 제전에 '고르틴의 시밀로스'로서 출전할 수 있었다.

그것은 충분히 구미가 당기는 제안이었다. 그리고 정치가의 이야기도 대단히 설득력이 있었다. 로마와 카르타고 사이의 끝없이 이어지는 전쟁으로 인해 고향에서 원치 않는 추방을 당한 거나 다름없는 상황에서, 이제 마음만 먹으면 언제든 원할 때마다 '새로운 고향'으로 돌아올 수 있다는 것이다. 이 새 고향 고르틴의 완벽에 가까운 훈련 시설들을 마음껏 사용하게 된다면 후원자의 선의에 기대어 생활할 수밖에 없는 지금보다 형편도 더 나아질 것이다. 게다가 시밀로스는 그리스 세계의 변방이 아닌 말 그대로 헬레니즘의 중심지로 옮겨오는 것이다. 그러면 여러 제전이나 행사들을 따라 이동하는 일이 더 쉬워질 것이며 행사 사이사이에도 지금과 같은 떠돌이 신세를 면할 수 있었다.

고르틴의 정치가는 그리스 사람이 자신의 고향을 떠나 다른 곳으로 가서 완전히 새롭게 정착하던 일이 불가능하던 시절은 이미 오래전 끝이 났다고 지적했다. 지난 수십 년 동안 그리스 본토에서는 수많은 사람들이 끊임없이 태어난 고향을 떠났고 이들은 소아시아와 이집트, 그리고 동방 지역에 세워진 그리스 사람들의 도시에 새롭게 정착을 했다. 새로운 도시의 지도자들은 그리스에서 오는 이주민들을 적극적으로 받아들였는데 지금 시밀로스 역시 그런 비슷한 제안을 받고 있는 터였다.

나일강이나 티그리스강 주변에 풍요로운 땅들이 있는데 왜 그리스 본토의 척박한 땅에만 매달려 어렵게 생활을 꾸려 나가야만 할까? 그렇다면 같은 이유로, 시밀로스 역시 오랫동안 가 보지도 못하는 고향 땅에 굳이 매달려 살 필요가 있을까? 알렉산드로스 대왕의 정복 전쟁이 그리스 사람들에게 새로운 세계로 이어지는 문을 열어 준 것처럼, 시밀로스 같은 뛰어난 역량을 가진 운동선수라면 더 형편이 나은 곳으로 옮겨 가서 자신의 가치를 더 끌어올리지 못할 이유가 없었다.

이제 시밀로스는 성스러운 숲의 그늘에 앉아 자신이 선택할 수 있는 길에 대해 생각하고 또 생각했다. 고르틴은 두 팔을 벌려 그를 열렬히 환영하고 있지만, 태어난 고향 땅에서는 지금의 상황을 그저 기회주의자의 배신으로만 볼 것이다. 자신의 이름이 새겨진 명판들이 다 철거되고 그의 존재 자체가 행정 관청의 기록에서 말살될지도 몰랐다. 만약 시밀로스가 고르틴의 제안을 받아들여 고르틴의 시민으로 올림피아 제전에 출전한다면, 역사는 과연 그를 어떻게 바라보게 될까? 기회주의적인 변절자로 기록이 될까 아니면 현실적인 선택을 한 운동선수로 기록이 될까? 어쩌면 제우스와 에우로파의 이야기처럼 누가 어떻게 전하느냐에 따라 모든 게 달라질지도 몰랐다.

ΜΑΧΑΝΕΥΣ ΠΡΟΕΤΟΙΜΑΣΙΕΣ

Chapter.
4

1월, 준비

어린 신부

🔸🔸🔸🔸🔸

팜필리오스는 조선업을 하는 어느 부유하고 유복한 집안의 외아들이었다. 금발에 강인해 보이는 턱, 그리고 파란색 눈동자를 지닌 대단히 잘생긴 남자였지만 아내가 없었다. 사실 그는 대단한 호색가로 자주 매음굴을 찾았으며 거리의 매춘부들과도 수시로 어울렸다. 거기에 술을 지나치게 좋아해서 취하기만 하면 포악하게 변하는 일이 잦았다. 팜필리오스는 혼인을 한 적이 한 번 있었는데, 포도주 몇 잔만 들어가도 다른 사람이 된 것처럼 아내를 괴롭히는 바람에, 결국 그의 아내는 관청에 이혼을 요청했다. 아내가 남편과의 이혼을 요구하는 경우는 드문 일이었다. 이혼을 요구한다는 것 자체가 여성으로서의 평판을 추락시켰고 이 평판은 좀처럼 회복하기 어려웠기 때문이다. 그럼에도 불구하고 정식으로 벌이는 이혼 소송은 여성이 자신의 처지를 직접 호소할 수 있는 몇 안 되는 경우 중 하나였다. 다행히 이번 소송의 경우는 부은 입술과 멍든 눈이 아내의 주장을 더욱 설득력 있게 만들었고, 어쨌든 팜필리오스의 소문이 워낙 좋지 않았기 때문에 이혼 소송은 일사천리로 진행이 되었다.

이혼이 마무리된 후 팜필리오스는 새로운 아내를 찾으려 했고, 아피아의 부모에게 넌지시 자신의 뜻을 전했다. 아피아의 지참금이 문제라면 우선 자신이 이자 없이 돈을 빌려줄 것이며 원금 역시 나중에 사정을 봐서 충분히 탕감해 줄 수 있다고 약속을 한 것이다. 사실상 새로 맞아들이는 아내의 지참금을 남편이 다 책임지겠다는 뜻이나 마찬가지였다. 다른 세상이었다면 이런 복잡하고 별 의미 없는 금전 거래를 할 필요가 전혀 없을 거라고 아피아는 생각했다. 그렇지만 여기는 아테네였고 지참금을 얼마만큼 준비하느냐가 양쪽 집안의 평판과 명성을 좌우했다. 아피아가 이렇게 형식적으로라도 지참금을 마련해 가지 않는다면 그녀의 아버지는 물론 남편까지도 똑같이 망신을 당할 수 있었다.

그렇지만 현실은 생각처럼 흘러가지 않았다. 처음에 아피아의 부모는 이 구혼자의 겉으로 드러난 모습과 집안 배경에 마음이 끌렸고, 또 남 보기에 부끄럽지 않을 정도의 지참금을 마련해야 한다는 부담감에서 벗어날 수 있어 다행이라고 생각했다. 하지만 아피아의 언니들은 생각이 달랐다. 아니, 솔직히 말해 부모와는 반대로 몸서리를 쳤다. 아테네의 부녀자들은 집 밖으로 나올 일이 거의 없기에 혹시나 그런 기회가 있으면 자기들끼리 모여 이런저런 이야기들을 나누곤 했다. 덕택에 아피아의 언니들은 그다지 크게 애를 쓰지 않고도 팜필리오스가 자신의 주장과는 달리 전혀 달라지지 않았으며, 예전과 똑같은 방식으로 살고 있다는 증거들을 모을 수 있었다. 아피아의 부모는 딸을 빨리 시집보내고 싶어 했지만 또 그만큼 딸의 행복을 바랐다. 결국 혼담은 취소되었고 아피아의 언니들은 크게 안도했으며 다시 더 나은 혼처가 나오기를 기다려야 했다.

고대 그리스의 아내들

고대 그리스의 일부 지역에서는 혼사를 치를 때 신부들이 아스파라거스로 만든 관을 썼다고 한다. 신랑은 아스파라거스의 겉을 둘러싸고 있는 가시 부분을 벗겨 내야 비로소 먹을 수 있는 부분이 드러난다는 사실을 일종의 교훈으로 받아들였다. 아스파라거스로 만든 관은 고대 그리스의 아내들이 맡은 역할을 아주 적절하게 요약해서 보여준다. 집안일을 돌보는 아내가 어떤 선택을 하고 어떻게 행동하느냐에 따라 남편의 삶이 달라진다는 것이다.

하지만 궁극적으로 보면 아내는 남편에게 완전하게 종속되어 있는 존재였다. 고대 그리스의 작가 아리스토파네스는 자신의 희곡 《리시스트라타Lysistrata》에서 남편이 아내를 습관처럼 구타하는 것을 당연하다는 듯 보여주기도 했다. 일반적으로 혼례를 치를 때 신부의 나이가 신랑 나이의 절반에 불과한 것도 여자들에게는 불리하게 작용을 했다. 당시 여자들은 보통 15세에서 18세 사이, 그러니까 초경만 지나고 나면 바로 혼례를 치러도 되는 것으로 여겨졌고, 반면에 남자들은 30세는 되어야 가장이 될 자격이 있다고 여겨졌다. 아내는 집안일을 도맡아 했지만 집 밖에서의 활동은 극히 제한되어 있었으며, 혹시라도 집 밖으로 나갈 때면 외투와 너울 등으로 온몸을 꽁꽁 감쌌다.

팜필리오스의 인간성이 얼마나 엉망인가에 상관없이 어쨌든 그는 같은 지역에 살고 있는 사람이었다. 그런데 팜필리오스와의 혼담이 그렇게 흐지부지 된 후, 아피아의 어머니는 자신들의 진짜 고향 엘리스의 따뜻한 환경과 분위기에 대해 갑자기 깊은 동경을 품게 되었다. 아피아의 경우 또래의 다른 처녀들과 마찬가지로 학문적인 내용을 교육받지는 못했다. 물론 아피아는 옷감을 짜서 옷을 짓는 일 정도는 할 수 있었고 글을 읽고 쓸 수 있었으며 가계를 처리할 수 있을 정도의 계산도 할 수 있었다. 하지만 어느 누구도 그녀에게 지리나 역사 같은 걸 굳이 가르치려 하지 않았기에, 아피아가 엘리스에 대해서 아는 거라고는 가족의 뿌리가 아득히 먼 그곳에 있으며 이따금 낯선 손님이 그곳에서 찾아와 자기들 집에서 묵고 간다는 것뿐이었다.

그런데 아피아의 집에 또다시 엘리스에서 온 손님이 찾아왔고, 그녀의 어머니는 수상쩍은 모습으로 이상하리만치 열심히 가족의 뿌리에 대해 딸에게 설명을 했다. 엘리스는 호메로스의 서사시에도 언급이 되어 있을 만큼 오랜 역사의 고장이며, 지난 몇 세기 동안 그리스 전체를 뒤흔들었던 중요한 정치적 격변의 시기마다 항상 승리하는 편에 선 덕택에 아주 평화로운 곳이라는 게 어머니의 설명이었다.

게다가 엘리스는 그리 먼 지역도 아니었다. 아테네에서 코린토스까지는 거리가 얼마 되지 않으며, 그 코린토스에서 이오니아해를 가르는 여객선들이 출발하는데, 그중 한 척이 바로 엘리스까지 연결이 된다는 것이었다. 그렇게 따지면 날씨가 험한 겨울철에도 사실상 열흘 정도면 도착할 수 있었다. 또한 엘리스에는 시내 중심부의 거대한 광장을 중심으로 많은 신전과 사원들이 있다고 했다. 사랑의 여신 아프로디테를 모시는 사원에는 황금과 상아로 만든 여신의 아름다운 조각상이 서 있으며, 시장 맞은편에는 그 못지않게 눈길을 사로잡는 아폴론 신을 위한 사원도 있었다. 술의 신 디오니소스에게 바쳐진 아테네의 대형 극장에 비길 만한 극장도 빼놓을 수 없다. 요컨대 엘리스는 그리스의 어느 지역에도 뒤지지 않을 만큼 문명 생활에 필요한 모든 것들을 갖추고 있는 곳이었다.

어머니가 속으로 무슨 생각을 하고 있는지를 그리 어렵지 않게 알아차릴 수 있었던 아피아는 엘리스에서 찾아온 이 '크세노스', 그러니까 서로를 신경 써서 돌봐 주는 가족의 손님을 여러 차례 유심히 살펴보았다. 과연 듣던 대로 이 엘리스 출신 남자는 아주 예의가 발라서 '지네케이아 gynaikeia', 즉 여자들만 있는 내실을 찾아오기는커녕 눈길조차 주지도 않았다. 하지만 아피아는 남자가 집을 들락날락 하는 모습을 볼 수 있었

고대 그리스의
일반 가정집 모습

다. 어두운 피부에 작은 키, 그리고 다소 살이 찌고 신경질적으로 안절부절 못하는 모습은 아무리 봐도 아폴론 신처럼 근사한 모습은 아니었다. 왠지 손바닥은 늘 땀으로 젖어 축축할 것 같았다.

하지만 특별히 큰 단점이라고 할 만한 것들 역시 하나도 없었다. 아피아의 언니들은 혼인을 하고 나면 남편의 외모 같은 건 바로 관심에서 멀어지게 될 것이라고 단언했다. 아내가 남편에게 정말로 필요로 하는 건 무엇보다도 다정다감한 성격이며 그 다음은 넉넉한 생활비를 줄 수 있는 능력, 그리고 마지막으로 대부분의 시간을 집 밖에서 보낼 수 있는 확실한 직업이라는 것이다. 그것도 틀린 말은 아니라고 아피아는 대꾸했다. 하지만 남편과 말이 통하지 않으면 그건 어떻게 해야 하냔 말이다.

실제로 이건 그냥 넘어갈 수 있는 일이 아니었다. 엘리스 사람들은 알아듣지 못할 심한 사투리로 그리스에서도 유명했다. 엘리스 지역 자체는 헬레니즘 문명에서 가장 중요하게 여기는 삶의 방식들을 잘 따르고 있을지 몰라도, 이들이 일상생활 속에서 쓰는 말은 아테네에서 평균적으로 사용하는 부드럽고 우아한 말투와는 사뭇 거리가 멀었다. 오히려 거칠게 쿵쿵거리는 것이 이탈리아반도나 그 주변의 다른 야만족들과 닮아 있었다. 그렇다고 엘리스 사람들이 펠로폰네소스반도의 다른 사람들과 그 혈통이 전혀 다른 것도 아니었다. 이들은 모두 도리아 혈통의 사람들이었다. 도리아식 사투리는 분명 아테네나 스파르타와는 달랐다. 그렇지만 입을 크게 벌려 모음을 말하고 별다른 높낮이 없이 자음을 말하는 일반적인 도리아 사투리는 최소한 별 무리 없이 바로 이해되는 반면, 엘리스 사투리는 또 그렇지 않았던 것이다.

어머니나 아버지가 알면 큰일이 나겠지만 아피아는 아무도 몰래 몇 번이고 아래층으로 내려가 엘리스에서 온 손님이 아버지와 나누는 이야기를 엿듣곤 했다. 아버지는 사업 때문에 엘리스를 종종 드나들었지만 엘리스의 억양에 익숙해져 있을 아버지조차도 이따금 이 손님이 거친 소리로 내뱉는 말이 어떤 의미인지 알아차리는 데 애를 먹는 것 같았다. 만일 나중에 아이를 낳아 키우는데 그 아이가 저렇게 야만스러운 소리를 낸다면 어떨까. 아피아로서는 그런 일을 정말 생각하기조차 싫었다. 설사 자신이 정말 아테네를 떠나 엘리스로 시집을 가게 되었다고 치더라도 나중에 언니들과 가족 모임 같은 걸 갖게 된다면, 그때 자신의 아이들이 말하는 걸 다른 친척들이 다 듣는 그 창피스러운 광경을 견디기 힘들 것 같았다.

결국 모든 것은 선택의 문제였다. 잔혹한 팜필리오스와 혼인을 하고 계속 아테네에서 살 것인가 아니면 가족이나 친구들과 멀리 떨어져 말 그대로 말도 통하지 않는 낯선 엘리스로 가서 살 것인가. 아피아는 넷째 딸로 태어난 자신의 처지가 원망스럽기 그지없었다. 또 어느 쪽도 마뜩찮은 이런 선택의 기로에서 그나마 그 결정권까지 자신이 아닌 부모님이 쥐고 있다는 사실 역시 원망스럽기는 마찬가지였다.

건축가

꧁꧂꧁꧂꧁

메톤은 책상 위로 천천히 머리를 숙였다. 9개월이라니! 이런 말도 안 되는 소리가 어디 있단 말인가! 물론 9개월이면 뱃속의 태아가 세상의 빛을 보기에 충분한 시간일 뿐더러 지하 세계에 붙잡힌 페르세포네가 지상에 머무르기로 한 시간이긴 했다. 그렇지만 9개월 안에 사원 하나를 지을 수 있는 사람은 세상 어디에도 없었다. 그 규모가 다르다고는 하지만 아테네에 있는 제우스 신전만 해도, 기원전 520년경 그러니까 약 250년 전에 공사가 시작되어 간간이 일어나는 전쟁과 전염병 등의 방해를 받으며 아직도 짓는 중이었다. 건축가들은 앞으로 100년에서 200년은 더 지나야 제구실을 하는 신전을 완성할 수 있을 것으로 예상하고 있었다. 사원이나 신전이란 바로 그런 식으로 지어지는 것이다.

그렇지만 프톨레마이오스 2세의 명을 받아 이집트에서 찾아온 의뢰인의 입장은 단호했다. 이번 올림피아 제전이 열리기 전에 새로운 세라피스 사원을 세워 사람들에게 선보일 수 없다면 사원을 짓는 일 자체가 아무런 의미가 없다는 것이다. 그러니 비용 같은 건 문제가 아니라고 했을 때, 메톤은 과연 정해진 시간 안에 사원을 완성할 수 있을까 고민을 할 수밖에 없었다. 논리적으로 생각하면 역시 할 수 있다고 말하기는 어려웠다. 상대하기 만만치 않은 이집트 의뢰인은 예산이 늘어나는 대신 계약 내용을 아주 엄격하게 지키려 할 것이 분명했고, 그러면 설사 불가능해 보이는 기간에 맞춰 사원을 완성한다고 해도 결국에는 자신의 주머니에서 추가 비용이 나가게 될 것이 뻔했다.

메톤은 린도스 출신의 건축가 카로스에 대한 일화를 떠올렸다. 카로스는 로도스섬으로부터 지금은 세계의 불가사의 중 하나로 인정을 받고 있는 청동 거상의 건설을 의뢰받았다. 그는 이 거상을 50큐빗cubit의 높이, 그러니까 23미터에 달하는 기념물로 설계했다. 대단한 규모긴 하지만 세계 최고 수준까지는 아니었기에, 로도스섬 측에서는 그 두 배의 크기로 거상을 제작해 전 세계 사람들이 모두 깜짝 놀랄 만한 진정한 의미의 기념물로 제작하는 건 어떨지 물었다. 카로스는 당연히 할 수 있다고 대답했다. 그는 잠시 생각에 잠긴 후 거상의 규모가 두 배로 늘어난다면 자신이 받을 수고비를 포함해 예산도 두 배가 되어야 한다고 덧붙였다.

문제는 늘어나는 자재의 양이었다. 이런 조각상의 경우 단순히 크기가 두 배가 된다고 해서 필요한 자재도 거기에 맞춰 두 배가량만 늘어나는 것이 아니다. 이 문제를 미처 예상치 못했던 카로스는 처음 50큐빗의 거상을 만드는 데 필요하다고 예상했던 양보다 여덟 배나 더 많은 자재를 자신이 알아서 조달해야 했고, 결국 빈털터리가 되어 건설 책임자 자리에서 물러날 수밖에 없었다. 로도스섬의 거상은 다른 건축가가 맡아 완성됐고, 카로스는 사람들의 비웃음 속에 거상이 완성되기 바로 직전 자살로 생을 마감했다고 한다. 어쩌면 과장되었거나 잘못 전해진 것일 수도 있었지만, 그 안에 숨어 있는 교훈은 분명했다. 메톤은 이렇게

빠듯한 일정 속에 진행이 되는 위험천만한 공사를 떠맡기가 두려웠다.

그 순간 메톤은 한 가지 기억을 떠올렸다. 예전에도 그는 올림피아 근처에서 일을 한 적이 있었던 터라 주변 지역에 대해 잘 알고 있었는데, 이곳에서 그다지 멀지 않은 곳에 페이아라는 작은 도시가 있었다. 그리고 이 도시의 바닷가에는 스카피디라는 이름의 언덕이 있었다. 페이아 사람들은 언젠가 이 언덕에 바다의 신 포세이돈을 모시는 사원을 세웠었다. 그런데 무슨 이유에서인지 포세이돈은 이 사원을 탐탁지 않게 여겼던 모양이다. 사원의 공사는 제대로 진척이 되지 않았고 그렇게 기간이 늘어지는 와중에 지진까지 일어났다. 빠르고 격렬한 충격이 순식간에 밀어닥쳤다 사라졌다. 그런데 신기하게도 도시의 다른 지역은 거의 피해를 입지 않은 반면 공사 중이던 사원만 눈 깜짝할 사이에 다 무너져 내렸다. 페이아 사람들은 여기에서 뭔가를 깨달은 듯 사원을 다시 세울 시도조차 하지 않았다. 지진 때문에 정말이지 모든 게 완벽하게 파괴되어 버렸기 때문에 재건이 아니라 처음부터 다시 지어야 할 정도였다. 그렇게 포세이돈을 위해 지으려 했지만 정작 포세이돈의 마음에 들지 않았던 사원의 흔적은 수십 년째 여전히 폐허가 된 채로 그대로 남아 있었다.

이 지역에 대한 이런 사소한 기억이 떠오른 건 메톤이 고민 끝에 이집트 의뢰인의 요청을 거절한 직후였다. 물론 거절의 이유는 그 일이 불가능했기 때문이었다. 하지만 그렇게 폐허로 남은 사원의 흔적을 떠올리자 메톤은 즉시 그곳으로 달려가 주변을 확인해 보았다. 다행히 페이아는 올림피아와 바로 연결이 되는 항구 도시였고 프톨레마이오스 2세의 명을 받은 의뢰인은 마침 그곳에서 이집트로 돌아갈 준비를 하고 있었다. 의뢰인을 찾은 메톤은 폐허가 된 포세이돈 신의 사원을 이용해 세라피스 신을 위한 새로운 사원을 세우겠다는 계획을 그에게 전달했다.

프톨레마이오스 2세의 명을 제대로 받들지 못하고 그냥 돌아갈 뻔했던 이집트 의뢰인은 당연히 그의 제안을 긍정적으로 받아들였다. 그렇지만 지진의 신이기도 한 포세이돈이 파괴를 좋아하는 질투심이 많은 신이라는 사실을 감안하지 않을 수 없었다. 비록 버려진 사원이라고는 해도 그 남은 부분들을 정리해 새로운 신을 섬기는 사원을 짓겠다는 계획에 대해, 포세이돈이 아무런 이의가 없다는 걸 확실히 해야만 했다.

제우스와 그의 아내 헤라를 주로 섬기는 엘리스에서 포세이돈은 그리 인기 있는 신은 아니다. 하지만 펠로폰네소스 남부에 있는 작은 반도 타이나론에 가면 그럴듯하게 지은 포세이돈의 사원이 있었다. 이집트의 의뢰인과 메톤은 그 사원으로 심부름꾼을 보내 자신들의 계획을 설명하고 신께서 그 계획을 받아들여 주실 건지에 대한 신탁을 요청했다.

이 냉소적인 건축가는 넉넉한 제사를 올리는 대가로 옛 사원의 버려진 자재들을 사용하라는 포세이돈 신의 허락이 떨어졌다는 소식을 듣고도 그리 놀라지 않았다. 게다가 이집트의 의뢰인은 엘리스의 사제들이나 의회의 종교적인 반발을 무마하기 위해서 적지 않은 비용을 들여야 했다. 의회 의원들만 해도 500명이 넘는지라, 메톤은 도대체 의원 한 사람 당 얼마만큼의 뇌물을 건넸을지 감이 잘 잡히지 않았다.

사실 허물어진 건축물의 자재를 가져와 새로운 건축물을 짓는 일은 그리 보기 드문 일은 아니었다. 예를 들어 사람들이 신성하게 여기는 아테네의 중심 지역은 페르시아 전쟁을 거치며 거의 파괴되었지만, 아테네 사람들은 남은 잔해들로 다시 새롭고 웅장한 건축물들을 지었으며, 어느 정도 모습이 남아 있던 오래된 건축물들은 새로운 쓰임새에 맞춰 보수를 하기도 했다. 이제 메톤은 자신의 계획을 정당화시킬 수 있는 적당한 사례들을 내세워 올림피아에 새로운 신을 위한 사원을 지을 수 있게 되었다. 또한 의뢰인에게서 받게 될 수고비도 온전하게 다 손에 넣을 수 있을 것 같았다.

이 지역은 도리아 혈통의 사람들이 자리를 잡고 지금까지 살고 있는 곳이기 때문에, 사원의 건축 방식이 도리아 양식인 것은 당연한 일이었다. 애초에 경제적인 이유 때문에서라도 도리아 양식으로 사원을 짓기 원했던 메톤은 포세이돈 신의 사원도 단순한 도리아 양식이라는 사실이 아주 만족스러웠다. 비록 사원은 완전히 무너져 내렸어도 가공되어 있는 기본적인 자재, 그러니까 돌덩어리들은 손상된 부분들이 적을 뿐더러 다시 쓸 만하게 다듬기도 더 쉬웠다.

예를 들어 도리아 양식의 기둥은 그 몸통이 그냥 원통 형태이며 지붕을 떠받치는 부분인 대들보를 지탱하는 기본적인 역할에 충실할 뿐이다. 그런 기둥은 깨진 부분이 있다 하더라도 대리석과 석회석 가루, 그리고 모래 등을 뒤섞은 반죽을 조심스럽게 붙이면 쉽게 원상복구가 가능하다. 더군다나 기둥에 색을 칠할 예정이므로 수리한 부분도 눈에 잘 띄지 않을 것이다.

하지만 그 기둥이 코린토스 양식이었다면 기둥이 넘어질 때 화려하게 장식이 된 머리 부분이 박살이 났을 것이며, 그렇게 깨지고 부서진 장식을 다시 복구하려면 적지 않은 시간과 비용이 들어갔을 것이다.

이렇게 버려진 자재들을 재활용해 사원을 지으려 할 때, 보통 각 부분들을 미리 완성해서 옮긴 뒤 조립하는 방식으로 세워진다는 사실도 도움이 되었다. 일반적으로 사원이나 신전은 필요한 돌들을 어느 정도 다듬을 수 있는 채석장과 가까운 곳에 세워진다. 어차피 돌들을 옮겨야 한다면, 도착한 장소에서 바로 조립할 수 있도록 미리 작업을 하는 게 더 편하기 때문이다.

예를 들어 사원의 지붕을 직사각형 형태로 빙 둘러싸 떠받치고 있는 기둥들은 미리 돌을 다듬어 북 모양으로 만들고, 그것들을 가져와 하나씩 쌓아 올리는 식으로 만들어진다. 이 북처럼 생긴 각 부분에는 짜 맞

● 그리스 신전의 기둥 양식 : 왼쪽부터, 도리아, 이오니아, 그리고 코린토스 양식

추는 방향과 순서를 알려 주는 표시가 새겨져 있는데, 기둥이 다 세워지고 난 뒤 사람들 눈에 그렇게 새겨진 표시가 보이지 않도록 그 방향이 정리되어 있다. 그러니 이제 메톤은 무너진 포세이돈의 사원으로 가서 하나의 기둥을 만들어 낼 수 있는 북 모양의 돌들을 가능한 많이 찾아내면 됐다. 사원은 무너졌지만 각 부분들은 땅 속에 파묻힌 채 거의 손상되지 않을 확률이 높았다. 정말로 그냥 파내기만 하면 될 때도 많았다. 그렇게 파낸 부분들을 소나 말이 끄는 수레에 실어 새로운 사원을 세우는 자리로 가져오는 것이다. 메톤의 기술자들은 이미 올림피아에 새로 지을 사원의 터를 다지기 시작했다.

페이아에서 올림피아까지의 거리는 약 210스타디온, 그러니까 대략 40킬로미터 정도다. 비록 상당한 규모의 자재나 필요한 부분들을 확보할 수 있다고는 해도, 사원을 완성하기 위해서는 각각 어느 정도의 수리와 보수가 필요하며, 완전히 새롭게 준비해야 할 부분들도 있을 것이다. 이런 난감한 과정들을 9개월 안에 다 끝마쳐야 한다. 그리고 이 모든 과정이 제대로 이루어지는지 지휘하고 확인하는 건 다름 아닌 메톤의 몫이었다. 만일 이 새로운 사원 짓기가 제대로 진행되지 않는다면, 메톤은 지금까지 쌓아 올린 명성은 물론 미래의 은퇴 계획까지 다 잃게 될지도 몰랐다.

상인

알렉산드리아는 분명 이집트 영토 안에 있었으나 그야말로 속속들이 그리스인의 도시라고 할 수 있었다. 알렉산드리아는 알렉산드로스 대왕이 세운 도시였고, 그 역사는 100년 정도로 아직 짧았다. 알렉산드로스 대왕 자신은 알렉산드리아의 완성을 보지 못했다. 도시의 건설을 명령한 직후 그는 장군들과 함께 동방 원정에 나섰으며 결국 저 멀리 바빌론에서 세상을 떠났기 때문이다.

알렉산드로스 대왕은 살아서 알렉산드리아로 돌아오지 못했지만, 알렉산드리아는 매일 그를 다시 만날 수 있었다. 알렉산드로스 대왕이 세상을 떠나자 그의 시신은 제대로 된 장례식을 치르기 위해 고향 마케도니아로 보내졌는데, 당시 장군 신분이었던 프톨레마이오스 1세가 중간에서 시신을 빼돌려 그대로 이집트로 가져갔다. 그렇게 알렉산드로스 대왕의 무덤은 수많은 사람들이 참배를 오는 명소가 되었고, 프톨레마이오스 왕조가 다스리는 이집트야말로 마케도니아가 이룩한 헬레니즘 문화의 전통을 이어받은 적자(嫡子)라는 사실을 분명하게 드러내는 증거 역할을 했다.

물론 상인인 사키온에게 알렉산드로스의 무덤 같은 건 그가 방방곡

곡에 남긴 흔적에 비하면 아무것도 아니었다. 예컨대 지중해 동쪽 끝에 있는 도시 티레Tyre를 생각해 보란 말이다. 영토의 대부분이 바다로 둘러싸여 있어 공격하기가 아주 까다로웠던 티레는 알렉산드로스 대왕이 지중해를 건너 쳐들어오자 대담하게도 거기에 맞섰다. 그는 고전 끝에 도시를 점령하지만 그 때문에 자신의 정복 전쟁이 거의 1년 가까이 지연된 것에 크게 분노했다.

분노한 알렉산드로스 대왕은 티레를 불바다로 만들고 사람들을 수없이 많이 죽였다. 그 이전까지만 해도 티레는 지중해 문명을 대표하는 가장 큰 무역 도시였으며 수많은 동방의 상품들과 서방의 상인들이 만나는 곳이었다. 하지만 알렉산드로스 대왕의 공격으로 티레가 경제적으로 무너지면서, 동방과 서방 양 대륙의 상인들은 티레의 공백을 채우기 위한 또 다른 무역의 중심지를 찾았다. 알렉산드리아는 그런 조건에 완벽하게 부합하는 곳이었다. 실제로 알렉산드리아는 홍해를 건너온 상품들이 쉽게 드나들 수 있는 곳이어서 오히려 티레보다도 더 국제 무역의 중심지가 되기에 알맞았다.

티레 말고도 알렉산드리아가 대신하게 된 도시는 또 있었다. 지난 수백 년 동안 그리스는 알렉산드리아보다 아래쪽에 있는 나일강 삼각주의 도시 나우크라티스Naucratis를 통해 이집트와 교역을 해왔었다. 하지만 그리스와 이집트의 모습을 반반씩 갖고 있는 이 도시는 이제 점점 쇠퇴하고 있다. 강을 따라 퇴적물이 점점 쌓이면서 항구로서의 기능을 제대로 하지 못하게 된 부분도 있고, 또 사키온처럼 능력 있고 야심만만한 그리스 혈통의 상인들이 새로운 중심지인 알렉산드리아로 몰려들었기 때문이다.

알렉산드리아가 무역의 중심지로서 갖고 있는 또 다른 장점은 이곳이 아무렇게나 만들어진 어느 마을로 시작을 해 마구잡이로 덩치를 키워간 것이 아니라, 일종의 계획도시라는 점이다. 물론 아나톨리아 지역의 일부 고대 도시들이 더 앞선 문명의 흔적을 보여 주기는 하지만 어쨌든 그리스 사람들은 도시를 과학적으로 계획하고 건설하는 데 탁월한 재주가 있었다. 그런 재주의 결과 중 하나로, 알렉산드리아의 거리에는 파로스 항구에서 불어오는 시원한 바닷바람이 아주 잘 지나갔다.

건물 옥상 정원에서 쉬고 있던 사키온은 그 바람이 그렇게 고마울 수가 없었다. 아폴로노폴리스에서 돌아온 이후 그는 내내 몸이 편치 않았다. 2주 전 알렉산드리아로 돌아온 사키온은 헬레니즘의 문명 세계로 돌아온 걸 축하하기 위해 작은 토론 모임을 열었다. 그리스에서는 이런 모임을 '심포시온symposion'이라고 부르는데, 사실 이 말의 뿌리는 '함께 먹고 마신다'라는 말에 있었다. 사키온과 친구들은 예술이나 철학을 논하는 게 아니라 말 그대로 밤새도록 술을 마시고 취했다. 그리고 다음날 아침에 잠에서 깨어난 사키온은 지독한 숙취를 도저히 떨쳐버릴 수 없었고, 그때부터 몸 상태가 좋지 않았다.

처음 계획과 달리, 사키온은 사들인 상아를 팔기 위해 페르가몬 왕국까지 갈 필요가 없었다. 그가 탄 평저선이 나일강과 연결되어 있는 마레오티스 호수의 부둣가에 도착하자마자, 종교 문제를 관장하는 관청의 행정관들이 찾아와 싣고 있던 화물을 모두 징발해 갔기 때문이다. 하지만 그에 대한 보상은 충분히 해 주었고 상아 중 일부는 프톨레마이오스가 알렉산드리아에 짓고 있는 새로운 '세라페이온', 즉 세라피스 신을 섬기는 사원에 쓰인다고 했다. 그리고 사키온은 행정관들로부터 남은 상아를 그리스까지 실어 가 달라는 의뢰를 받았다. 그리스 본토의 올림피아에서도 세라피스를 위한 또 다른 사원이 세워지는 모양이었다.

하지만 그리스로 당장 출발할 필요는 없는 것 같았기에, 사키온은 며칠 동안 그리스로 가져가야 할 상아들을 정리했다. 상아는 아무 창고 안에나 그냥 막 쌓아 둘 수 없는 상품이었다. 벌레들은 거의 모여들지 않았지만 햇빛을 많이 받으면 보기 싫은 옅은 노란색으로 색이 변할 수도 있었다. 또 알렉산드리아의 엄청나게 덥고 습한 날씨를 생각하면 상아가 물기를 잘 빨아들인다는 사실도 중요했다. 이런 날씨라면 상아는 바짝 말라 있는 천 조각처럼 물기를 흡수해 이리저리 부풀어 오르고 또 뒤틀리기 시작할 것이다. 그러다 밤이 되어 갑자기 날씨가 쌀쌀해지면 물기가 드문드문 마르면서 표면 전체에 갈라지고 깨지는 부분들이 생길 수 있었다. 그러면 상아의 품질이 훨씬 떨어지고 만다.

사키온은 오랜 시간을 들여 마침내 알렉산드리아 변두리에 있는 데메테르 여신의 사원 중앙 내실에 상아를 보관할 만한 적당한 장소를 찾을 수 있었다. 내실에는 역시 상아로 만든 데메테르 여신의 조각상이 여신에게 바쳐진 제물들과 함께 보관되어 있었으므로, 안전 문제도 염려할 것이 없었다. 입구가 넓은 커다란 항아리에 물을 담아 습도를 일정하게 유지했고, 또 사원의 일꾼들이 주기적으로 올리브와 아몬드로 짠 기름을 섞어 조각상을 닦을 때 사키온의 상아도 함께 닦아 관리해 주기로 했다. 한여름이 되어 지중해를 가로지르는 항해를 떠날 때까지 상아는 이제 아무런 문제가 없었다.

그렇다고 남는 시간을 할 일 없이 보낼 생각은 없었다. 다가올 겨울철을 위해 그는 이미 바쁘게 계획을 세우고 있었다. 마침 한 상인이 셀레우코스 제국 동부의 아르벨라 근처에 있는 중간 거래지에서 상당한 분량의 비단을 전량 인수해 줄 구매자를 찾고 있다는 전언을 보내왔다. 그 정도의 비단이라면 전달받기로 되어 있던 상아를 이집트에 모두 빼앗겨 상당히 불쾌해하고 있을 페르가몬 왕국의 상인들을 달래기에도 충분할 것 같았다.

페르가몬 왕국의 수도에는 바다와 바로 이어지는 카이코스강과 항구가 있다. 또한 수도의 중심부는 계단처럼 평평하게 쌓아 올린 지형을 따라 몇 백 미터 높은 곳에서 항구를 내려다 볼 수 있도록 설계되어 있었다. 세계 어디에서나 볼 수 있는 평범하지만 활기찬 도시였다. 사키온으로서는 이집트 남부에서 겪었던 여러 피곤한 감정들을 잊어버릴 수 있는 이상적인 곳이기도 했다.

리라 연주자

ꇙꇙꇙꇙꇙ

칼리아는 정원의 대리석 의자 위에 앉아 자신의 키타라 리라를 조심스럽게 꺼내 들었다. 리라에 대해서라면 할 이야기도 신경 쓸 것도 많다. 더군다나 칼리아가 들고 있는 이런 최고급 리라라면 더욱 그렇다. 좀 더 덩치가 큰 다른 악기들과는 달리, 리라는 장소를 가리지 않고 들고 다닐 수 있으며 자리만 잡고 앉으면 바로 연주를 할 수 있다. 하지만 그렇다고 해서 어떤 조건에서든 똑같이 좋은 음악이 나올 수 있는 것은 아니다. 지금 칼리아는 항구로부터 불어오는 물기를 머금은 바람 때문에 리라의 줄이 상하지 않을지 염려하고 있었다. 리라의 본체는 기름을 약간 발라 물기가 스며드는 걸 막을 수 있지만, 리라의 줄은 황소의 내장과 가느다란 철사를 정교하게 꼬아서 만든 것이기 때문에, 내장으로 된 부분이 물기를 빨아들이는 건 도무지 막을 방법이 없었다.

그렇지만 애초에 이런 현악기를 상황에 맞춰 조율하는 건 특별한 일도 아닐 뿐더러, 칼리아가 늘 해 오던 일들 중 하나였다. 이 정원은 그런 일을 하기에는 아주 적당했다. 페르가몬 왕국의 중심부에 있는 다른 많은 정원들처럼 아름답기도 하거니와 그 기능과 미적인 측면이 훌륭한 조화를 이루고 있었다. 칼리아가 앉아 있는 의자를 향해 가지를 늘어트린 나무들은 배나무와 석류나무였으며 한 그루의 작지만 멋진 사과나무도 구석의 커다란 화분 안에서 잘 자라고 있었다. 여름이면 이 나무들은 그늘뿐만 아니라 과실을 제공해 줄 터였다. 작은 장식용 분수에서 흘러나오는 물로 채워지는 연못에는 잉어들이 살고 있었다.

칼리아는 이미 잉어 요리 맛을 보았는데 아주 만족스러웠다. 리라를 연주하는 악사를 집 안에 둘 수 있을 정도로 여유가 있는 사람이라 그런지 요리사도 최고 수준이었다. 칼리아는 자연스럽게 이 집의 주인과

키타라 리라를 연주하는
전문 악사의 모습

서로 다른 시간에 식사를 했다. 남자들에게 둘러싸여 식사를 하는 게 적절한 예의범절이 아니기도 했지만, 원래 칼리아가 이 집에 있는 목적이 주인이 식사를 할 때 리라 연주로 여흥을 돋우는 것이기 때문이었다.

이 집에서 '심포시온'이 열리면 칼리아는 거기에 함께 자리를 해서 먼저 '스폰데이온spondeion'을 시작으로 리라를 연주했다. 모임의 참석자들이 일종의 종교적 의식으로 각자 섬기는 신들을 위해 포도주를 바닥에 쏟으며 경의를 표할 때, 거기에 맞춰 연주하는 음악이 바로 '스폰데이온'이다. 칼리아를 불러들인 후원자는 부유한 상인이었기 때문에, 보통은 상인이나 꾀가 밝은 사람을 지켜 준다고 하는 헤르메스 신을 찾는 경우가 많았다.

칼리아가 오늘 정원으로 나온 건 리라 조율을 하고 또 새로운 스폰데이온을 만들기 위해서였다. 스폰데이온에는 가사도 덧붙여지는데, 칼리아는 잘 알려진 곡조를 가져와 헤르메스 신을 찬양하는 몽환적인 내용을 노랫말로 만들었다. 그녀의 후원자는 다음 달쯤에 가까운 친구들을 불러 중요한 식사 자리를 마련할 계획이었고, 칼리아는 그전에 모든 준비를 완벽하게 해 두고 싶었다.

칼리아는 심포시온에서만 리라를 연주하는 것이 아니라 좀 더 전문적이고 수준이 높은 음악 행사에도 자리를 함께할 예정이었다. 그런 자리에서는 보통 청중들이 악사에게 요구하는 것들이 있었다. 대개는 핀다로스Pindaros며 라소스Lasos, 그리고 시모니데스Simonides 같은 유명한 시인이나 음악가들의 작품들을 들려주기를 바랐다.

능숙한 손놀림으로 리라의 줄들을 뜯던 칼리아는 이따금 손을 멈추고 줄을 고정하고 있는 리라 윗부분을 매만졌다. 줄을 팽팽하게 당기면 높은 음이 나오고 느슨하게 풀면 음정이 조금 낮아진다. 하지만 이 리라의 줄은 황소 내장과 철사의 비율이 처음부터 맞춰져 있어서 더 이상 음정이 낮아지지는 않았다. 철사를 더 많이 섞어서 주로 높은 음이 잘 나오도록 되어 있는 것이다.

칼리아는 피타고라스의 주장에 어느 정도 동의하는 편이었다. 피타고라스는 철학자이면서 동시에, 칼리아로서는 왜 그런 걸 증명해야 하는지 잘 이해가 가지 않는, 삼각형의 빗변의 제곱이 다른 두 변의 제곱의 합과 같다는 정리를 증명해 보인 유명한 수학자였다. 피타고라스는 음악과 관련된 대단히 중요한 이론을 주장했는데 바로 리라 줄이 떨리는 횟수는 그 길이에 반비례한다는 이론이었다. 다만 그런 피타고라스의 음악적 이론에서 칼리아가 인정할 수 없는 부분은 그가 음악을 수학으로 증명될 수 있는 일종의 함수라고 말하면서 완전 5도의 음정만으로 음계를 쌓아 가려 했다는 사실이었다.

피타고라스가 자신의 음악 이론을 완성했던 이탈리아 남부 지역에서라면 그의 주장도 별 문제가 되지 않을 것이다. 피타고라스는 수학을 소리로 표현하는 것이 바로 음악이라고 믿었고, 따라서 완벽하게 수학적 비율을 맞춘 음악은 완벽한 대칭을 이루는 나비의 날개나 혹은 꽃잎처럼 모든 사람들을 만족시킬 거라고 생각했다. 하지만 칼리아는 현실이 그의 생각과는 다르다는 걸 알고 있었다. 예를 들어 소아시아에 위치한 갈라티아 사람들은 자신들이 거기에 맞춰 노래를 부를 수 있도록 곡조가 우선시되는 빠른 음악을 더 좋아한다. 하지만 이오니아의 그리스 사람들은 시의 구절들을 바탕으로 하는, 가사가 더 우선시되는 조용하고 서정적인 음악을 선호한다. 만약 이오니아에서 최고의 악사가 음악을 연주하고 있는데 누군가 소리를 내어 곡조를 따라 노래라도 부르려 한다면, 주변 사람들의 거센 비난을 받게 될 것이다. 음악을 이론적으로 연구한 아리스톡세노스는 실제로 각 지역의 특색에 가장 잘 어울리는 곡조들을 정리했는데 예컨대 리디아에는 좀 더 풍성한 느낌을 주는 음악이, 프리기아에서는 거칠면서 다소 정리되지 않은 듯한 음악이, 그리고 도리아에서는 좀 더 여유가 있으면서도 음이 분명하게 구분되는 그런 음악이 더 인기를 끈다고 했다.

칼리아로서는 그런 아리스톡세노스의 주장에 대체적으로 공감이 갔으며 수학적 원칙에 따라 가장 높은 소리에서 가장 낮은 소리를 정확하게 오가도록 리라를 조율하기보다는, 그저 그때그때의 느낌과 단련된 직감에 의해 소리를 낼 수 있도록 적당히 조율했다. 인간은 시각과 후각, 촉각, 청각, 그리고 미각이라는 다섯 가지 감각을 가지고 있다. 그리고 리라 역시 음정이나 음색, 혹은 음의 높낮이 같은 '감각'을 갖고 있는 것이다. 시력은 좋지만 귀가 잘 들리지 않는 사람이 있는 것처럼, 조율 역시 이런 상대적인 장점과 약점들을 고려해 가며 이루어져야만 한다.

때로는 주어진 상황에 따라서 그때마다 리라를 다시 조율해야 하는 일이 벌어지기도 한다. 칼리아는 이미 페르가몬 왕국의 고위 관료로부터 연락을 받았는데, 이 관료는 칼리아 같은 최고 수준의 악사를 그녀의 후원자인 상인이 혼자 독점하도록 내버려 둘 생각이 전혀 없는 것 같았다. 결국 칼리아는 그리스 사람들의 종교 행사에 자리를 함께해 리라를 연주하기로 약속했다. 이런 종교 행사에서는 '프로소디언prosodion', 즉 신들을 찬양하는 일종의 합창이 빠지지 않는다. 칼리아는 바로 거기에 리라 반주를 넣기로 했으며, 피리나 다른 타악기 연주자들도 함께 참석해 종교 행사 이후에 이어지는 다른 행사에서 같이 반주를 하기로 했다.

칼리아는 그리스 사람들의 일상생활에서 음악이 함께하지 않는 부분이 거의 없다는 사실을 다시금 깨달았다. 확실히 음악은 삶의 아주 많은 부분을 차지하고 있었다. 어쩌면 미처 알아차리지는 못해도 늘 음악소리를 들으며 살아가고 있는 것일지 모른다. 위대한 철학자 아리스토텔레스도 말하지 않았던가. "별들의 움직임조차 일종의 화음을 만들어낸다. ……우리는 태어나는 그 순간부터 귀로 소리를 듣고 있기 때문에 마치 대장장이가 망치질 소리에 너무 익숙해져 그 요란한 소리를 전혀 의식하지 못하는 것처럼 그렇게 종종 침묵과 소리를 구분하지 못한다."

정말로 그럴듯한 주장 같다. 살아 있는 모든 생명체를 음악이 둘러싸고 있다니……. 칼리아가 정원에서 리라의 줄을 조율하는 건 그렇게 우리를 둘러싸고 있지만 미처 듣지 못하는 소리, 아니 음악에서 필요한 부분들을 찾아 다시 되살리기 위해서였다. 그렇게 살려 낸 부분들을 정리하고 정교하게 다듬어서 다시 한번 사람들의 귀에 들릴 수 있게 만드는 것이 칼리아가 하는 일이었다.

ΔΩΔΕΚΑΤΕΥΣ ΠΡΩΤΑ ΒΗΜΑΤΑ

Chapter.
5

2월, 첫 걸음

농부

〇〇〇〇〇

북풍이 불어오면서 차갑고 을씨년스러운 기운이 확연하게 느껴졌다. 난롯불을 쬐고 있던 이피타는 헛간 뒤에 있는 가축용 먹이 상자를 확인하기 위해 자리에서 일어섰다. 이렇게 추운 날씨에는 소가 먹는 양이 더 늘어나기 마련이라서, 이피타는 농장의 일꾼들과 가축들이 먹는 곡물의 양을 신중하게 잘 조정해야만 했다. 북풍의 신 보레아스가 얼어붙을 것 같은 돌풍을 크로노스산을 따라 내려 보내는 겨울 동안, 살아 있는 것들이 할 수 있는 일이라고는 그저 몸을 웅크리고 상황이 나아지기만을 기다리는 것밖에 없었다. 당장은 아무 일도 할 수 없지만 가축들도 계속 무언가를 먹어야 한다. 그 사이 남자들은 불가에 둘러앉아 농기구들을 점검하는 등 다가오는 봄에 힘든 농사일을 할 만반의 준비가 되어 있는지 확인하며 이런저런 잡담을 나눈다.

이피타는 한숨을 몰아쉬며 따뜻하고 포근한 집을 나섰다. 나이가 들면서 어릴 때부터 자신을 괴롭혔던 관절염의 고통이 더 극심하게 느껴졌다. 그녀는 다음에 장이 다시 열리면 마을로 내려가서 약재상에게 버드나무 껍질로 만든 약을 좀 더 사와야겠다고 다짐했다.

추운 바깥 날씨를 견뎌 내기 위해 그녀가 차려입고 있는 건 오래전 만든 부드러운 양가죽 외투였다. 털이 붙어 있는 두꺼운 양가죽을 가는 실로 튼튼하고 촘촘하게 엮은 것으로, 바람 한 점 들어오지 못했다. 발에는 여름철에 아무렇게나 걸치던 가벼운 신발 대신 양털로 짠 천을 안쪽에 붙인 소가죽 장화를 신었고, 둥글게 말아 올린 머리가 딱 맞게 들어가도록 만든 두툼하고 따뜻한 모자도 꼭 눌러썼다.

이피타는 음울한 기분으로 아침 하늘을 가로질러 가는 짙게 깔린 먹구름을 살펴보았다. 그리고 잠시 문가에 서서 염소 가죽을 황소 힘줄로 꿰매 붙인 소매가 없는 겉옷을 꺼내들고는 바깥쪽에 거위 기름을 발랐다. 그렇게 하면 몸의 온기가 더 잘 남아 있게 될 뿐더러 거센 폭우가 아니라면 어지간한 비는 다 막을 수 있다. 외투 위에 이렇게 방수 겉옷까지 걸치고서야 채비를 마친 이피타는 발걸음을 옮겼다.

지금은 1년 중 가장 힘든 계절이었다. 밭의 농작물은 어떻게든 자리를 잡으려고 애를 쓰는데 굶주린 사슴은 동이 트기 전에 숲에서 나와 이제 막 자란 어린 싹들을 모조리 먹어 치우려 한다. 게다가 암탉들도 알을 낳는 게 시원치 않고, 새끼를 밴 암염소들의 젖마저 제대로 부풀어 오르지 않았다. 이피타는 해가 저물 때마다 밤하늘을 눈을 가늘게 뜨고 바라보며 지평선 너머로 아르크투루스라고 부르는 별이 빨리 그 모습을 드러내기만을 간절하게 기다렸다. 이 별이 나타나면 겨울 중에서도 가장 혹독한 시간이 끝나 간다는 신호였고, 봄맞이를 위해 포도나무를 비롯해 과수원 과일 나무들의 가지를 치기 시작해야 한다. 만일 이때가 지나 제비가 다시 돌아올 때까지 가지치기를 미룬다면 어차피 잘려 나갈 쓸모없는 가지들 때문에 귀중한 영양분을 낭비하게 된다.

가축용 먹이 상자를 돌아보고 오던 이피타는 올림피아 경내가 뭔가 소란스럽다는 걸 알아차렸다. 하긴 이제 다가올 제전을 위해 준비를 시작해야 하는 때이긴 했다. 집 안에서 이피타를 기다리고 있는 건 몇 가지 자질구레한 일뿐이었기에, 그녀는 낡은 옷가지들을 수선하는 등의 일들을 재빨리 해치우고는 다시 밖으로 나가 사람들이 모여 북적거리는 곳들을 돌아다니며 무슨 일이 있는 건지 살폈다.

분명 뭔가 중요한 일이 있는 것 같기는 했다. 귀족들이 입는 화려한 색상의 겉옷들이 보였고 또 사제들이 기도문을 읊조리는 소리도 들려왔다. 적지 않은 숫자의 일꾼들이 헤라 여신의 사원으로 이어지는 길을 따라 뭔가를 바쁘게 끌고 올라가고 있었는데, 가만히 보니 그 사원이 이 소란의 중심지인 것 같았다. 여러 건축 자재와 도구들을 싣고 온 수레들

● 이탈리아 페스툼에 있는 도리아 양식으로 지어진 헤라 신전

이 올림피아로 들어서는 입구 앞에서 기다리고 있었고, 수레꾼들은 진흙투성이의 험한 길을 따라 다시 왔던 곳으로 돌아가기 전에 황소들을 쉬게 하는 중이었다. 그리스의 길들은 보통 걸어서 이동하는 일에만 적합하게 되어 있었기 때문에 그나마 잘 닦여 있다고 생각되는 길에서도 바퀴 달린 탈것이 어려움을 겪는 건 흔한 일이었다.

이피타는 모여 있던 수레꾼들 중 하나와 이야기를 나누기 시작했다. 올림피아 경내에 여자들의 출입을 제한하는 전통은 올림피아 제전이 열리는 동안에만 엄격하게 적용되었지만, 그래도 이렇게 밖에 있는 편이 더 나았다. 물론 헤라 신전조차 여자들의 출입이 제한된다는 사실이 여전히 얄궂게 느껴지긴 했다. 헤라가 누구인가? 위대한 제우스 신의 아내인, 분명 여자의 모습을 한 신이 아니던가. 사원 안에 있는 여신의 조각상은 4년마다 새로 옷을 갈아입는데 그 일을 맡아서 하는 것도 엘리스에서 뽑힌 여자들이었다. 여신이 갈아입는 옷은 아마로 만든다. 아마는 그리스 본토에서도 오직 엘리스에서만 자라기 때문에 여신의 은총을 상징한다.

물론 엘리스에 살고 있는 남자들 역시 헤라이아Heraia 제전 출입이 엄격하게 금지되어 있기는 했다. 이 제전은 여자들만이 참가할 수 있으며 보통 올림피아 제전이 열리는 2년 전에 시행된다. 이때만큼은 올림피아의 신성한 경내를 여자들도 마음대로 드나들 수 있었다. 이피타는 이 헤라이아 제전에 선수로 출전해 본 적이 한 번도 없었다. 이 제전에서 벌어지는 경기는 모두 다 달리기였는데, 이피타는 덩치가 크고 몸이 둔해서 달리기는 잘 하지 못했다. 출전 선수는 아직 혼인을 하지 않은 처녀

여야 했고, 이들은 머리를 풀어헤친 채 평소라면 남부끄럽게 여길 정도의 무릎까지만 오는 짧은 겉옷만을 걸치고 달렸다. 그래도 이피타는 이지역 주민이면서 동시에 많은 사람들에게 존경을 받는 지주의 아내였기 때문에, 선수가 아닌 심판 자격으로 제전에 참여해 출전하는 선수들의 자격과 경주 결과를 확인하고 판단하는 역할을 해 왔다.

그렇지만 이런 심판 자격으로 참여할 때도 곤란한 일은 있었다. 심판들은 이 제전을 시작한 것으로 알려져 있는 전설 속 인물들에게 신성한 의식을 바칠 때 춤을 추고 노래를 불러야 했다. 펠로폰네소스라는 이름의 유래가 된 펠롭스의 아내 히포다미아, 그리고 디오니소스 신에게 사랑을 받았던 이 지역 출신 여인 퓌스코아 등이 바로 그런 인물들이다. 난감한 일이었지만 신들은 이피타에게 춤을 제대로 출 수 있는 그런 은혜를 내려 주지 않았다. 그녀는 자신이 과부가 되고 나서 그나마 도움이 된 일이 있다면 이런 일에 더 이상 참여할 필요가 없게 된 거라고 생각했다. 제전의 심판은 반드시 남편이 있는 여자여야 했다.

헤라이아 제전의 중심에는 헤라 여신의 사원이 있고 따라서 제전이 열리는 기간 동안 여자들은 신성한 경내를 마음대로 드나들 수 있었다. 이 헤라 사원이 언제 세워졌는지 정확하게 아는 사람은 아무도 없었지만 아무튼 굉장히 오래, 그것도 올림피아 제전보다도 더 오래전에 세워진 건 분명했다. 거기에 대해서는 분명한 증거라고 할 만한 것들이 두 가지 있는데, 우선 헤라 여신의 조각상은 흔히 '아갈마agalma'라고도 하는 아주 옛날 방식으로 만들어져 있었다. 제우스의 왕비이자 신들의 여왕인 헤라는 자신의 옥좌 위에 앉아 있었고 투구를 쓰고 수염을 기른 제우스가 옥좌 옆에 서 있었다. 그리고 사원의 지붕을 지탱하는 기둥들은 지난 몇 세기 동안 사원 건축의 표준 사양이 된 돌기둥이 아니라 나무 기둥이었다. 이 나무 기둥들은 한눈에 봐도 아주 오래된 것들이었고 너무 오래되어 조금씩 갈라지거나 뒤틀려 있었기 때문에, 계속 지붕을 떠받치는 역할을 하기 위해서는 금속 띠 같은 것으로 위치를 잘 맞춰 보강을 해 줘야 했다.

물론 이렇게 세심하게 주의를 기울였음에도 불구하고 갈라진 부분으로 물기가 스며들어 가서 안쪽에서부터 썩기 시작한다면, 그때는 이 나무 기둥을 돌기둥으로 바꾸는 수밖에 다른 도리가 없었다. 이 사원은 적어도 그 자리에 900년 이상을 서 있었고 기둥들은 거의 3분의 2 이상이 돌기둥으로 교체되었다. 그렇게 서로 어울리지 않는 기둥들 그 자체가 세월이 흐르면서 함께 달라진 건축 양식을 보여주는 두 번째 증거였다.

보아하니 오늘은 그런 기둥을 또 하나 교체하는 모양이었다. 이런 일은 사실 100년에 한두 번 정도 있었기 때문에 거창한 의식과 행사도 함께 치러지는 중이었다. 이피타는 그렇게 안에 들어가 보지 않고도 황소를 모는 수레꾼으로부터 이러한 사실들을 알아낼 수 있었다. 어느 정도 궁금증이 풀린 이피타는 이만 인사를 하고 발걸음을 돌렸다. 그리곤 보수 공사로 내부의 모습이 어떻게 바뀌었는지 나중에 와서 직접 봐야겠다고 마음먹었다.

외교관

⟲⟲⟲⟲⟲

오후 시간을 신과 함께 보내는 건 결코 흔치 않은 일일 것이다. 방으로 돌아온 페르세우스는 하인에게 포도주를 가져오라고 명령한 뒤, 오늘 있었던 일들을 곱씹어 보았다. 우선 신이란, 그러니까 뭐랄까…… 좀 더 신성하게 보이는 그런 존재여야 하지 않을까? 하지만 저 위대한 제우스도 자신의 엉큼한 목적, 다시 말해 운이 나쁜 공주들을 꾀어내기 위해 스스로 인간의 모습을 하고 지상에 내려오는 경우가 많았으니…… 이번에 그 신이라는 존재가 셀레우코스 제국의 국왕 안티오코스 2세의 모습으로 지상에 내려온 거라면, 그 변신은 정말 놀랍도록 성공적이라 할 만했다.

오늘 마케도니아의 사절단 대표로서 페르세우스가 만난 인간, 아니 인간의 모습을 한 신은 30대 후반 정도 되어 보였다. 덩치가 작았고 길쭉한 코와 움푹 들어간 눈에 사람 손길을 달가워하지 않는 사냥개 같은 표정을 했다. 스스로 신을 자칭하며 자신의 이름에 신을 뜻하는 '테오스 Theos'라는 이름까지 새로 덧붙인 안티오코스 2세는 벌써부터 백발로 변해 가는 머리카락을 잘 빗어 넘긴 뒤 거기에 비단으로 된 머리띠를 둘렀다. 그 때문인지 오히려 머리가 빠진 부분이 더 도드라져 보였지만, 그럼에도 그 비단 머리띠는 중요한 의미를 지니고 있었다. 이러한 종류의 머리띠는 사실상 '왕관'의 대용이었고, 주변의 다른 군주들 중에서도 특별히 더 중요한 존재임을 나타내는 장치였다.

안티오코스 2세는 분명 그런 존재였다. 하지만 페르세우스는 이 안티오코스 2세를 두고 무심코 '젊어 보인다' 같은 낮춰 보는 표현을 자기도 모르게 쓰지 않기 위해 부단히 노력을 기울여야만 했다. 페르세우스는 안티오코스 2세의 아버지도 실제로 본 적이 있을 뿐더러 현재 그가 모시고 있는 마케도니아의 국왕 안티고노스 2세는 이 셀레우코스 제국의 국왕보다 무려 두 배 이상 나이가 많았다. 그렇지만 나이와 상관없이 안티오코스 2세는 세상에서 가장 넓은 국토를 다스리고 있는 군주였다. 아니, 자신들만의 독립된 길을 가려 하는 파르티아와 박트리아의 반란군들을 제압하게 된다면 다시 그렇게 되는 건 시간 문제였다.

아버지에게 왕위를 물려받자마자 국토의 4할 정도를 잃어버린 사람이 어떻게 스스로 신을 자처할 수 있는지 누군가는 궁금해할지 모른다. 이는 순수하게 밀레투스 사람들 덕분이었다. 밀레투스는 지형이 험하기로 유명한 아나톨리아 멘더강 어귀에 있는 그리스인들의 도시로, 당시 밀레투스는 어느 폭군의 손아귀 안에 있었다. 그런데 이 폭군이 안티오코스 2세에 의해 축출이 되자 밀레투스 사람들은 깊은 감사의 마음을 품게 되었다. 비록 안티오코스 2세가 어떤 자비심 때문이 아니라 그 폭군이 그의 적 프톨레마이오스 2세를 지지하는 세력이었기 때문에 그렇게 한 거지만 말이다.

게다가 밀레투스는 셀레우코스 제국의 중심부와 한참 멀리 떨어진 곳에 있었기 때문에 안티오코스 2세에게는 그곳을 다스릴 만한 군사적 여유가 부족했다. 그래서 할 수 없이 밀레투스에게 자치권을 허락했고 폭군이 물러난 것만으로도 이미 기뻤던 밀레투스 사람들은 그야말로 열광의 도가니에 휩싸였다. 그들은 너무나 기뻤던 나머지, 신이 안티오코스 2세의 몸을 빌려서 나타난 것이라고 공식적으로 선언했고, 그의 업적을 기리기 위해 사원을 지었으며 신성한 제전을 열었다. 안티오코스 2세 역시 이 소식을 듣고 대단히 기뻐하며 이와 같은 숭배의식을 불안하게 흔들리고 있던 제국 전역에 퍼트리려고 했지만 성공하지는 못했다.

페르세우스는 제국의 수도에서 안티오코스 2세를 만나게 된 걸 정말 다행이라고 생각했다. 그는 페르세우스가 이곳에 도착하기 열흘 전에 전쟁터에서 막 돌아온 참이었다. 덕택에 페르세우스는 해충이 들끓는 사막 어딘가의 불편한 천막이 아니라, 실피우스산 위에 있는 성채의 안락한 숙소에서 지낼 수 있게 되었다. 다만 그의 마음을 불편하게 한 건 안티오코스 2세가 갑작스럽게 수도로 돌아온 이유였는데, 그것은 그가 다시 한 아이의 아버지가 된다는 소식 때문이었다.

안티오코스 2세에게는 이미 아들이 셋이나 있었지만 이 아들들은 모두 왕비 자리에서 쫓겨나 크게 분노하고 있는 전처 라오디케의 소생이었다. 라오디케는 프톨레마이오스 2세의 딸 베레니케가 새 왕비에 오르면서 밀려났는데, 안티오코스 2세가 늘 그렇게 마뜩치 않은 표정을 짓고 있는 데에는 베레니케 왕비의 고약한 성깔도 한몫 차지하는 게 분명했다.

이집트와 셀레우코스 사이의 합의에 의해 새로운 왕비의 아이가 사내

아이일 경우 그 아이는 셀레우코스 제국의 다음 통치자가 될 예정이었다. 그러면 필경 이 거대한 제국은 이집트와 더 친밀한 관계가 될 것이고 지금의 동맹국인 마케도니아와는 그 관계가 멀어질 수밖에 없었다. 그러니 페르세우스로서는 베레니케를 반드시 끌어내야만 했다.

사실 페르세우스가 셀레우코스 제국의 국왕으로부터 이 정도의 따뜻한 환대를 받은 것도 그가 마케도니아와 셀레우코스 사이의 관계를 다시 떠올리게 만들어 주었기 때문이었다. 페르세우스의 손에는 귀한 선물은 물론 특별한 서신도 들려 있었는데, 이 선물이며 서신 등을 챙겨 보낸 건 마케도니아 왕국의 왕위 승계 후보 1순위인 드미트리오스Demetrios의 아내이자 안티오코스 2세의 누이였다.

창가에 선 페르세우스는 아무런 맛도 느끼지 못한 채 포도주를 한 모금 마시고는 저 멀리 아래쪽에서 오론테스강을 따라 움직이고 있는 평저선들을 바라보았다. 헬레니즘 세계의 외교 관계가 국왕의 개인적 성향이나 인맥에 의해 크게 좌지우지된다는 건 참으로 불행한 일이 아닐 수 없었다. 형제들 사이의 불화나 딸의 지참금 액수 같은 문제들은 가난하기 짝이 없는 농가에서도 큰 골칫거리가 될 수 있다. 하물며 헬레니즘 세계 국왕들에게 이런 골칫거리들은 단지 단순한 주먹다짐 정도가 아니라 군대를 움직이고 도시를 불태우는 사건으로 확대될 수 있었다.

거기다 설상가상으로 각국 사이의 협정이나 동맹 관계들은 그야말로 국왕들 개인이 멋대로 맺는 것이나 다름없었는데, 예컨대 현재 건강이 좋지 않다는 소문이 나돌고 있는 프톨레마이오스 2세가 세상을 떠난다면 그가 생전에 맺었던 모든 협정과 동맹 관계들은 무효가 되며 다시 새로운 국왕과 지루하기 짝이 없는 재협상에 들어가야만 했다. 셀레우코스 제국의 경우에는 국왕이 사망하면 그 후계자는 바로 넓게 퍼져 있는 제국의 각 지역으로 내달려서 이전 국왕에게 충성을 바쳤던 영주나 귀족들에게 다시 새롭게 개인적으로 충성의 서약을 받아 내야 했다. 그래서 이런 경우 새로 즉위한 국왕은 보통 군대를 끌고 나타나 충성의 서약을 할 수밖에 없는 그런 상황을 만들기도 했다.

그렇지만 물론 그런 개인적인 관계들이 뜻하지 않게 도움이 될 때도 있다. 페르세우스는 내일 보기로 약속한 또 다른 사절과의 만남을 고대하고 있었다. 그 사절은 저 멀리 이야기로만 전해 들었던 환상의 땅 인도의 황제를 대신해 셀레우코스의 국왕과의 개인적인 인맥을 새롭게 다지기 위해 이곳을 찾아왔다고 했다.

마케도니아는 현재 인도와는 별다른 접점이 없었고 따라서 이번 만남은 그저 셀레우코스 제국의 수도를 찾은 두 사절이 서로의 개인적인 호기심을 채우기 위해 추진하는 것이나 마찬가지였다. 페르세우스는 코끼리와 공작새가 있다는 이 환상의 땅에 대해 좀 더 많은 것을 알아내기 위해 열심이었다. 수많은 사람들이 살고 있다는 이 부유한 땅은 심지어 과거 알렉산드로스 대왕이 이끄는 무적의 군대마저 가로막은 역사가 있지 않은가. 반면에 인도에서 온 사절은 서쪽에 펼쳐져 있는 낯설고 야만적인 땅과 복잡한 지중해 문화에 대한 정보를 원하고 있었다.

이 인도 사절의 주인은 아소카Asoka 황제라고 했다. 아소카는 황제에 즉위하자마자 인도 대륙 전체를 자신의 손아귀에 넣기 위해 피로 피를 씻는 잔혹한 정복 전쟁을 벌였던 모양이었다. 그리고 이제 그 정복 전쟁도 서서히 막을 내리는 시점에서, 아소카 황제는 그런 유혈과 폭력에 싫증을 느끼고 그 대신 불교라는 종교로 구현이 된 평화롭고 조화로운 삶을 선택했다고 했다.

개심자가 갖고 있는 뜨거운 열정으로 아소카 황제는 자신이 할 수 있는 한 이 새로운 종교를 널리 퍼트리기에 여념이 없었고, 페르세우스는 인도 사절로부터 좀 더 자세한 정보를 들을 수 있기를 기대하고 있었다. 페르세우스가 이해하고 있는 한 이 불교라는 종교에는 특별하게 섬기는 신이 없다고 했다. 그렇다면 신하와 백성들에게 스스로를 신으로 내세우고 싶어 하는 인간 안티오코스 2세가 이 종교에 대한 이야기를 들은 뒤 어떻게 반응을 할지도 그가 보고 싶은 구경거리 중 하나였다.

도망자

마케도니아의 외교관 페르세우스가 하루 일과를 마치며 바라보는 석양은 도망 노예인 트라타가 바라보는 석양과는 전혀 달랐다. 트라타는 조잡하게 만든 나무 의자 위에 앉아 잔뜩 쌓아 놓은 말린 이파리들을 열심히 고르고 있었다. 해가 완전히 지기 전까지 그렇게 종류별로 골라 놓은 여러 가지 이파리들을 스승님께 가져가 확인받아야 했다. 그 일을 마치고 나면 등잔불을 밝힌 뒤 저녁 늦게까지 다양한 약초들을 갈고 끓이고 뒤섞어야 했고, 잠자리에 들기 전쯤 그렇게 만든 혼합물을 다시 검사받았다. 대단히 까다롭고 주의를 요하는 이런 작업들을 하며, 트라타는 이따금씩 아테네에서 노예 생활을 할 때가 더 나았던 것은 아닌지 생각하곤 했다.

할리카르나소스를 떠날 수밖에 없던 건 애석한 일이었다. 트라타는 그곳에서 마음대로 돌아다니며 느낄 수 있었던 자유로움이 너무나 마음에 들었지만, 그곳이 잠시 스쳐 지나가는 장소라는 사실을 항상 염두에 두고 있었다. 어쨌거나 봄이 오기 전에는 그곳을 떠날 생각이었다. 하지만 위기는 생각보다 일찍 찾아왔다. 이웃에 살고 있는 비슷한 또래의 남자아이와 장난삼아 툭툭 치다가 겉옷이 미끄러져 내려왔고 그 때문에 목에 새겨진 말 문신이 드러난 것이다. 그 남자아이뿐만 아니라 근처를 지나가던 다른 사람들도 문신을 보았고, 트라타는 문신에 대해 뭐라고 소리치는 사람들을 뒤로한 채 그 자리에서 달아났다. 그리스 사람들에게 문신은 대단히 낯선 행위였고 대개 노예들한테서나 볼 수 있었다.

일이 이렇게 되자 지금까지 트라타를 돌봐 주었던 생선장수의 아내는 시장에 있는 다른 약재상과 의논을 했다. 소아시아 해안을 따라 그리스 사람들이 살고 있는 도시의 장터들을 떠돌아다니던 이 약재상은 마침 견습 제자를 필요로 하던 참이었다. 전에 데리고 다니던 제자는 일이 너무 힘들다며 도망을 쳤다고 했다.

고대의 약초 연구

헬레니즘 시대의 그리스 의학은 신중한 경험적 연구에 기초했다. 거기에 다양한 미신과 민간 신앙, 그리고 과학적 치료법을 뒤섞었다고 볼 수 있다. 그중에서도 약초학은 1000년이 넘는 세월 동안 이루어진 다양한 실험들을 기반으로 한 덕택에 높은 정확도를 자랑했다. 두통에 쓰이는 버드나무 껍질에서 사람을 순식간에 죽일 수도 있는 바꽃에 이르기까지, 인간의 신진대사에 영향을 미치는 다양한 식물들에 대한 실험이 진행되어 온 것이다. 헬레니즘 시대 당시에는 인도네시아 같은 먼 지역에서도 여러 약초나 향신료들을 서쪽으로 실어 왔다고 하며, 항생제 작용을 한다는 개똥쑥도 그중 하나였을 가능성이 높다.

　그로부터 사흘이 채 지나지 않아 트라타는 할리카르나소스를 떠났다. 다시 여자아이가 되었고 이번에는 약재상의 손녀로 정체를 바꿨다. 에우독시아라는 이름의 이 쭈그렁 노파는 프리기아 출신이었는데, 수다와 포도주라면 사족을 못 썼다. 약재상 에우독시아와 그녀의 견습 제자인 트라타는 박트리아 너머에 있다는 신비로운 나라들로부터 들여 온 상품들을 파는 상인들을 따라 함께 움직였다. 가축에 짐을 싣고 큰 무리를 지어 먼 거리를 여행하는 상인들을 보통 대상(隊商)이라고 불렀는데, 이들은 아나톨리아의 시장들을 돌며 가지고 있는 비단이며 향신료들을 조금씩 처분하곤 했다.

　약재상은 이들을 따라다니는 대신, 상인들은 물론이거니와 짐을 운반하는 노새에게 필요한 약들까지 모두 책임을 지기로 했다. 그리고 자주 트라타를 근처로 내보내 필요한 것들을 모아 오게 했는데, 각 지역의 특성에 따라 특별하게 만나 볼 수 있는 약초나 식물들을 찾는 것이 바로 트라타가 하는 일이었다. 특히 그녀가 자주 찾았던 건 풍접초의 연두색 새싹들이었는데 그건 보통 에우독시아가 자신의 숙취를 치료하는 용도였다.

　트라타의 스승은 찾아와야 할 식물이나 약초의 종류에 대해 자세하게 가르쳐 주었지만, 정말 쓸모 있는 약초를 찾아서 모으는 건 그리 쉬운 일은 아니었다. 트라타는 각각의 약초를 찾아낸 장소와 당시의 주변

환자를 치료하는 의사

환경에 대해 정확하게 기억하고 알려야 했다. 때로는 필요한 약초를 전혀 구하지 못할 때도 있었는데, 약초라는 건 주로 언덕배기나 넓게 펼쳐져 있는 풀밭에서, 그것도 아주 맑은 날에 뽑아야만 약재로 만들 수 있기 때문이었다.

언젠가 한 번 트라타는 스승이 찾아오라는 약초 말고도 야생 미나리를 발견한 뒤 그 가느다란 녹색 이파리들을 한 아름 뽑아서 기분 좋게 돌아온 적이 있었다. 야생 미나리는 소변을 잘 나오게 하는데도 도움이 되지만 더부룩한 속을 가라앉힐 때에도 효과가 좋았다. 그런데 알고 보니 야생 미나리는 주로 늦여름에 그 씨앗에서 기름을 짜낼 수 있을 때에만 약초로서 쓸모가 있었다. 쓸모없게 된 야생 미나리는 상인들의 음식 담당에게 넘어갔다. 약재로는 쓰지 못해도 소금을 뿌리고 끓이면 제법 맛이 좋았다.

약재상이 하는 일을 계속 배워 나가려면 이쪽 지방에서 자라는 500여 가지가 넘는 약초들을 알아보고, 그 각각의 쓰임새를 구분할 수 있는 능력을 키워야만 했다. 또한 서로 엇비슷하게 생겼지만 약초와는 반대로 독성을 지닌 80여 가지의 식물들도 구분할 줄 알아야 했다. 전반적으로 볼 때 이 지역에서 자라고 있는 식물 열 가지 중 하나는 음식이나 약의 재료로 사용될 수 있었다. 아직은 많은 걸 알지 못하는 트라타였지만, 어디를 가든 똑같은 곳이 한 곳도 없다는 사실을 깨달을 수 있었다.

트라타는 씁쓸한 기분으로 지치라고 부르는 약초 가지를 옆으로 치웠다. 지치는 관절염을 치료하는 습포를 만드는 데 요긴하게 쓰인다. 자신의 의사와는 상관없이 트라타는 그렇게 약초를 다루는 사람이 될 운명처럼 보였다. 문득 좀 더 편한 직업을 찾을 수는 없을까 하는 생각이 들었지만, 처음에 약초와 관련된 일을 택하게 된 건 다 그만한 이유가 있어서였다. 약재상은 대부분 아주 낯선 이방인들로, 상대적으로 트라키아나 카파도키아 혹은 프리기아 출신들이 많았다. 또 이들이 하는 일 자체에 원래 비밀이 많기 때문에 약재상들은 종종 그 정체를 잘 드러내지 않았다.

예를 들어 부끄러움을 많이 타는 손님이 사랑의 묘약을 찾는 경우도 흔했는데 그러면 트라타의 스승은 앵초와 합환채를 포도주에 섞어 손님이 원하는 약을 만들어 주었다. 이 사랑의 묘약이 효험이 있다는 소문이 나면 다음에는 정체를 감추고 싶어 하는 귀부인들이 팥꽃나무로 만든 피임약을 찾아 은밀하게 약재상을 찾았다. 이따금 개나 고양이에게 쓸 거라고 말하며 투구꽃처럼 강력한 독성이 있는 약초를 찾는 사람들도 있었는데, 그러면 스승은 다시는 찾아오지 말라는 호통과 함께 그들을 내쫓아 버렸다. 그렇게 치명적인 독초를 다루다가 만일 무슨 일이라도 생긴다면 약재상도 꼼짝없이 사건의 공범이나 용의자로 몰릴 수 있다. 그렇게 약초를 다루는 일은 다양한 상황에 영향을 미칠 수 있었기 때문에, 정체를 잘 드러내지 않고 은밀하게 행동하는 것이 어쩌면 당연하게 여겨지기도 했다. 도망친 노예인 트라타에게는 딱 맞는 일이었던 셈이다.

그렇다고는 해도 할리카르나소스의 새로 만난 '이모'의 집 마당에서 약초들을 분류하고 정리하던 때가 분명 더 재미있었던 건 사실이었다. 스승인 에우독시아는 수십 년간 쌓아 올린 자신의 지식을 제자에게 전해야 한다는 목적이 너무나 분명한 나머지, 자신이 도망친 노예를 도와 숨을 곳을 마련해 주고 있다고는 전혀 생각하지 않았다. 실제로 이 노파는 그렇게 수다 떨기를 좋아하면서도 트라타의 정체에 대해서는 아무것도 묻지 않기 위해 극도로 주의를 기울였다. 그 대신 그녀는 늦은 밤까지 싸구려 포도주를 마시며 프리기아에서 보냈던 자신의 어린 시절과 가족들에 대해 장황하고 두서없는 이야기들을 늘어놓았다. 그렇게 며칠 밤에 걸쳐 그런 이야기들을 강제로 들은 후에야 트라타는 마침내 자신이 제자 역할에 필요한 자세한 배경 지식을 얻었다는 사실을 깨달았다. 나중에 행정 관청 같은 곳에서 자신의 정체에 대한 질문을 할 경우, 꼭 필요한 그런 지식이었던 것이다. 이 나이 든 약재상은 필요하다면 언제든 아주 무심하고 무지한 사람인 척 할 수 있었지만 결코 어리석은 사람은 아니었다.

오늘 밤에도 트라타는 직접 약초를 섞어 약을 만들어야 했다. 그 결과물이 신통치 않다면 계속해서 어디가 어떻게 잘못되었는지 몇 번씩 다시 확인을 해야 할 것이다. 이 스승은 처음 저지르는 실수에 대해서만큼은 잘못을 정확하게 바로잡을 수 있도록 아주 참을성 있고 자세하게 가르쳐 주는 사람이었다. 하지만 같은 실수를 두 번 이상 반복하면 따끔하게 혼이 났고 때로는 스승이 늘 들고 다니는 오래된 옹이투성이 지팡이로 발목 근처를 얻어맞기도 했다. 그렇게 힘든 저녁 시간을 보내고 난 날이면, 트라타는 발을 절룩거리며 먼저 있었다던 에우독시아의 견습 제자도 매일 이렇게 얻어맞았을 텐데 그런 아픈 다리를 이끌고 어떻게 도망을 칠 수 있었는지 고개를 갸웃거리며 생각에 잠기곤 했다.

내일이면 트라타는 동이 트기 전에 일어나 길 건너 바닷가의 벼랑에 가야 한다. 그곳에서 바람을 피할 수 있는 바위틈을 뒤져 장군풀을 찾는 게 목표였다. 장군풀은 각종 궤양이나 치질, 혹은 변비를 먹어서 치료할 수 있는 효능이 있다. 또한 비탈길에서는 신장염을 치료하는 탕약의 재료가 되는 곽향(藿香)을 찾아야 한다. 그렇게 필요한 약초들을 바구니 안에 충분히 모은 후에 잠시 앉아 쉬면서 빵과 치즈를 먹고 있으면, 뒤늦게 일어나 출발한 상인들의 모습이 슬슬 보이기 시작할 것이다.

함께 나타난 스승에게 아침에 모아 온 약초들을 보여 주면, 그녀는 잘못 모은 약초에는 어떤 것들이 있는지 알려 줄 것이다. 그런 약초들은 아직 제대로 자란 상태가 아니기 때문에 전혀 쓸모가 없다. 그리고 나서 어디에서 어떤 상태의 약초들을 모아야 하는지 갖고 있는 약초를 예로 들며 설명해 줄 테고, 만약 바로 써야 하는 중요한 약초를 빠트렸다면 점심도 거르고 다시 그 약초를 찾으러 가야 할 것이다. 오후에는 에우독시아가 약초를 손질하는 모습을 지켜보며 각각의 쓰임새와 서로 다른 약초들을 뒤섞는 법을 배워야 한다. 그리고 다시 저녁이 오면 그날 배운 것들을 늦게까지 복습할 것이다.

이런 식으로 매일 시간이 쏜살같이 지나갔다. 이따금 트라타는 아테네에서 안주인이 자신을 매질할 때 왜 그렇게 억울하고 분한 기분을 느꼈을까 그 이유를 생각해 보곤 했다. 늙은 에우독시아도 자신을 몹시 아프게 매질했지만, 그때마다 그녀는 그저 조금 분할 뿐이었고 오히려 스승을 또 실망시킨 것이 후회스럽기만 했다.

달리기 선수

ꐲꐲꐲꐲꐲ

시밀로스는 아직 아내가 없었지만 혹시 있다 하더라도 자신의 '김나스테스gymnastes', 즉 개인 훈련 담당과의 사이가 부부 사이보다 더 친밀할 것만 같았다. 그만큼 김나스테스는 모든 걸 공유하는 존재였고, 실제로 많은 운동선수의 아내들은 김나스테스가 부부 관계의 날짜와 횟수까지 결정한다는 사실을 알고 몹시 화를 내곤 했다.

김나스테스라는 존재가 처음부터 있었던 건 아니다. 아주 오랜 옛날에 제전이나 대회에 출전하던 선수들은 강이나 샘터에서 몸을 씻었고, 보통은 땅바닥이나 들판에서 자신들이 직접 긁어모은 풀 같은 것으로 잠자리를 만들어 잠을 청했다고 한다. 또 거친 밀가루를 발효도 시키지 않은 채 그대로 구운 빵이나 보리빵을 먹었고, 연습을 마친 후에는 혼자서 야생 올리브유를 몸에 발랐다.

고대 그리스의 체육관

체육관이야말로 그리스 사람들이 살고 있는 도시를 가장 확실하

게 대표하는 시설이었다. 다른 많은 지중해의 공동체들에서는 그리스 체육관의 정체성이라고 할 수 있는 벌거벗은 남자들의 모습에 대한 문화적 거부감이 있었기 때문이다.

지금은 체육관이 운동을 하기 위한 일종의 실내 시설을 의미하지만, 고대 그리스의 체육관은 탈의실이나 목욕탕 같은 건물과 나무들이 야외 운동장을 적당히 둘러싸고 있는 공간을 뜻했다. 아테네의 경우, 적어도 오전 시간에는 근처 학생들이 찾아와 체육관에서 운동과 공부를 함께 병행할 수 있었다고 한다.

그리스 사람들은 몸과 마음을 함께 단련해야 한다고 믿었고 따라서 철학자나 논객들도 체육관을 자주 드나들었다. 예컨대 소크라테스는 체육관을 찾아가 거기 모인 사람들과 논쟁하며 시간을 보내는 것을 좋아했다. 그의 제자들 중 가장 유명한 플라톤은 자신이 즐겨 찾던 체육관을 아예 학교처럼 이용하며 제자들을 가르쳤는데, 그가 이곳에 붙인 '아카데미Academy'라는 이름은 훗날 육체의 수련이 아닌 지식과 문화를 배우고 공부하는 장소의 대명사가 되었다.

그러다가 약 400년 전 쯤, 에피카르모스Epicarmos라는 사람이 나타나 모든 것을 바꿨다. 에피카르모스는 운동선수의 역량이 훈련과 준비 과정을 통해 비약적으로 향상될 수 있다고 주장했던 사람이다. 그 주장에 대한 확실한 증거가 장거리 달리기 선수였던 드로메오스Dromeos였다. 그는 당시 자신이 출전했던 모든 제전과 대회 우승을 휩쓸었다고 전해진다. 퓌티아 제전을 비롯해 이스트미아 제전과 네메아 제전까지, 모든 대회의 우승을 독식하고 또 독식했는데, 그 뒤에는 대회 맞춤형 연습과 기술 연마가 있었다. 또한 그는 다른 경쟁자들이 신선한 치즈로 영양분을 보충했던 것과는 달리 고기를 아주 많이 먹었다고 한다.

그리하여 요즘에는 철저한 사전 준비 없이 올림피아 제전에 출전할 수 있다고 생각하는 사람은 아무도 없었다. 다행인 것은 이런 운동 경기에 필요한 대부분의 기술이 전쟁이 일어났을 때 병사들이 갖춰야 할 기술과 많이 비슷하다는 것인데, 그 때문에 적어도 도시 수준의 정착지를 자처하는 곳에서는 남자들이 훈련을 받을 수 있는 체육관 같은 시설이 항상 갖추어져 있었다. 그리스에서 체육관을 뜻하는 '김나시온gymnasion' 이라는 말은 원래 '벌거벗고 하는 맨몸 운동'을 뜻하며, 따라서 여자들은 보통 이런 시설을 이용할 수 없었다. 하지만 늘 그렇듯 스파르타 사람들만은 예외였는데, 스파르타의 젊은 여자들은 남자들만큼이나 신체적 강건함을 자랑으로 여겼다.

● 고대 그리스의 씨름 선수들

시밀로스는 결국 고르틴에서 제안한 시민권을 거절해 버렸다. 문득 언젠가 완전히 은퇴를 하고 나면, 자신이 현재 거처하는 린도스 같은 곳의 체육관에서 훈련 담당으로 일하는 것도 괜찮겠다는 생각이 들었다.

올림피아 제전의 우승자는 당시에는 요란한 찬사와 축하를 받지만 일반 사람들의 기억은 그리 길게 이어지지 않는다. 그래서인지 사람들에게 거의 잊힌 채 늙고 초라해진 모습으로 떠돌아다니는 우승자들에 대한 이야기가 꽤 많이 들려온다. 그런 쓸쓸한 말년을 피하는 최선의 방법은 완전히 은퇴를 할 시기가 다가오기 전에 일찌감치 체육관 시설과 유리한 계약을 맺는 것이다. 그리고 시밀로스 정도 되는 선수라면, 시설의 훈련 담당 우두머리로 받아들이겠다는 지역이 아주 많을 것이다.

시밀로스의 현재 김나스테스는 건강한 몸에 건강한 정신이 깃든다고 믿었기 때문에, 그는 비록 많이는 아니었지만 플라톤 철학도 공부했다. 그리고 이 위대한 철학자가 훈련 담당으로 새로운 인생을 살게 된 유명한 우승자들에 대해 언급했었다는 사실을 알게 되었다. 플라톤은 또한 에피카르모스의 가르침을 받아들여 엄격한 훈련이야말로 운동선수로서의 성공 기반이 된다고 주장하기도 했다.

은퇴 이후의 삶을 염두에 두고 있던 시밀로스는 그의 김나스테스가 자신에게 뭘 가르치는지 뿐만 아니라 어떻게 가르치는지 그 방법에도 주의를 기울였다. 당연한 일이겠지만 시밀로스는 최고로 인정받는 사람을 모셔 왔는데, 이런 최고 수준의 개인 훈련 담당은 훈련 방식만 준비하는 걸로 끝내지 않는다. 그는 시밀로스의 정신과 신체 상태를 면밀하게 확인한 후에 훈련 계획을 짰다. 이름 난 운동선수에게 몇 가지 부상 경력이 있는 건 흔한 일이었으므로, 훈련 담당은 이런 문제도 계산을 해 약한 부위를 단련시킬 수 있도록 했다.

한마디로 제대로 된 김나스테스라면 인간 육체의 생리와 구조, 운동역학, 그리고 의학과 관련해 꽤 구체적인 지식을 갖고 있어야 했다. 그리고 그에 대한 보상은 확실했다. 우승자 뒤에 있는 뛰어난 김나스테스의 역할을 과소평가하는 사람은 아무도 없었다. 위대한 서정시인 핀다로스는 올림피아 제전의 우승자들을 찬양하는 시를 많이 지었는데, 그는 거기에서 훈련 담당의 공로 역시 빠트리지 않고 자주 언급했다. 실제로 많은 선수들은 자신의 우승을 기념하는 기록물이 만들어질 때 자신을 지도한 김나스테스가 함께 제대로 된 평가를 받는지를 꼭 확인하곤 했다. 우승의 영광을 위해 노력하는 건 단지 선수들만이 아닌 것이다.

아무튼 이런저런 상념에 빠져 체육관에 도착한 시밀로스는 체육관 안에 따로 마련된 훈련 공간 '자이스토스xystos'로 갔다가 그의 김나스테스가 강가의 모래를 퍼 와 발목이 빠질 정도의 깊이로 뿌려 놓았다는 사실을 알고 조금 암담한 기분이 들었다. 오늘은 호흡 조절과 체력 증진을 위한 훈련을 하게 될 것이 분명했다. 시밀로스는 모래밭 위를 지쳐 쓰러질 때까지 뛰고 또 뛰어야 하리라. 지난 나흘 동안 시밀로스는 김나스테스의 지시에 따라 윗몸일으키기와 팔굽혀펴기, 적당한 무게의 역기 들기를 해 왔다. 더불어 강에서 꽤 긴 시간 수영을 하며 일종의 전신 단련을 했는데 이제는 운동법을 바꿀 차례인 듯했다. 훈련 담당이 정한 계획표에 따르면 이제 앞으로 나흘은 단거리 달리기 훈련에 집중하게 될 것이다. 가능한 한 실제 경기와 비슷한 조건 속에서 본격적인 대회 준비에 들어가게 되는 셈이었다.

그렇게 기억도 안 날 정도로 거친 숨과 함께 욕설을 내뱉으며 모래밭 위를 달리게 되겠지만, 그래도 저녁 식사 후 포도주를 마음껏 마실 수 있다는 사실은 조금 위안이 되었다. 모래밭 위를 달리다 보면 엄청난 땀을 흘리게 되는데 다른 대부분의 훈련 담당들과 마찬가지로 그의 김나스테스 역시 포도주의 독소 정도는 그 땀과 함께 다 빠져나가기 때문에 괜찮다고 믿었다.

어쩌면 그저 자신을 지칠 때까지 몰아붙이기만 하는 걸로 보일 수도 있겠지만, 시밀로스는 김나스테스가 자신의 피부색이나 호흡의 변화는 물론, 자신의 몸이 얼마나 유연하게 움직이는지를 항상 주의 깊게 살펴보고 있다는 사실을 잘 알고 있었다. 그렇게 달리다가 조화나 균형이 무너지기라도 한다면 곧장 연습을 쉬게 할 테지만, 그게 또 그렇게 반가운 일은 아니었다. 혹시라도 자신이 꾀를 부리고 있다고 여긴다면, 잠시 쉬는 대가로 두 배는 더 힘든 연습을 하게 될 게 분명했기 때문이다.

시밀로스가 아침 내내 이렇게 힘든 연습을 참아 낼 수 있는 이유는 두 가지였다. 우선 최소한 이 정도라도 해내지 않으면 올림피아 제전에서 우승을 맛볼 수 없을 거라는 분명한 확신, 그리고 어쩌면 다른 사람들은 결코 이해할 수 없을지 모르지만, 그날의 연습을 끝마쳤을 때 맛볼 수 있는 성취감이었다.

'아포테라피아apotherapia' 즉, '훈련 후 쉬는 시간'에 찾아오는 휴식이란 천국에 들어가는 것과 다를 바 없었다. 지친 심장을 달래기 위해 몇 차례 심호흡을 한 후 시밀로스는 번들거리는 시원한 탁자 위에 눕는다. 그러면 안마 담당이 와서 그의 몸에 묻어 있는 땀과 먼지를 부드럽게 닦아 낸다. 안마 담당의 손에 들려 있는 건 둥글게 휘어 있는 모양의 '땀 긁개' 다. 땀과 먼지를 다 닦아 내고 나면 이번에는 굳어 버린 근육을 풀어 주는 안마가 집중적으로 시작된다. 시밀로스의 몸은 이내 헝겊으로 만든 인형처럼 완전히 늘어져서, 안마가 끝나고 나면 체육관 옆에 있는 전용 목욕탕까지 가는 것도 힘에 겨울 정도다. 마침내 그는 목욕탕의 한증막에서 길고도 나른한 시간을 즐긴다.

한증막을 나온 시밀로스는 욕조의 차가운 물에 몸을 담갔다가 마지막으로 근처 강으로 가서 기분이 좋아질 정도로만 짧게 수영을 한다. 이제 늦은 점심을 먹을 시간이다. 신선한 과일과 익히지 않은 푸성귀가 견과류와 함께 풍성하게 차려진다. 그리고 소금기가 적당하게 배인 커다란 돼지고기 덩어리도 있다. 점심을 먹고 난 시밀로스는 자기 숙소로 돌아가 오후의 따뜻한 햇살을 쐬며 한두 시간가량을 쉰다. 해가 지고 나면 바로 잠자리에 드는데 물론 여자를 만나거나 하는 일은 없다. 그의 김나스테스는 운동 하는 시간 외에는 바로 쉬거나 잠을 자야 한다고 믿었으며, 만일 딴생각을 품을 정도로 기운이 남아 있다면 그건 운동량이 충분하지 않았기 때문이라고 생각했다.

ΕΥΚΛΕΙΟΣ ΠΡΩΤΑ ΒΗΜΑΤΑ

Chapter.
6

3월, 첫 걸음

어린 신부

◎◎◎◎◎

계약이란 서로의 이해관계가 일치하는 일종의 합의점이다. 서로 상대방이 원하는 것을 가지고 있을 경우, 정확하게 명시된 계약 조건에 따라 각자가 가진 것을 꺼내 놓는다. 이 경우, 엘리스의 칼리피데스는 혼기에 접어든 아테네의 처녀 아피아를 원하고 있다. 여기서 만일 엘리스와 아테네 양가의 이해관계가 서로 맞아떨어진다면, 아피아의 아버지는 딸을 기꺼이 내놓을 것이다. 다만 아피아의 비뚤어진 눈에는 아버지가 그냥 딸을 내놓는 것이 아니라, 역겨울 정도로 간절히 딸을 떠넘기려 하는 것처럼 보였다.

아피아의 혼사 문제가 진전을 보인 건 아피아의 언니들이 친정을 찾았을 때 칼리피데스가 예고도 없이 들이닥치면서부터였다. 마침 자매들은 주위에 아무도 보는 사람이 없다고 생각하고 정원의 분수대 주변을 빙빙 돌며 춤을 추고 있었다. 오래되고 고리타분한 춤이 아니라 '코르닥스cordax', 그러니까 최근에 희곡을 공연할 때 배우들이 몸을 흔들면서 추는 좀 더 저속한 몸짓의 춤이었다. 거기에는 허리를 외설적으로 돌리며 엉덩이를 흔들거나 허벅지를 손바닥으로 내려치는 동작 등이 포함되어 있었고 당연히 요란스러운 웃음소리도 함께 터져 나왔다.

칼리피데스는 아무도 알아차리지 못하는 사이에 집 앞에 나타났는데, 거의 1분가량을 마치 벼락이라도 맞은 듯 말없이 문가에 서 있기만 했다. 그러다가 자매 중 하나가 그를 알아보았고 자매들은 깔깔거리며 여자들만 지내는 안채로 서둘러 사라졌다. 그날 저녁, 칼리피데스는 아피아의 아버지에게 아내를 얻고 싶다는 자신의 솔직한 마음을 전했다. 더불어 지참금과 관련된 자잘한 문제들은 그저 형식적인 것일 뿐, 적당히 처리될 수 있다고도 말했다. 하지만 곧 칼리피데스는 머뭇거리며 미래의 처갓집 식구들에게 한 가지 사실을 털어놓았다. 그렇다고 완전히 형식적이라고 할 수는 없는 것이, 엘리스에는 만만치 않은 그의 어머니가 버티고 있으며, 따라서 최소한의 성의 표시가 없다면 길고 긴 잔소리를 면치 못할 수도 있다는 것이다.

게다가 누구나 다 알고 있듯이 지참금이란 넉넉하면 넉넉할수록 신부에게도 큰 힘이 된다. 만일 부부 관계가 틀어져서 장차 아피아가 이혼을 한다거나 혹은 과부가 된다면 혼사를 치를 때 준비해 갔던 지참금을 다시 돌려받을 수 있고, 이는 험난한 세상에서 그녀를 지킬 든든한 버팀목이 되어 줄 것이다. 칼리피데스는 그런 걱정을 덜려는 듯 아피아의 아버지에게 설사 자신에게 무슨 일이 일어나더라도 아피아는 엘리스의 집에서 다른 가족들과 함께 안전하고 편안하게 살아갈 수 있을 거라고 단단히 다짐을 했다. 물론 그런 불행한 일이 일어나지 않도록 신들에게 비는 걸 잊지 말아야겠지만.

아테네의 메토이코스 métoikos

앞서 한 번 언급했던 것처럼 아테네에는 수많은 외국인들이 살고 있었다. 이들은 경제적인 성공의 가능성에 이끌려 아테네로 모여들었으며 그중에는 몇 세대에 걸쳐 살고 있는 가족들도 많았다. 이들 외국인들을 뜻하는 '메토이코스'라는 말은 원래 '고향을 바꾼다'는 말에서 유래되었다. 이렇게 장기 거주를 하는 외국인들은 시민권은 없었지만 시민에 준하는 권리를 인정받았으며, 노예를 제외한 아테네 인구의 4분의 1 이상이 이들 외국인이기도 했다. 이들은 대부분 같은 그리스 사람들이었지만 페니키아와 이집트 출신들도 일부 있었고 그 사회적 지위도 해방 노예에서 엄청나게 부유한 상인들까지 매우 다양했다. 아테네의 메토이코스들은 아테네에 거주하는 대가로 특별 세금을 납부해야만 했으며 상업에 종사하는 경우에는 별도의 의무나 책임이 더 있었던 것으로 보인다. 메토이코스들은 토지를 소유할 수 없었고 재판관을 비롯한 공직에 오를 수도 없었다. 하지만 아테네 시민들과 똑같이 법의 보호를 받을 수 있었으며 군복무도 해야 했다.

아직 한 번도 만나 본 일이 없는 이 미래의 시어머니가 아피아는 벌써부터 신경이 쓰였다. 미래의 남편이 말하는 걸 듣고 있기만 해도 적지 않은 두려움이 몰려왔던 것이다. 그럼에도 불구하고 언니들과 있으려니 걱정스러운 마음이 조금은 사그라지기는 했다. 언니들은 애초에 어머니, 그러니까 여자들의 말을 고분고분 듣는 남편을 얻는 일이 얼마나 도움이 되는지 동생에게 이야기한 적이 있었다. 그렇다면 이제 남은 문제는 하나였다. 아피아의 아버지는 집안에 남아도는 딸을 엘리스에서 온 낯선 남자에게 떠넘기기 위해 어느 정도의 지참금을 준비해야 할까?

법으로 정해진 건 없지만 사회적 관습에 따라 지참금은 어느 정도 납득할 만한 정도의 규모는 되어야 했다. 또한 신부가 들고 오는 지참금은 혼사를 치른 후에도 집 안에서의 위상과 직결되며, 앞으로 일어날 여러 가지 가정 문제에 대해 어느 정도의 목소리를 낼 수 있을지 결정해 준다는 것이 사람들의 일반적인 생각이었다. 따라서 보통은 신랑이 보

●
혼례식을 치를 준비를
하는 모습

유하고 있는 전체 재산의 약 10분의 1 정도를 신부가 지참금으로 준비해야 한다고들 했지만, 아피아의 형편에 그건 도저히 준비하기 어려운 액수였다.

　다행히 아피아와 맺어진다면 각각 엘리스와 아테네에 살면서 원래부터 교류가 있었던 두 집안 사이의 유대 관계를 더 단단히 다질 수 있게 된다. 칼리피데스 본인은 그런 문제에 대해 별반 크게 신경을 쓰지 않을지 몰라도, 아피아의 아버지는 이 사윗감의 만만치 않은 어머니라면 아테네에서 상업으로 제법 잔뼈가 굵은 집안과 인연을 맺는 일에 관심이 많으리라는 사실을 잘 알고 있었다. 예컨대 그렇게 되면 농장의 인기 상품인 염소젖 치즈를 좀 더 좋은 가격에 처분할 수 있으니 말이다.

　그런 이유로 아피아의 아버지는 이번 혼사가 잘 진행되기를 간절히 바라고 있었다. 특히나 칼리피데스는 최소한 가을이 될 때까지 아테네에 남아 공부를 계속하고 싶다고 말하기도 했는데, 그렇게 되면 딸의 신접살림을 가까운 곳에서 돌봐 주며 새로운 생활에 적응을 할 때까지 도움을 줄 수도 있었다.

　칼리피데스의 뜻을 전해 들은 후 아피아는 아버지와 어머니가 마음을 정리하고 집안 형편을 좀 더 자세하게 살핀 뒤 적절한 합의를 이끌어 낼 때까지 기다렸다. 결국 아피아의 지참금은 어머니가 시집 올 때 가져왔던 지참금을 우선 가져다 마련하기로 했다. 어머니가 가져왔던 값비싼 황금 장신구며 보석들은 지난 30여 년 동안 여전히 부부 침실에 있는 금고 안에 손도 대지 않은 채 그대로 남아 있었다. 물론 비워진 금고는 앞으로 몇 년 안에 다시 채워 놓아야 했다. 아피아의 아버지도 이제는 나이가 많이 들었기 때문에 어머니가 혼자가 된다면 그런 재물들이 다시 필요할 게 분명했다.

아피아는 이렇게 해야만 자신의 시집살이가 평안해지는 동시에, 아테네의 외국인 공동체 안에서 가족의 체면을 계속 유지할 수 있다는 사실을 잘 알고 있었다. 칼리피데스는 자신에게 깊은 인상을 남긴 처녀와 인연을 맺는 것만으로도 개인적으로 충분히 만족스럽다고 말했지만, 그 말을 들은 예비 장모는 뜻밖에 날카로운 반응을 보였다. 장모는 철학자 플라톤도 여자들한테 지참금이 있어야 시집을 가서 덜 비굴하게 살 수 있다고 말하지 않았느냐, 엘리스에서 온 손님은 지참금을 준비하는 제대로 된 아내가 아니라 남자에게 붙어사는 첩이라도 구하러 온 것이냐는 식으로 따져 물었다. 아피아의 부모는 정원에서 딸들이 엉덩이를 흔들며 춤을 췄던 게 아직도 그의 마음속에 남아 있는 건 아닌지 의심하고 있었다.

신부의 아버지에게는 딸을 제대로 된 짝과 만나게 해 줘야 하는 사회적 책임이 있었다. 그리고 그 짝이 새로 맞이하는 아내를 잘 대해 줘야 하는데, 만일 딸이 혼인으로 인해 크게 불행해진다면 그건 부모에게도 나쁜 영향을 미치게 될 것이 분명했다. 이론적으로만 보면 예비 신부는 결혼하게 될 남자에 대해 자신의 의견을 전혀 말할 수 없었지만, 결국 이런 문제에 있어 이론과 실제는 크게 다른 법이었다.

건축가

시간이라……. 메톤은 지금까지 살면서 시간이 자신의 적이 될 수 있다고는 한 번도 생각해 본 적이 없었다. 어쨌거나 그리스 세계에서 대규모 건축 공사는 굉장히 여유로운 사업이었기 때문이다. 메톤은 델로스섬의 한 건축가를 떠올렸다. 그는 별반 길지도 않은 거리의 길을 포장하는 데 4년의 공사 기간을 얻어 냈다. 저 유명한 아테네의 파르테논 신전은 당시 최강대국이었던 아테네가 갖고 있던 모든 자원을 쏟아부으며 비교적 빠른 속도로 건설이 진행되었지만 완성까지 15년이 넘는 세월이 걸렸다. 그런데 이제 메톤은 겨우 7개월 안에 약속한 사원을 지어야만 했다.

일정은 이미 늦어지고 있었다. 비록 완전히 새롭게 사원을 짓는 게 아니라 일종의 재조립을 한다고는 하지만, 사원 하나를 뚝딱 만들어 낼 수는 없었다. 누군가는 일꾼들이며 필요한 자재들을 끌어모아야 하는데, 그런 것들을 시간에 딱 맞춰 한 번에 모으고 그런 후 다시 정리를 하는 과정에만도 초인적인 정력과 참을성이 요구되었다.

수레꾼들만 해도 그렇다. 메톤은 근처에 살고 있는 농부들을 폐허가 된 사원 터에 데려간 다음, 새로운 부지로 무거운 돌덩어리 같은 자재들을 옮기면 될 거라고 쉽게 생각을 했었다. 그는 예전부터 항상 이런 식으로 수레꾼들을 고용하곤 했었고 한 번도 문제가 된 적이 없었다. 그런데 모든 황소들이 밭갈이에 동원되는 겨울 초입이라는 게 문제였다. 그가 마침내 필요한 돌덩어리들을 옮길 수 있게 되었을 때는 어느덧 동지가 가까울 때였고, 그렇게 어찌어찌 황소와 수레들을 확보하는 것도 여간 지난하고 고통스러운 일이 아니었다. 사원의 기초를 다지기 위한 돌덩어리 하나를 운반하기 위해서는 스무 마리에서 서른 마리 정도의 황소가 한꺼번에 동원되어야 했는데, 근처에 살고 있는 욕심꾸러기 농부들에게서 황소 한 쌍씩을 빌리다 보니 하루에 돌덩어리 하나나 둘을 겨우 옮기는 게 고작이었다.

그렇기는 해도 이제 사원의 기초는 얼추 다져졌다. 메톤이 미리 주의 깊게 파서 준비하고 닦아 놓은 자리에 돌들이 촘촘하게 자리를 잡았고, 일꾼들은 납으로 만든 죔쇠나 받침대 등으로 돌들을 단단하게 고정시켰다. 해일과 지진을 일으키는 신 포세이돈이 이미 사원 하나를 무너트렸다지만, 메톤은 포세이돈이 다시 변덕을 부린다 해도 새롭게 다져 놓은 구조물을 쉽사리 무너뜨리기는 힘들 거라고 확신했다.

이렇게 원래 있던 돌덩어리들을 실어 와 비슷한 형태로 사원의 기초를 다지는 건 별반 기술이 없는 일꾼들도 할 수 있는 일이다. 그렇지만 그 다음을 진행하려면 적지 않은 숫자의 숙련공들이 필요했다. 예를 들어 메톤은 돌이 운반되기도 전에 비계를 세우는 기술자들을 불러들여 어떻게 돌을 제자리에 놓을지 의논해야 했다. 사원 지붕에 올리는 기왓장은 다 깨졌거나 근처 사람들이 가지고 가서 남아 있는 게 별로 없었기 때문에, 엘리스의 도공들은 즉시 새 기왓장을 굽기 시작했다. 돌들을 고정시킬 더 많은 쥠쇠와 받침대, 그리고 나중에 장식을 갖다 붙일 자리에 미리 설치해 둘 청동 고정쇠 등도 필요했으며, 이런 것들을 만들기 위해서는 대장장이나 금속 공예사들이 있어야 했다. 그나마 다행이었던 건 이런 사원의 벽이나 기둥에 갖다 붙이게 될 장식들은 보통 사냥 장면이나 복잡하게 얽힌 포도 덩굴 모양이 많은데, 대부분의 제대로 된 석공들이라면 미리 예비로 그런 장식들을 준비해 둔다는 점이었다. 메톤은 코린토스에서 그런 장식들을 주문해 두었다.

여기서 끝이 아니었다. 좀 더 나중에 필요한 인력으로는 우선 조각가들이 있었다. 이들은 작은 세라피스 신의 조각들이나 혹은 봉헌물로 바칠 다른 조각상들을 만들어야 했다. 그런 다음 칠장이들이 사원 전체를 둘러보며 앞서 세워진 조각상들에게 새로운 생명을 불어넣고 사원의 모습이 두드러지도록 생생하고 화려한 색을 더할 것이다. 그리고 마지막으로 금이나 은 같은 귀금속을 다루는 세공사들이 와서 이 모든 노력을 가납해 줄 신전 중앙의 세라피스 신의 조각상에 마무리 손질을 하게 될 것이다.

그리스 사람들의 일상생활에서 사원이나 신전은 빼놓을 수 없는 일부분이기 때문에, 이곳저곳을 떠돌아다니며 일을 맡는 일꾼이나 숙련공들은 흔히 볼 수 있었다. 이들은 여러 건축 현장들을 전전하며 비단 그리스 본토뿐만 아니라 이집트와 동방 지역까지 자유롭게 넘나들었는데, 이들을 불러 모으기 위해 메톤은 어떤 종류의 일꾼이나 숙련공이 얼마나 필요한지 광고를 냈다. 덕택에 엘리스의 페이아 항구에는 하나둘씩 사람들이 모여드는 중이었다.

다행히 메톤은 원래 있던 사원의 남은 부분들을 가져다 재활용하고 있었기 때문에 보통 때 먼저 진행되어야 할 몇 가지 작업들을 건너뛸 수가 있었다. 건축가인 메톤은 다른 건축가를 고용할 필요가 없었고 애초에 새로 짓는 사원의 전체적인 구조나 구성도 기존의 사원을 그대로 따라하고 있었다. 그런 상황에서 기본적으로 그에게 필요한 사람들은 세 가지로 구분되었는데, 바로 일반적인 일꾼인 수레꾼과 운반꾼, 그리고 숙련공과 예술가들이었다. 메톤은 건축 현장에서 자신이 해야 할 중요한 일들 중 하나가 이들 사이에 일어나는 갈등을 잘 다독이고 조정하는 것이라는 사실을 잘 알고 있었다. 조각가는 자신에게 알맞은 돌을 새로 요구하겠지만 이미 돌을 제자리에 딱 맞게 가져다 맞춰 놓은 숙련공은 이제 와서 그런 소리를 하는 건 너무 늦었으니 그냥 있는 돌로 최선이나 다하라고 소리칠 것이다. 그리고 이런 일들이 끝없이 반복될 것이다.

건축가인 메톤은 건물 하나를 세우는 일 말고도 해야 할 일들이 더 있었다. 그리스에서 말하는 건축가, 즉 '아르키케톤arkitekton'에는 단순한 기술자를 넘어서 현장의 총책임자라는 의미까지 더해진다. 물론 메톤이 현장에서 돌을 나르거나 쪼개지는 않는다. 그렇지만 그는 그런 일들을 하는 각각의 일꾼이나 숙련공들이 대단히 정교하고 정확한 설계도나 주문서에 따라 각자 맡은 바 일들을 정확히 해내는지를 확실하게 감독해야 했다. 사원 건축이 정해진 계약 조건에 따라 제대로 이루어지지 않을 경우 이집트의 의뢰인에게 메톤이 책임을 져야 하는 것처럼, 메톤이 고용한 일꾼들도 일을 부실하게 하거나 자신이 맡은 일을 하는 과정에서 다른 사람의 일을 망치는 경우 그에 따른 책임을 져야 한다. 과거에 겪었던 뼈아픈 경험 때문에, 메톤은 각각의 숙련공들에게 계약을 하고서 일을 그만두게 될 경우, 반드시 자신을 대신할 사람을 찾아 일을 끝마쳐야 한다는 약속을 단단히 받아 두었다.

어떻게 보면 이런 숙련공들에 대해서는 크게 신경을 쓰지 않아도 문제가 없었다. 이들은 작업 기간 동안은 최저 생계비만을 받다가 자신들이 맡은 작업이 완전히 마무리 되었을 때 남은 돈을 한꺼번에 받아 갔다. 오히려 메톤의 주머니를 계속 털어 가는 건 '미스토마타misthomata', 즉 일반 일꾼들에게 매일 해가 질 무렵에 꼬박꼬박 지급해야 하는 일당이었다. 돌덩어리들을 제자리로 끌고 오는 수레꾼이나 운반꾼들의 숫자만으로도 메톤의 주머니는 빠르게 비어 갔는데, 그것만으로도 앞으로 어떤 일이 닥칠지 걱정스러웠다.

다행히 이제는 기초가 다져졌고, 메톤은 사원 건축 과정에서 대단히 까다로운 첫 번째 단계를 끝마칠 수 있게 되었다. 이 기초는 사원을 찾는 사람들이 제일 먼저 만나게 되는 가장 낮은 계단 역할을 했고 이 계단이 정확하게 자리를 잡는 건 대단히 중요한 일이었다. 사람들 눈에 거의 보이진 않지만, 계단 바깥쪽의 굽어 있는 부분이 사원의 모든 수평면에 영향을 끼쳐서 수학적 비율의 크기를 결정하기 때문이었다. 인간의 눈은 길게 뻗은 직선이라도 약간 안쪽으로 굽어 있는 것처럼 느끼기 때문에, 건물이 똑바로 서 있는 것처럼 보이게 만들기 위해서는 그 반대 방향으로 미묘하게 건물을 비트는 것이 중요했다. 당연히 그와 관련된 곡률 계산이 빠질 수 없었다.

사원의 건축은 건축 작업 기간과 거기에 들어가는 비용 사이의 경주와 같았다. 올림피아 제전의 단거리 경주를 떠올린 메톤은 자신이 하고 있는 이 특별한 작업이 그냥 경주가 아니라 전력을 다해 달려야 하는 단거리 경주라고 확신했다.

상인

한 번 상인은 영원한 상인이다. 시돈을 출발해 안티오크를 지나던 사키온은 페르가몬 왕국까지 이르는 여정을 더욱 유익하게 만들어 줄 기회를 결코 놓치지 않았다.

안티오크에 머물고 있을 때 동방에서 어느 상인들의 무리가 도착했다. 그들이 싣고 온 물건들 중에는 인도산 후추 열매를 담은 작은 항아리들과 메소포타미아의 아편 단지들이 있었는데, 사키온은 이것들을 저렴한 가격으로 사들였다. 그는 이탈리아반도 전역에 아편을 공급하는 어느 상인을 알고 있었고, 또 후추는 어디서든 처분하는 것이 가능했다. 후추는 그 가치가 황금에 필적하면서도 무게는 훨씬 더 가볍고 게다가 먹을 수 있는 상품이었다. 문제가 하나 있다면 새로 구입한 상품들에 이미 운반하고 있던 비단까지 더해지자, 값이 비싸면서도 쉽게 빼앗을 수 있는 그런 상품들로 짐이 꽉 찼다는 점이었다. 도적의 무리들이 마음먹고 달려든다면 팔자를 고칠 수도 있는 양이었다.

육로를 통해 안티오크에서 페르가몬 왕국으로 가려면, 안티-타우르스 산맥과 킬리키아, 그리고 카리아의 황무지 등을 통과해 가야만 했다. 거기까지 가면, 그 다음에는 라오디키아와 사르디스, 그리고 티아티라를 거쳐 페르가몬 왕국까지 이르는 오래된 왕도(王道)가 있어서 조금 더 안전한 여정이 될 수 있었다. 그런데 불행히도 최근에는 사정이 많이 달라졌다. 갈라티아 지역에 정착했던 켈트족들이 앙키라 주변 아나톨리아 고원 지대에 완전하게 자리를 잡으면서 아주 성가신 골칫거리가 되어 버렸기 때문이다. 실제로 페르가몬 왕국의 국왕 에우메네스Eumenes는 마을이나 농장을 공격하지 말아 달라고 사정하며 이들을 달래기 위한 지원금을 자청해서 바치고 있는 형편이었다. 애석한 일이었지만 이들을 설득해 이 지역을 지나가는 상인들의 무리가 그리 만만한 상대가 아니라고 깨닫게 해 주는 데 성공한 사람은 지금까지 아무도 없었다. 설사 일부 켈트 부족 족장들이 그런 조언을 받아들였다고 해도 약탈의 주범인 거칠고 말 안 듣는 젊은 청년들에게는 제대로 전달되지 않았다.

이제 계절은 봄으로 접어들었다. 지난겨울에 겪었던 끔찍했던 폭풍은 그저 좋지 않았던 기억으로만 남았을 뿐이었다. 이 무렵이 되면 지중해 연안의 비교적 안전한 항로를 따라 상선들이 다시 바다를 오가기 시작한다. 그렇게 바닷길을 이용하면 더 안전할 수 있겠지만 거기에도 문제는 있었다. 도적의 무리는 비단 육지에서만 설치는 것이 아니었다. 안티오크와 페르가몬 왕국 사이의 바다에도 역시 바다의 도적들, 즉 해적들이 어느새 창궐하고 있었던 것이다.

알렉산드로스 대왕의 정복 전쟁이 여러 왕국들을 무너트리고 소아시아와 지중해 동부 지역의 수많은 사람들의 삶을 뒤바꿔 놓은 이후, 이 해적들은 새로운 골칫거리가 되었다. 어부들은 물론 한 번도 바다에서의 삶에 대해 생각해 본 적 없는 농부들까지도 어쩔 수 없는 환경의 변화로 인해 해적으로 내몰렸다. 그리고 그들 대부분이 누구도 예상하지 못했던 짭짤한 보상을 받았다.

헬레니즘 세계의 일부 군주들은 그런 해적들을 무력으로 진압하려 하기는커녕 오히려 적극적으로 장려했는데, 여기에서도 프톨레마이오스 2세는 악당 역할을 톡톡히 해냈다. 그는 셀레우코스 제국과 힘겨루기를 하는 와중에 기꺼이 이 해적들을 용병으로 고용했고 어쨌든 소아시아 지역에서 이집트 편을 드는 곳이 하나도 없다는 이유로 이들이 근처 바다에서 마음껏 설칠 수 있도록 내버려 두었다. 마케도니아의 안티고노스 2세 역시 프톨레마이오스 2세 못지않았다. 그는 훗날 크레모니데스 전쟁Chremonidean War으로 알려지게 되는 아테네의 독립 운동을 억누르기 위해 이 해적 동맹군들을 아주 적절하게 이용했던 것이다.

해적들을 무찌르는 일에 유일하게 관심을 기울였던 사람들은 로도스섬 사람들뿐이었다. 로도스섬은 섬의 생계를 바다를 통한 교역에 의지하고 있었고, 따라서 바닷길이 늘 안전하게 열려 있는 것이 중요했다. 크니도스와 코스 같은 바닷가 주변 도시들도 이 해적 소탕 작전에 동참했다. 델로스섬 역시 함께했지만 이 섬의 경우 노예 무역이 번성한 곳이었고, 이들이 거래하는 노예의 대부분이 몸값을 내지 못한 해적들의 포로들이었기 때문에, 때로 위선자라는 비난을 받아도 할 말이 없었다.

상인인 사키온이 보기에 선택은 둘 중 하나였다. 도적들을 만날 큰 위험을 감수하고서라도 육로로 이동할 것인가 아니면 비슷한 위험이 있지만 바닷길을 따라 갈 것인가. 물론 바닷길을 선택할 경우는 거친 바다와 싸워야 한다는 또 다른 문제가 있기는 했다. 그럼에도 사키온은

지중해의 해적들

고대 지중해의 해적들은 그 역사가 길다. 실제로 아테네나 아르고스 같은 많은 도시 국가들이 좀 더 바다와 거리를 두고 내륙 쪽에 터를 잡은 것도 이 바다의 침략자들 때문이었다. 킬리키아 연안 지역처럼 해적들이 오래전부터 출몰하던 곳들을 제외하고라도 일부 해적들은 한 국가를 이룰 정도로 세력이 강성했다. 사모스섬의 폭군 폴리크레테스나 일리리아의 테우타나 여왕 등이 그 대표적인 사례다. 고대의 선박들은 해안선에 가까이 붙어 항해를 했고 밤이 오면 육지 가까운 곳에서 쉬어가는 경우가 많았는데, 그 때문에 수많은 작은 만들이 있는 그리스와 아나톨리아의 바위투성이 해안선은 특히 상선들에게 위험한 지형이었다. 어디에 해적들이 숨어 있다가 공격해 올지 알 수 없었기 때문이다. 하지만 헬레니즘 세계의 경제 규모가 빠르게 커지면서 무역량이 폭발적으로 증가했고 그 먹잇감을 노리는 포식자들도 함께 늘어나는 것은 어쩌면 당연한 일이었다.

안티오크에서 배를 한 척 빌리기로 결정했는데, 거기에는 두 가지 이유가 있었다. 먼저 바닷길이 육로보다 훨씬 더 빨랐고 그 다음은 최근 그의 몸 상태가 그리 좋지 않았기 때문이다.

이집트를 떠나기 바로 전에 사키온은 열이 심하게 났고 거기에 메스 꺼움과 근육통까지 그를 괴롭혔다. 그는 빨리 몸을 추스르려 했지만 시돈을 향해 출발할 때까지도 여전히 기운을 차리지 못했다. 그로부터 한 달가량이 지나서야 육로를 따라 여행을 할 수 있을 정도로 회복되었지만, 최근 또다시 상태가 안 좋아졌다. 사키온은 몸도 가누지 못할 최악의 상황을 대비해야만 했고, 그랬을 때 노새 등이나 짐수레 위에서 고생을 하는 것보다는 차라리 선실에 누워서 갈 수 있는 배가 낫겠다는 결정을 내렸다.

배를 타고 떠난 지 일주일 정도 지나고 나니 제대로 선택을 했다는 생각이 들었다. 지형이 거친 카리아 앞바다도 생각보다 문제없이 지나갔다. 사키온은 평온한 바다와 새의 날갯짓 같은 부드러운 바람, 그리고 청명한 푸른 하늘을 허락한 신들에게 감사의 기도를 올렸다. 심지어 상쾌한 바닷바람을 맞으니 열도 조금 떨어지는 것 같았다. 선장은 밤이 되면

●
고대 지중해의
상선

육지 가까이 배를 붙이고 닻을 내렸지만 낮에는 충분한 거리를 두고 배를 움직였다. 카리아 바닷가의 셀 수 없이 많은 작은 만들 사이에는 여러 마을이 있었는데, 그 정체가 무엇인지는 아무도 알 수 없었다. 그러다 여느 때처럼 청명한 어느 날 아침, 사키온은 선장이 난데없이 욕설을 내뱉으며 선원들에게 돛을 더 높이 올리라고 명령하고, 선원들도 잽싸게 몸을 움직이는 걸 보고 깜짝 놀랐다.

사키온은 두려움에 떨며 사방을 둘러봤지만 당장 무슨 위험한 일이 일어날 것 같은 조짐은 어디에도 없었다. 자신이 탄 배와 육지 사이에 평범해 보이는 어선 몇 척이 떠 있을 뿐이었다. 마침내 돛을 한껏 끌어올리고 가능한 빠른 속도로 서쪽으로 배를 돌린 선장은 그 어선들이 문제였다고 설명했다. 먹음직스러운 먹잇감을 찾은 어선들이 곧장 육지로 돌아가 동료들을 끌어모으려 했다는 것이다.

거의 한낮이 다 되어서야 사키온은 선장이 한 말의 뜻을 알아차렸다. 저 멀리 수평선 너머로 보이던 3개의 점이 당혹스러울 정도의 빠른 속도로 점점 가까워졌다. 보통 '아프락투스aphractus'라고 부르는, 갑판이 따로 없는 작고 빠른 갤리galley선이었다. 아프락투스는 어선이나 화물선으로는 전혀 쓸모가 없지만 50명 이상의 선원들이 빠르게 노를 저어 바다 위의 목표물을 공격할 때는 아주 유용했다.

이런 식의 추격전은 바다에서 일어나는 여러 전투들 중에서도 가장 사람들의 피를 말린다. 쫓기는 입장에서는 이제 곧 끝장이 날 것 같다는 생각을 떨쳐 버릴 수 없기 때문이다. 보통의 선박은 돛을 모두 올리고 배가 바람을 타기 시작하면 더 이상 할 수 있는 게 없다. 그저 배 뒷

전에 앉아 노 젓기에 전적으로 의존하는 갤리선들이 물 위를 미끄러지듯 가까이 다가오는 모습을 바라봐야만 한다. 그것은 참으로 기이한 경험이었다. 사키온은 식사를 하거나 하인들과 잡담을 하며 평소와 거의 다를 바 없이 행동했지만, 얼마 지나지 않아 모든 것이 다 혼란에 빠지고 그의 운명도 영원히 뒤바뀌리라는 생각이 머리를 떠나지 않았다. 해적들의 기분에 따라 그는 포로로 잡힐 수도 있고 아니면 그 자리에서 목숨이 끊어질 수도 있었다.

마침내 해적선들이 가까이 다가오기 시작하자 절망에 빠진 사키온은 하인들에게 싣고 온 짐을 바다에 던져 버릴 준비를 하라고 일렀다. 어차피 모든 것을 다 잃게 될 거라면 해적들에게 빼앗기느니 바다의 신 포세이돈에게 제물로 바치는 게 더 낫다는 게 이유였다. 그런데 선장이 그 일을 가로막았다. 만일 해적들이 이런 길고 지루한 추격전을 했는데도 아무것도 손에 넣지 못한다면, 가장 고통스러운 방법으로 선원과 승객들을 괴롭히면서 분풀이를 할 가능성이 높기 때문이었다. 그리고 무엇보다 아직 이 위기에서 빠져나갈 수 있는 기회는 남아 있었다. 선장이 선견지명을 발휘해 처음부터 육지와 배 사이의 거리를 벌려 둔 덕분에 해적들은 평소보다 더 먼 거리를 힘들게 노를 저어야 했고 거기에 지금 이 배는 천만다행으로 순풍을 받아 잘 달리고 있었다. 돛의 힘으로 움직이는 상선은 바람이 부는 한 계속 나아갈 수 있지만 해적들의 갤리선은 노잡이들의 힘이 떨어지면 결국 추격을 멈출 수밖에 없다.

그런데 갑자기 뱃머리에서 들려오는 외침이 이 마지막 희망을 깨트려 버렸다. 한 선원이 앞쪽에서 다가오는 십여 척의 또 다른 갤리선 선단을 확인한 것이다. 사키온의 눈에 돛을 내리고 노를 저어 곧장 이쪽으로 다가오는 배들이 보였다. 누가 보아도 이 배를 습격하려는 것이 분명했다. 뒤에서 따라오는 해적들을 뿌리칠 수 있는가 했더니 그야말로 전속력으로 또 다른 적의 품속으로 달려가고 있는 형국이었다.

절망에 빠진 선장이 선원들에게 돛을 내리고 항복할 준비를 하라는 명령을 내리려던 찰나, 그의 날카로운 눈이 지금의 상황을 완전히 뒤바꿀 수 있는 무엇인가를 놓치지 않고 찾아냈다. 갤리 선단의 뱃머리 아래쪽으로 물보라를 일으키고 있는 무엇인가를 본 것이다. 그건 다름 아닌 공격용 충각(衝角)이었다. 다시 말해 지금 해적선 못지않은 속도로 빠르게 다가오고 있는 저 갤리 선단은 순찰함, 좀 더 정확하게 말해 로도스섬의 '필락스phylax'들이었다. 이 순찰함들은 특별히 해적들을 소탕하기 위해 조직된 선단이었다.

이제 해적들도 필락스들이 다가오고 있는 걸 알아보았다. 지금까지 먹잇감을 뒤쫓던 입장이었던 그들은 큰 혼란에 빠진 채 갑작스럽게 나타난 적들을 피해 필사적으로 육지를 향해 도망치기 시작했다. 그렇지만 로도스섬 순찰함의 노잡이들은 기운이 넘쳤고 해적들은 이미 긴 추격전에 지쳐 있는 상황이었다. 갑작스러운 운명의 변화에 한껏 가슴이 부풀어 오른 사키온은 뱃전에 매달려 돌아가는 모양새를 지켜보았다. 그야말로 마음 편히 즐길 수 있는 짜릿한 추격전이었다.

리라 연주자

~~~~~

심포시온에 초대를 받았다면 대단히 신중하게 생각하고 받아들여야 한다. 그건 마치 잠들어 있는 들고양이를 건네받는 것과 비슷하다. 품 안에 있는 게 머리를 쓰다듬어 주기 바라는 어느 정도 길들여진 고양이일 수도 있지만, 어쩌면 감당 못할 야수가 튀어나와 그 이빨과 발톱으로 평생 남을 상처를 입힐 수도 있기 때문이다.

마찬가지로 심포시온 참석을 고려하고 있는 사람이라면 누가 이번 심포시온의 주최자이고 그 목적이 무엇인지가 가장 중요하다. 초대를 받았다는 것 자체가 주최자가 귀하게 대접하는 사람이라는 뜻이므로, 어느 정도는 자랑스러워할 만한 일이긴 하다. 같은 이유로, 심포시온의 초대를 거절한다면 곧 주최자의 친절한 호의를 거부한다는 뜻이므로, 일종의 모욕으로 받아들여질 수 있다.

이런 이유로 누가 어떤 심포시온에 참석한다는 소식은 곧 사람들의 좋은 입방아 거리가 되곤 했다. 어떤 지역이든 그곳의 지배 계층들은 끊임없는 경쟁과 다툼을 벌였고, 그러다 보니 특정 인물이 여는 자리에 참석을 한다는 자체가 그와 경쟁 관계에 있는 적수의 기분을 상하게 만드는 행위가 될 수 있었다. 그리고 어쩌면 그 적수가 초대를 한 사람보다 더 강력하고 영향력이 있는 인물일 수도 있는 것이다.

　그리고 어떤 종류의 심포시온인지도 문제가 된다. 어떤 곳에서는 심포시온의 진정한 뜻에 걸맞게 간단한 먹을거리와 물을 탄 포도주를 내오고 참석자들은 곧 도덕 철학의 심오한 세계로 빠져든다. 그런데 그 정반대의 경우, 심포시온은 어느 젊은 귀족 자제가 여는 난장판 술자리로 전락한다. 손님 한 사람당 매춘부가 둘이나 붙고, 물도 타지 않은 독한 포도주가 항아리째 나오며 창문 밖으로 의자들이 날아다닌다. 그러다 결국 소란을 말리기 위해 지역 순찰대까지 소환된다. 어떤 식의 심포시온이든, 자칫 체면이나 명성을 잃을 각오를 해야만 한다. 남들이 다 아는 스토아 철학의 의미를 제대로 이해하지 못하고 허둥거리거나 순찰대에게 붙잡혀 감옥으로 끌려가거나 체면이 구겨지는 건 마찬가지니까.

● 심포시언에 참석한 손님들에게 연주를 들려주는 악사

그런데 다행히도 또 다른 종류의 심포시온도 있다. 거기에서는 마음이 맞는 사람들끼리 모여 좋은 분위기 속에서 자신들과 관련된, 혹은 그 지역의 중요한 문제들을 해결하려고 애를 쓴다. 예컨대 누가 다음 선거에 나설 것인지, 혹은 행정 관청의 법령에 정확히 어떤 문구를 집어넣을 것인지와 같은 문제들을 심포시온에서 결정하는 것이다. 또 어쩌면 로도스섬으로부터 어떤 상인이 전령을 보내와 심포시온이 소집됐을 수도 있다. 그 상인이 비단과 아편, 그리고 후추 같은 값비싼 상품들을 싣고 페르가몬 왕국에 도착할 예정이라면, 이곳 페르가몬의 상인들은 서로 제 살을 깎아 먹는 불리한 경쟁이나 입찰 없이 공평하게 상품을 나눠 갖고 싶을 테니까.

칼리아가 초대를 받은 이번 심포시온은 상호 합의에 따라 에피게네스라는 사람이 주최자가 되기로 했다. 보통 주최자를 '심포시아르크symposiarch'라고 부르는데, 이번 주최자는 이 지역에서 몇 손가락 안에 드는 상인일 뿐만 아니라 그 아들은 정치가로 활약하고 있었다. 게다가 에피게네스에게는 질 좋은 포도주가 잔뜩 있을 뿐더러, 솜씨 좋은 요리사에 아나톨리아 서부 제일의 리라 악사까지 데리고 있는 것으로 유명했다. 에피게네스가 주최하는 이번 심포시온은 그만큼 특별한 행사였다. 에피게네스의 '안드론andron'에 있는 연회장은 그 두 배 정도의 인원을 넉넉히 불러 모을 수 있는 규모였지만, 초대를 받은 사람은 14명에 불과했다. 헬레니즘 세계에서 '안드론'은 집 안에서 남자들만이 모이는 공간을 뜻했다.

에피게네스가 자랑하는 리라 악사는 당연히 칼리아였다. 헬레니즘 세계의 심포시온에서는 이례적으로 칼리아는 유일한 여성 참석자였다. 보통 심포시온이 열리면 귀족 여자들은 자기들끼리 모여 시간을 보내고 원래 자신들이 앉아 있어야 할 남편들의 옆자리는 '헤타이라heraira'의 차지가 되곤 했다. 헤타이라는 귀족 사회에서 특별한 위치를 차지하고 있는 고급 매춘부를 의미했다. 이들은 종종 남자들과의 대화에 낄 수 있을 만큼의 정치적 식견과 교양이 풍부했고 포도주도 잘 마셨지만, 결국은 분위기가 무르익은 다음 남성들에게 그들이 원하는 접대를 제공하기 위해 초대되었다.

다만 이번 심포시온의 경우, 함께 모이는 상인들은 페르가몬 왕국 시장의 거래를 자신들이 뒤에서 좌지우지 한다는 이야기가 공개적으로 나도는 걸 원치 않았기 때문에, 입이 가벼운 헤타이라들을 부르는 대신 격조 높은 음악을 곁들이기로 했다.

칼리아는 심포시온의 전반부에는 자리를 함께하지 않았다. 방금 목욕을 하고 온 듯한 손님, 체육관에서 오후 운동을 마치고 아직 몸에 안마용 기름이 남아 있는 손님 등 초대 손님들이 차례차례 도착하고 있을 때, 그녀는 자신에게 제공된 방에 앉아 바르비토스 리라를 조율하고 있었다. 오늘의 모임은 분명 사업 이야기를 하기 위한 자리였지만 그래도 심포시온은 심포시온이었고, 당연히 포도주도 넘쳐 날 것이라고 칼리아는 생각했다. 보통 악사는 문가에 앉아 있곤 하는데 그러면 술에 취한 사람들이 화장실 같은 곳에 가려다 그녀와 부딪힐 수도 있었다. 칼리아는 그런 거친 분위기에 자신의 귀중한 키타라 리라를 내놓고 싶지 않았고 그래서 바르비토스 리라를 들고 왔다. 바르비토스는 이런 상황에 조금 더 어울리는 저렴한 리라였다.

거기에 바르비토스 리라는 좀 더 끈적거리는 소리를 낸다. 보통은 키타라 리라보다 음정을 낮게 조율하는데, 더 길고 두꺼운 줄에 확연하게 덩치가 큰 울림통이 만나 깊고도 그윽한 소리를 끌어낸다. 칼리아는 이런 점들을 다 고려하여 남자들의 묵직한 목소리에 어울리는 그런 음 높이로 리라를 연주할 계획이었다. 대개 식사가 끝나고 포도주를 마실 때가 되면 신을 찬양하는 노래를 함께 부르는 것이 관례였다.

칼리아는 방을 나와 안드론으로 향했다. 그리고 복도에 서서 2명의 노예가 저녁 식사가 차려졌던 식탁을 들고 나가기를 기다렸다. 안쪽으로 들어가니 문을 제외한 3면의 벽 앞에는 긴 의자들이 놓여 있었다. 방금 치운 식탁이 있었던 중앙이 칼리아의 자리였다. 칼리아는 자리에 앉아 바르비토스 리라를 뜯기 시작했다.

그녀가 분위기에 맞는 선율에 따라 연주를 이어가자 오늘의 심포시아르크가 '킬릭스kylix', 즉 주로 연회에서 사용하는 널찍한 술잔을 치켜들었다. 노예 소년이 급히 커다란 술 단지를 들고 빈 잔을 채웠다.

함께 모여 있는 상인들은 칼리아가 잘 알려진 헤르메스 신에 대한 찬가를 연주할 때 그 곡조를 알아듣고 따라서 흥얼거릴 수 있을 정도의 음악적 소양은 갖추고 있었다. 그렇지만 그녀는 모든 사람들이 그 가사와 곡조를 분명히 알아들을 수 있도록 직접 목소리를 높여 노래를 불렀다.

"오, 그대 날개 달린 신발을 신은 자여,
인간의 친구이자 그 필멸의 인간을 이해할 수 있는 자여,

신들의 말을 대신 전하며 뛰어난 몸 재간과 능숙한 말솜씨를 갖고 있는 자여,

장사를 돌봐 주시고 협상에도 능숙하시니 우리의 어려운 문제들을 해결해 주소서.

그대의 지팡이 또한 부끄러움 없는 평화의 상징이로소이다.

오, 장사의 신이시여, 늘 행복하시고 행운을 가져다주는 자여, 타고난 이야기꾼이여,

이제 우리의 기도를 들으시고 우리의 삶이 평화롭게 마무리 되도록 해 주옵소서.

그리고 그때가 되면 우리에게 좋았던 생업과 가치 있었던 말들에 대한 오래된 기억들만 넘쳐 나게 해 주옵소서"

_〈헤르메스에게 바치는 오르페우스의 찬가Orphic Hymn to Hermes〉, 12-17

여기서 칼리아는 잠시 노래를 멈추고 다시 한번 처음부터 연주를 반복하며 주최자가 노래를 따라 부를 수 있도록 했다. 주최자인 상인은 노래를 부르며 헤르메스 신에게 바치는 포도주를 바닥에 조금 부었다. 그리고 잔을 옆 사람에게 넘기자 그도 포도주를 부으며 두 번째 소절을 불렀다. 그런 식으로 킬릭스가 좌중을 한 바퀴 돌았고 모두들 한 소절씩 노래를 불렀다. 칼리아는 그때마다 바닥에 천천히 고였다가 흘러가는 포도주 줄기를 조심스럽게 넘어 사람들 사이를 오가며 격려의 미소와 함께 장단을 맞추었다. 이 안드론의 바닥은 꽤 많은 양의 포도주도 적당히 처리될 수 있도록 만들어져 있었다.

이제 심포시온의 진짜 순서, 그러니까 포도주를 마시는 시간이 시작되었고 가장 중요한 사업 논의도 진지하게 계속되었다. 칼리아는 등받이가 없는 의자에 앉아 잘 알려진 잔잔한 곡들을 연주하며 본격적으로 이야기를 시작한 사람들이 흥분하지 않도록 기분을 다독여 주었다. 이윽고 사업 이야기가 점점 마무리가 되어가자 이번에는 잘 알려진 행진 곡풍의 노래를 불렀고 사람들은 주거니 받거니 즉흥적으로 거기에 노랫말을 더했다.

다시 한번 노래 부르기가 끝이 나자 칼리아는 '코타보스kottabos' 놀이를 시작하는 사람들을 위해 흥을 돋울 만한 극적인 음악들을 들려주었다. 코타보스란 함께 마시던 킬릭스가 거의 비게 됐을 때 마지막 사람이 그 남은 포도주 찌꺼기를 빙빙 돌리다 방 한가운데 있는 목표물에 던져 맞추는 놀이다. 칼리아는 찌꺼기가 담긴 잔을 빙빙 돌릴 때 분위기가 고조될 수 있는 음악을 연주했다. 그 찌꺼기를 마침내 던져 목표물을 빗나가면 음이 맞지 않는 처지는 소리를 냈다가 목표물을 맞히면 승리의 찬가를 연주했다.

한밤중이 되자 칼리아는 조용하고 나른한 분위기에 맞춰 부드러운 곡조를 즉흥적으로 연주하기 시작했다. 어느덧 사람들이 하나둘씩 자리에서 일어나 조용히 문 쪽으로 향했다. 그리고 밖에서 기다리고 있던 하인들을 부른 뒤 심포시온 자리를 떠났다. 칼리아는 마지막 손님이 안드론을 떠날 때까지 리라를 뜯으며, 오늘 밤은 예상보다 그다지 힘들지 않게 지나갔다고 생각했다.

ΑΡΤΕΜΙΣΙΟΣ ΔΥΣΚΟΛΙΕΣ

Chapter.

7

4월, 숨 고르기

농부

𒀭𒀭𒀭𒀭𒀭

늦가을에 씨를 뿌려 이듬해 여름에 수확을 하는 밀농사는 도박처럼 위험천만한 일이다. 인간 말고도 그 밀을 먹고 싶어 하는 짐승들이 길게 늘어서 있기 때문이다. 위험은 씨앗을 뿌리는 즉시 시작된다. 새들은 씨 뿌리는 사람의 뒤를 쫓고 그러면 씨는 가을철 흙 속에서 보금자리를 찾는 대신 종종 자고새나 뇌조, 그리고 다른 곡물 포식자의 뱃속으로 들어가고 만다. 심지어 새들을 피해 땅 속에 있을 때도 그 안전을 확실하게 보장할 수는 없다. 벌레들은 물론, 여러 병충해들이 눈에 보이지 않는 곳에서 씨앗들을 망친다. 그걸 모르는 농부가 밭을 살펴보러 나오면 그저 잡초만 무성하게 자라고 있는 경우도 많다. 다행히 그런 어려움들을 피해 2월쯤 싹을 틔우면 굶주린 사슴들이 다시 한번 밭을 망치기 위해 모습을 드러낸다. 밀이 조금씩 자라면서 자리를 잡으려고 하면 이번에는 곤충의 애벌레들이 뿌리를 갉아먹고, 본격적으로 알곡이 여물려고 할 때는 바구미가 나타나 그 위에 애벌레를 낳는다. 마침내 밀이 다 익어 수확할 시기가 되면, 바람이 수많은 메뚜기들을 몰고 나타나 단 한나절 만에 한 계절의 수고를 헛일로 만들어 버린다.

어떤 행운이나 세심한 준비를 통해서 이러한 재앙들을 다 피할 수 있었다고 해 보자. 그런 이후에 남은 유일한 문제는 습기를 머금은 완연한 봄 날씨가 빠르게 변덕을 부려 따뜻하고 화창한 날씨가 계속 이어지는 일이다. 만일 그렇게 되면 그동안 잘 자라고 있는 밀에 흰색 가루가 묻어나듯 흰 곰팡이가 생길 것이며, 곰팡이가 일찍 생겨날수록 밀이 자랄 때 함께 번지면서 밀농사는 더 큰 피해를 보게 된다. 거기에 더해 모든 농부들이 가장 두려워하는 맥각병(麥角病)의 위험이 있다. 잠시 화창했던 날씨가 지나가고 다시 습기가 많이 찰수록 맥각병이 발생할 가능성은 더 높아진다.

제정신이 있는 사람이라면 맥각병에 걸렸던 밀을 수확해 먹지 않는다. 맥각병에 걸렸던 밀을 먹으면 환각이 눈에 보이고 머리가 깨질 듯한 두통에 시달리게 되며 심하면 살이 썩거나 심지어 사망까지 이를 수 있다. 당연한 일이지만 지역의 행정 관청은 병에 걸린 작물을 시장에 내놓는 농부들에게 제재를 가하고 있으며, 맥각병 병균은 최대 1년 이상 흙속에 남아 있을 수 있기 때문에 밭을 2년 정도 강제로 쉬게 만드는 일도 드물지 않았다.

이피타는 이 모든 위험성을 다 알고 있었고, 다른 모든 농부들처럼 위험을 분산시키기 위해 주의하면서 동시에 피해를 최대한 줄일 수 있도록 할 수 있는 모든 일을 했다. 이피타의 노력은 씨앗을 뿌리기 훨씬 전부터 시작되었다. 우선 지난해 집안 난로나 화로에서 나온 나뭇재를 조심스럽게 모아 두었다가 밭에 뿌렸다. 이것들은 천연 비료가 되는 동시에 해충들을 퇴치하는 데 좋았다. 첫 겨울비가 내리면 재는 곧 잿물로 변해 흙 속으로 녹아들어 유충이나 잡초 뿌리를 죽인다. 그런 다음 이피

● 대지와 곡물의 여신 메메테르와 사계절의 순환을 상징하는 그녀의 딸 페르세포네

타는 여름 내내 농장의 가축과 일꾼들이 만들어 둔 풍부한 거름에 지난 1년 동안 이 일을 위해 모아 둔 정성스럽게 빻은 달걀 껍데기들을 뒤섞어 뿌리며 밭을 갈았다. 달걀 껍데기는 할일을 다 마친 잿물의 독성을 어느 정도 누그러트려 주는 역할을 했다.

씨앗은 밭에 뿌리기 전에 부추를 우린 물과 올리브유 찌꺼기를 섞은 것으로 정성스럽게 씻어 냈다. 올리브유 찌꺼기는 기름을 짜고 남은 쓴맛이 나는 앙금을 오랫동안 보관해 둔 것이다. 이 찌꺼기 혹은 앙금은 제초제로서도 유용하며 식품을 오래 보존할 수 있는 방부제 역할도 했다. 사람들은 이 올리브유 찌꺼기가 통풍에서부터 관절염에 이르기까지 온갖 통증에 효험이 있다고 주장하기도 했는데, 그 말을 다 믿을 수는 없다고 해도 이피타 역시 피부병이나 씨앗을 벌레로부터 지키는 데 효과가 있다는 사실을 인정하고 있었다.

이런 지난한 과정을 거쳐 마침내 가을에 밀을 다 심었을 때, 대지의 여신 데메테르를 비롯해 수확을 관장하는 또 다른 이런저런 신들에게 각각 그에 알맞은 제사를 올렸다. 그렇게 제사를 올린 후 엿새째가 되는 날에는 하루 종일 일을 쉬었다. 그날은 농사와 관련된 모든 일을 피하는 것이 좋다는 풍습이 있었기 때문이다. 데메테르 여신을 비롯한 다른 초자연적 존재들의 도움을 받는 건 당연히 꼭 필요한 일이지만, 이피타는 지난겨울 서리가 걷히자마자 또 다른 씨앗들을 밀밭에 뿌려줌으로써 데메테르 여신에게 약간이나마 힘을 보태려 했다. 그래서 지금 밀밭에는 마늘과 함께 오레가노나 딜 같은 것들이 함께 싹을 틔우고 있었다. 톡 쏘는 듯한 매운 향을 내뿜는 이런 향초들은 바구미를 비롯한 다른 해충들을 몰아내는 데 도움이 되며 밀을 수확할 때까지 그 효과가 계속해서 이어졌다.

그렇기는 하지만 어느 날엔가는 바다에서 강한 바람과 심한 폭풍우가 몰아닥쳐 밀밭을 뒤흔들기도 했다. 크로노스산 주위를 맴돌며 힘을 키운 바람으로부터 밀밭을 구한 건 남편의 할아버지가 심어 두었던 튼튼한 떡갈나무 벽이었다.

정말로 수확을 할 때가 되기 전까지 풍작을 기대하는 건 금물이었다. 그렇지만 이피타는 망가진 울타리나 굶주린 설치류들이 뚫어 놓은 구멍 등을 찾기 위해 밭 가장자리를 돌아보면서 모든 게 다 잘 되고 있다는 사실을 조심스럽게 인정하게 되었다. 이피타는 마을의 도공에게 곡물을 저장할 암포라amphorae, 즉 대형 항아리를 주문했다. 미적인 측면보다도 실용성에 더 중점을 둔 항아리였다.

늦가을에 밀을 심기로 결정했던 도박이 성공을 거둘 것 같은 예감에 기분이 좋아진 이피타였지만, 강가에 있는 밭을 보며 병아리콩들을 덮친 재난을 떠올릴 때는 못내 아쉬운 마음이 들었다. 밀농사에 크게 도움이 되었던 지난 봄의 비와 습기를 다른 작물들은 그다지 반기지 않았다. 그녀는 병아리콩 꽃에 보라색 반점들이 생겨난 걸 일찌감치 발견할 수 있었고, 그 즉시 병균이 번진 구역을 다 파헤쳐 버렸다.

하지만 밀밭을 휩쓸 뻔했던 지난번 그 폭풍우가 콩밭에 병균을 다시 퍼트린 모양이었다. 지금 자신이 서 있는 자리에서 이피타는 한때 푸르고 싱싱했던 콩잎들이 누렇게 변해 가고 줄기가 시들어 가는 모습을 볼 수 있었다. 올해 병아리콩 농사는 망친 거나 진배없었다. 이피타는 어깨를 한 번 으쓱하고는 그래도 렌즈콩이 무사한 것에 대해서 짧게 감사의 기도를 올렸다. 이렇게 한 번 병이 돌고 나면 최소한 3년 동안은 다시 여기에 병아리콩을 심을 수 없었다. 그렇지만 말라죽은 병아리콩들을 다 갈아엎고 나서 그 자리에 새로 심게 될 봄 푸성귀들은 거기에 영향을 받지 않을 것이다.

외교관

〰〰〰〰〰

글로 쓴 전언은 유출의 위험이 높다. 반면 그 전언을 들고 가는 사자가 머릿속에 어떤 내용을 담고 있는지 헤아리는 건 훨씬 더 어렵다. 그런 이유로 마케도니아의 외교관 페르세우스가 본국의 왕에게 보내는 보고용 서신은 사자의 구두 보고를 돕는 역할에 불과했다. 게다가 셀레우코스 제국의 첩자가 이 서신을 중간에 가로채 읽을 거라는 사실을 믿어 의심치 않는 페르세우스였기 때문에, 지금부터 쓰는 보고서에는 페르세우스가 충성을 바치는 마케도니아 왕조뿐만 아니라 셀레우코스 왕조에게도 이익이 되는 내용이 들어가야 했다.

페르세우스는 지금까지 쓴 내용들을 훑어보며 말없이 갈대로 된 펜대 끝을 이로 깨물었다. 우선 그는 셀레우코스 제국의 국왕이 대단히 건강하며 또다시 전쟁터에 나가도 충분히 견뎌 낼 수 있을 것처럼 보인다고 썼다. 안티오코스 2세는 다음 전쟁이 누구를 겨냥하게 될지 신하들에게 아직 알리지 않았다. 물론 셀레우코스 제국과 마케도니아는 이미 지금의 유대 관계를 계속 유지하기로 했기 때문에 특별히 어떤 적대적 행위가 발생할 것을 걱정할 필요는 없었다.

상황은 그럭저럭 나쁘지 않았다. 다만 이 보고서를 마케도니아까지

들고 가는 사자는 페르세우스 개인적인 의견, 즉 안티오코스 2세가 본인이 감당할 수 있는 양보다 훨씬 더 많이 술을 마시는 것 같다는 등의 내용을 함께 전달할 것이다. 페르세우스가 염려하는 건 단지 왕의 건강 문제가 아니었다. 폭음은 또 다른 결과들을 만들어 낼 수 있다. 셀레우코스 왕조는 모두 다 마케도니아의 후손들이며, 따라서 포도주를 잔뜩 퍼마시며 여흥을 즐기는 일에도 익숙했다. 하지만 마케도니아의 혈통이란 결국 거칠고 강한 남자들을 뜻했고 이들은 왕을 포함해 누구라도 약한 모습을 보이는 걸 결코 용서하지 않았다.

군주로서의 책무를 제대로 할 수 없을 정도로 문제가 있어 보이는 국왕이라면 말에서 갑자기 낙마를 하거나 욕탕에서 심장마비가 오거나 혹은 단도에 우연히 심장을 꿰뚫리는 등의 일들을 당할 가능성이 매우 높았다. 헬레니즘 세계의 군주들은 저런 식의 죽음도 다 자연사로 받아들여야 했고, 나이가 들어 노환으로 편안히 세상을 떠나는 게 오히려 부자연스럽게 생각이 될 정도였다. 다시 말해 왕의 지나친 음주 습관은 진짜 건강 문제와는 상관없이 목숨이 왔다 갔다 할 만큼의 중요한 문제였다.

안티오코스 2세가 천수를 못 누릴 것처럼 보이는 또 다른 이유는 그가 지금의 불행한 부부 사이를 청산하고 그의 첫 번째 아내인 라오디케에게 돌아갈 계획을 세우고 있었기 때문이다. 그렇게 되면 이집트 측을 크게 자극하게 될 뿐더러 이집트에서 건너온 지금의 왕비 베레니케를 지지해 온 내부 세력들의 파멸을 부를 게 자명했다. 그러니 베레니케 왕비가 왕자를 낳았는데 왕이 그런 왕비를 내치기 전에 사고 아닌 사고를 당하게 된다는 각본을 상상하기란 그리 어렵지 않은 일이다. 그렇게 되면 베레니케 왕비는 아직 어린 왕자를 대신해 섭정이 되고, 권력을 탐하는 왕비의 지지 세력들은 그런 왕비의 뒤에서 실질적인 제국의 지배자가 된다. 이런 상황이 벌어질 가능성은 생각보다 더 커 보였다. 그 증거로 페르세우스는 그런 일이 일어났을 때 마케도니아 측이 어떻게 대응을 할 것인지에 대한 질문을 이미 받았다.

그런 미묘한 질문을 던진 이들 중에는 안티오코스 2세의 전 왕비이자 다시 정식 왕비로 돌아올 가능성이 있는 라오디케 측도 포함되어 있었다. 안티오코스 2세가 베르니카 왕비와의 사이를 정리하지 못한 사이에 급사라도 한다면, 라오디케와 그녀의 아이들도 국왕의 뒤를 따르게 될 게 분명했다. 그러니 사형 집행관이 그들을 찾는다면 그게 바로 안티오코스 2세의 죽음을 가장 먼저 알리는 신호가 될 것이다.

그렇기 때문에 라오디케는 그녀의 전 남편이 가능한 한 빨리 베레니케와의 인연을 끊고 자신의 품으로 돌아오기를 간절하게 바라고 있었다. 만일 일이 그렇게만 진행이 된다면 라오디케는 이번에는 당연히 자신의 자리를 지키고자 할 것이다. 안티오코스 2세는 정치적인 이유로 이미 한 번 라오디케를 버렸고 또다시 그러지 않으리라는 보장이 없었다. 그렇지만 그가 전 왕비와 행복한 재결합을 이룬 직후 갑작스럽게 치명적인 복통 같은 걸 일으키게 된다면 어떨까.

그러면 이번에는 라오디케가 어린 아들을 대신해서 섭정이 되고 사형 집행관은 베레니케와 갓 태어난 그녀의 아이를 찾아가게 될 것이다. 라오디케가 원하는 바를 이루기 위해 꼭 필요로 하는 건 신을 자칭하던 안티오코스 2세가 인간들의 이승 세계를 떠난 후 마케도니아가 그녀를 지원하겠다는 확답이었다. 아마도 국왕은 자신의 아내와 행복한 저녁 식사를 즐긴 후 최후를 맞이하게 될지도 몰랐다. 라오디케가 마케도니아의 외교관에게 신중하게 알려 준 그 모든 계획대로 말이다.

안티오코스 2세의 최후

페르세우스가 염려했던 대로 안티오코스 2세의 왕비 베레니케는 건강한 아들을 낳았고 프톨레마이오스 2세는 셀레우코스 왕조의 1순위 후계자를 손자로 두게 되었다. 안티오코스 2세 입장에서 이런 상황이 몹시 불편한 건 당연한 일. 그리하여 우리가 상상으로 그렸던 페르세우스의 방문이 있은 지 2년 후인 기원전 246년, 안티오코스 2세는 베레니케를 내치고 라오디케의 품으로 다시 돌아갔다. 다시 제자리를 찾은 라오디케는 정변을 일으키기 위한 자신만의 계획을 펼쳐 나갔으며 안티오코스 2세는 결국 독살을 당한다. 베레니케와 그녀의 어린 아들 역시 안티오크에서 살해당했다. 그후 안티오코스 2세의 어린 장남이 셀레우코스 2세로 국왕에 등극했으며 비탄에 잠긴 척 하는 미망인이 섭정이 되었다. 졸지에 딸과 손자를 모두 잃게 된 프톨레마이오스 2세는 복수를 감행하기 위해 전쟁 준비에 들어갔다. 마케도니아의 입장에서는 모든 것이 대단히 만족스러운 일이었다.

어느 쪽이 되었든 셀레우코스 왕조의 안티오코스 2세에 대한 전망은 어두워 보였다. 그리고 페르세우스는 마케도니아에 있는 자신의 주인에게 셀레우코스 제국이 향후 1년에서 2년 사이 국정 운영에 있어 극심한 변화를 겪게 될 것 같다는 경고를 전할 필요가 있었다. 페르세우스는 검댕과 접착제를 섞어 물로 희석시킨 먹물에 펜 끝을 다시 적시고는 파피루스 두루마리에 좀 더 자세한 내용들을 적어 가기 시작했다. 마케도니아의 안티고노스 2세라면 필경 자신의 심복인 외교관이 행간에 숨겨 놓은 뜻을 알아차릴 수 있을 것이다.

"셀레우코스 왕조의 후계자 탄생이 임박했다고 생각합니다. 그리고 신들도 축복을 내려 주시겠지요."
(우리의 기도가 응답을 받는다면 베레니케는 아이를 무사히 출산할 것이고, 그것이 결국 그녀와 아이의 불행한 파멸로 이어질 겁니다.)

"또다시 아버지가 되는 기쁨에도 불구하고 위대하신 폐하께서는 전 왕비에 대해 여전히 세심한 배려를 잊지 않으실 거라 사료됩니다. 그리고 자신의 애정이 여전하다는 사실을 알려 주기 위해 모든 노력을 아끼지 않겠지요."
(안티오코스 2세는 라오디케한테 돌아가고 싶어 합니다. 이집트와의 전쟁 없이 베레니케를 몰아낼 수 있는 방법을 찾아내는 그 즉시 말입니다.)

"언제나 그렇듯, 당연히 폐하께서는 형제와 같은 군주에게 그에 걸

맞는 도움을 주시려 하시겠지요. 또한 안티오코스 2세 폐하가 총애하는 왕비께서 왕자님을 출산하실 경우, 마케도니아의 진심 어린 축하를 표현할 방법을 이미 생각하고 계시리라 믿어 의심치 않습니다."

(베레니케 쪽 세력이 국왕을 암살하기 전에 이혼이 빨리 이루어지도록 우리가 취할 수 있는 무슨 좋은 방법이 있을까요?)

"베레니케 왕비의 부친이 되시는 이집트의 군주께서도 이 소식을 듣고 분명 기뻐하시리라 생각됩니다. 그분의 손자가 곧 셀레우코스 왕조의 후계자가 되는 것이니까요."

(이제 이번 사태의 위험성을 잘 아시겠습니까?)

"혈연으로 굳건하게 맺어진 이러한 관계를 통해 헬레니즘 세계의 우리 세 왕국은 이제부터 형제의 사랑, 그리고 부모의 사랑으로 더욱 더 가까워질 것입니다. 그리고 물론 태평성대가 이어지겠지요."

(지금 당장 베레니케에 대한 조치를 취하지 않으면 곧 라오디케가 살해당하고 안티오코스 2세는 그녀에게 돌아가려야 갈 수 없게 됩니다. 그러면 이집트와 셀레우코스 제국과의 전쟁도 일어나지 않을 것이며, 머지않아 자신의 딸을 셀레우코스 제국의 섭정으로 두게 된 프톨레마이오스 2세는 그리스 본토를 압박하면서 우리를 괴롭힐 겁니다. 상황이 그리 낙관적으로 보이지는 않습니다.)

페르세우스는 마케도니아로 보낼 보고서 작성을 끝내고 늘 그렇듯 향수를 뿌린 후 사자에게 건네주었다. 이미 사자에게는 글로 차마 적지 못한 내용들을 충분히 전달해 둔 상태였다. 그런 다음 페르세우스는 한숨을 몰아쉰 후 다시 한번 펜을 집어 들고는 훨씬 더 주의를 기울여 겉으로 봐서는 속뜻을 전혀 알 수 없는 내용의 편지 한 장을 쓰기 시작했다. 그는 마케도니아가 라오디케와 안티오코스의 2세의 재결합을 강력히 지지한다는 사실을 알리는 동시에, 겉으로 보기에는 그런 사실을 부정할 필요가 있었다. 일단 계획대로 일이 진행된다면 라오디케 쪽에서도 복통을 일으킬 수 있는 묘약을 확실하게 준비해 두어야 했다.

도망자

몰약(沒藥)은 토끼가 싸다 만 똥처럼 생겨서 모양은 별 볼일 없지만 쓰임새는 아주 많은 약재다. 하지만 몰약을 채취할 수 있는 몰약나무 재배 지역이 한정되어 있고 나무 주인들도 주변을 철저하게 감시했기 때문에, 떠돌이 약재상들이 몰약을 손에 넣기란 여간 어려운 일이 아니었다. 몰약나무는 대부분 이집트의 홍해 근처에서 자랐다. 아나톨리아 지역에서도 몰약나무의 재배를 시도했었지만 몰약의 안정적인 공급이 가능해질 만큼 잘 자라지는 못했다.

거기다가 몰약이라는 건 무슨 나무 이파리를 따듯 그렇게 쉽게 얻을 수 있는 게 아니었다. 몰약나무가 몰약을 채취할 수 있을 정도로 적당히 자라면, 가시가 많은 가지들 사이를 뚫고 손을 집어넣어 중심이 되는 줄기에서 조심스럽게 껍질을 벗겨 냈다. 그런 다음 껍질 바로 안쪽을 너무 깊지도, 또 얕지도 않게 파고들면 나무의 속살에 닿는다. 그러면 바로 그 자리에서 끈적거리는 기름 같은 것이 천천히 흘러나와 굳기 시작한다.

며칠 정도 지나고 나면 이 액체는 나무에서 떼어 낼 수 있을 정도로 딱딱하게 굳는데, 이걸 가져다 다시 잘 말린 것이 몰약이다. 홍해 근처에서 채취되는 몰약은 대부분 북쪽에 있는 사막의 왕국 나바테아, 오늘날의 요르단 북부 지역을 지나 다시 그곳에서 헬레니즘 세계, 특히 아나톨리아의 스미르나Smyrna로 실려 갔다. 스미르나는 오랫동안 몰약의 집산지이자 수출의 중심지였기 때문에, '스미르나'라는 이름은 그리스 사람들에게 '몰약'이라는 뜻으로 통했다.

직접 채취를 하든 아니면 돈을 주고 구하든 약재상들에게 몰약은 아주 신통한 약재였다. 그런데 이 몰약을 원하는 사람들이 너무 많다는 사실이 상황을 더 까다롭게 만들었다. 예컨대 유대 왕국의 히브리 사람들은 여호와와 관련된 여러 종교 의식이나 정화 의식에 이 몰약을 상당히 많이 필요로 했다. 몰약을 알로에 즙과 섞어 죽은 사람의 몸에 바르는 경우도 있었는데 그러면 상당히 오랫동안 부패를 막을 수 있었다.

● 스미르나에 있던 광장 지하로 이어지는 회랑(回廊)의 모습. 더위를 피해 이동할 수 있는 일종의 통로 역할을 했다.

약재상들은 특히 이 몰약의 효능 중에서 부패를 막는 성질을 대단히 중요하게 생각했다. 상처 주변이 썩어 들면서 병이 온몸으로 퍼져 나간다고 여겼기 때문이다. 당시 살이 썩는 걸 늦추거나 막는 데 큰 효과가 있는 건 몰약을 섞은 약재밖에 없었다. 비슷한 이치로, 쇠고기나 돼지고기 같은 육류에 몰약을 발라도 꽤 오랫동안 싱싱하게 보존이 가능했다. 그래서 약재상들은 사제나 장의사, 혹은 요리사들과 다퉈가며 필요한 만큼의 몰약을 손에 넣기 위해 끊임없이 애를 써야만 했다.

몰약은 그 못지않게 비싼 유향과 함께 종종 사람들 앞에서 불에 사르는 경우가 많았는데, 이때는 연기에 일종의 소독 효과가 있다고 생각했기 때문이었다. 그리고 입 안에 염증이 생겼을 때 몰약을 입에 물고 물로 양치질을 하면 큰 효과를 볼 수 있었다. 대신 어느 정도 독성이 있기 때문에 삼키지 않도록 주의해야 했다. 상류층을 주로 상대하던 매춘부들도 몰약을 애용했다. 그 특유의 향으로 분위기를 띄우기도 했지만 몸의 중요 부분에 발라 여러 고객을 상대하면서 발생할 수 있는 감염이나 기타 질병의 발생을 막기 위해서였다.

다시 말해 몰약은 만병통치약에 가까웠고 그만큼 가격도 비쌌다. 그리고 스미르나의 도매시장만큼 저렴하게 몰약을 구할 수 있는 곳은 또 없었기에, 에우독시아는 스미르나에 머무르는 동안 이 귀한 약재를 구할 수 있기를 간절히 바랐다. 그러면 자신이 직접 다른 약재와 조합해서 사용할 수도 있고 아니면 여행길에 만나는 다른 약재상들에게 이문을 붙여 팔 수 있을 터였다. 당연한 일이지만 그런 생각을 하는 떠돌이 약재상은 에우독시아 한 사람만이 아니었기 때문에 스미르나에는 몰약을 찾거나 취급하는 상인들이 잔뜩 있었다.

에우독시아는 천막에서 그런 상인들 중 하나와 꽤 오랜 시간을 들여 몰약 거래를 해야만 했다. 그래서 다른 약초와 재료를 사들이기 위해 트라타를 대신 시장으로 내보냈다. 이른 봄 늦은 오후였음에도 불구하고 날은 더웠고 광장은 사람들로 넘쳐 났다. 트라타는 목과 머리를 감싸고 있는 묵직한 어깨걸이가 점점 답답하게 느껴지기 시작했다. 물론 그렇게 머리나 얼굴을 가리고 있는 건 트라타만은 아니었다. 그리스와 아시아 지역의 여자들은 집 밖으로 나올 때 머리를 뭔가로 덮어쓰고 나오는 관습이 있다. 물론 아무것도 걸치지 않은 여자들도 있었는데 그중 트라키아식으로 목에 독수리 문신을 새긴 한 금발 여자도 보였다. 트라타는 반가운 표정으로 그녀를 쳐다봤다.

광장의 어느 누구도 자신에게 아무런 관심도 두지 않는다고 생각해서였을까, 아니면 그저 하루 종일 돌아다니느라 지치고 더워서였을까, 트라타는 어깨걸이를 벗어 버리기로 결정했다. 스미르나의 광장은 항구와 극장 사이 약 300걸음 정도 위쪽에 자리하고 있었다. 덕분에 바다 쪽에서는 제법 시원한 산들바람이 불어왔고 밑으로는 시장으로 이어지는 붉은 기와를 올린 지붕들도 눈에 들어왔다. 트라타는 그런 달콤하고 시원한 바람을 온몸 가득 느끼고 싶어졌다. 아니, 솔직히 말하면 스승과 함께 지내는 천막으로 돌아가던 길에 상인들의 노새를 모는 몰이꾼 중 한 사람과 마주친 것이 그렇게 하게끔 부추긴 것일지도 몰랐다. 십대 후반쯤 되는 몰이꾼을 본 트라타는 좀 더 이야기를 이어 가고 싶었고, 그의 관심을 끌기 위해 자신의 얼굴을 내보였다.

그녀의 예상대로 몰이꾼과의 만남이 나쁘지 않게 이어지던 그 순간이었다. 누군가 갑자기 거친 손길로 트라타의 어깨를 움켜쥐며 소리를 내질렀다. 함께 있던 몰이꾼의 항의는 그냥 묻혀 버렸고 트라타는 이런저런 공고문들이 붙어 있는 광장의 게시판 아래로 강제로 끌려갔다. 겉으로는 놀란 듯 소리를 질렀지만 그녀는 속으로 자신의 안일했던 태도를 저주했다. 꽤 오랫동안 그녀의 정체를 캐묻는 사람이 없었기에 트라타는 자기도 모르게 평범하게 사람들 사이에 섞일 수 있다고 생각하게 되었고, 어느덧 게시판에 어떤 공고문이 붙어 있는지조차 신경 쓰지 않았던 것이다. 그 게시판은 스승과 머물고 있는 천막에서 엎어지면 코가 닿을 거리에 있었는데도.

이제 무슨 일이 벌어졌는지 소름이 끼칠 정도로 분명하게 알 수 있었다. 이 남자들은 도망친 노예들을 찾는다는 공고문을 읽었고 마침 그 자리를 떠나지 않고 서성거리다가 공교롭게도 공고문에 적혀 있는 인상착의와 정확하게 일치하는 젊은 여자와 딱 마주쳤다. 그러니 그들이 트라타를 공고문이 있는 곳까지 끌고 가서 좀 더 확실하게 그 인상착의를 비교해 보려 했던 건 너무나도 당연한 일이었다.

그렇다고 남자들이 모든 걸 자기들 멋대로 할 수는 없었다. 노새 몰이꾼의 외침을 듣고 사람들이 몰려들었고 트라타를 강제로 붙잡고 있던 두 남자에게 갖은 욕설이 쏟아졌다. 트라타가 나중에 알게 된 사실이지만 이들은 히브리 사람들이었는데, 당시 히브리 사람들과 그리스 사람들의 관계는 개와 고양이 사이처럼 좋지 않았다. 그리고 그날 광장과 시장에 나와 있던 사람들은 대부분 그리스 사람들이었다.

히브리 남자들은 도망친 노예를 붙잡았다고 큰소리로 주장했지만, 트라타와 노새 몰이꾼 역시 그렇지 않다고 항의하면서 서로 엇갈리는 주장을 담은 외침과 소란이 떠들썩하게 이어졌다. 급기야 히브리 남자들이 도망친 노예의 인상착의에 나와 있는 대로 몸에 매질을 당했던 흔적이 남아 있는지 확인하기 위해 트라타의 속옷까지 벗기려 들자 상황은 거의 폭동이 일어날 것 같은 분위기로 치닫기 시작했다. 당연히 트라타는 격렬하게 저항했고 젊은 여자를 지키겠다고 나서는 사람들이 하나둘씩 늘어나 트라타를 도왔다. 급기야는 트라타와 여행을 함께해 온 다른 상인들이며 노새 몰이꾼들까지 무슨 일이 일어난 건지 궁금해하며 그 자리로 모여들었다.

갑자기 일어난 이런 소란에 관심을 갖게 된 건 주변 사람들만이 아니었다. 때마침 '아고라노모스agoranomos', 즉 시장의 관리를 책임지는 행정관도 그 모습을 드러냈다. 행정관이 상황을 정리하는 방식은 아주 간단했다. 그는 누구든 허락 없이 입을 여는 사람이 있으면 부하들을 시켜 매질을 했고, 이런 몽둥이질 덕분에 히브리 사람들과 상인들이 트라타에 대해 각각 설명을 하는 동안 어느 정도 주변이 진정되었다.

마침내 트라타를 편드는 사람들의 제안으로 중립적인 입장에 서 있는 사람에게 판단을 맡기기로 결정되었다. 여자 한 사람을 데려와 트라타의 몸에 흉터가 있는지 확인하도록 하고 그 결과를 아고라노모스에게 알려 주기로 한 것이다. 다행히 바로 옆에 평판이 좋은 여자 약재상이 머무는 천막이 있었다. 그간 여행을 함께해 온 몰이꾼 중 하나가 순진하고 정직한 얼굴을 하고 있는 약재상을 언급하며, 저 약재상에게 트라타의 몸을 확인하게 하면 모든 문제가 바로 해결될 것이라고 말했다. 어찌된 영문인지 다른 상인 일행 역시 약재상과 트라타 사이의 관계에 대해서는 아무 말도 하지 않았고, 행정관은 결국 이 제안을 받아들였다.

행정관의 부하들에게 어깨를 붙잡힌 채 천막으로 향하던 트라타는 희망과 공포를 동시에 느꼈다. 스승이자 보호자인 그녀가 자신의 제자를 보호하기 위해 기꺼이 거짓 증언을 해 줄지 도무지 짐작되지 않았다.

달리기 선수

𐅃𐅃𐅃𐅃𐅃

헤르미오네는 그리스 본토 아르골리다반도에 있는 도시의 이름이다. 헤르미오네의 항구들 앞에는 두 개의 섬이 자리하고 있어서 저 멀리 키클라데 제도를 관통해 불어오는 폭풍우를 안전하게 막아 주곤 했다. 이 도시의 역사는 아주 오래되었고 호메로스의 서사시 《일리아스》에도 헤르미오네의 전사들이 트로이전쟁에 참전했다는 내용이 등장할 정도였다.

단거리 달리기 선수 시밀로스도 이 오래된 도시에 가 본 적이 있었다. 예전처럼 번성하지는 않았지만 아직도 많은 사람들이 오랜 역사를 지닌 항구를 이용하고 있었으며, 항구뿐만 아니라 옛날 사원이나 신전들도 몇 군데 정도는 여전히 사람들이 오갔다. 그중에는 지어진 지 1000년이 훌쩍 넘는 곳들도 있었다. 이번에도 시밀로스는 타고 있던 배가 항구에 닿기 전 동료 승객 몇 명과 함께 뱃전에 기대어 포세이돈 신전 밖에서 열리고 있는 인상적인 행사를 구경할 수 있었다. 그렇지만 시밀로스가 섬기는 신은 포세이돈이 아니라 디오니소스였다. 디오니소스는 술의 신이지만 간혹 '멜라네기스Melánaigis'라는 별명으로 불리기도 하는데, 이는 검은 염소 가죽이라는 뜻이었다. 왜 하필 검은 염소 가죽이라는 별명이 붙었는지 궁금해하던 시밀로스에게 돌아온 건 디오니소스의 호전적인 측면을 강조하기 위해서라는 대답이었다. 올림포스의 다른 신들이 종종 그랬던 것처럼 술과 여흥을 관장하는 태평한 디오니소스 신도 가끔은 전쟁에 참전해야 했는데, 그때마다 검은 염소 가죽으로 만든 갑옷이나 방패를 사용했다는 것이다.

어쨌든 중요한 건 헤르미오네에서는 봄이 끝나갈 무렵 디오니소스 신을 모시는 제전이 열린다는 사실이다. 다른 많은 그리스의 제전이나 축제들과 마찬가지로 이 디오니소스 제전에도 운동 경기가 빠지지 않았다. 다만 헤르미오네는 바다와 가까이 있는 반도 지역이므로 물에서 하는 경기가 많았는데, 그래도 수영이나 노 젓기 경기 중간에 '2스타디온', 그러니까 대략 400미터 가량을 달리는 경기가 있었기 때문에 시밀로스도 거기에 출전하기로 했다.

시밀로스의 주 종목은 그 절반인 1스타디온을 달리는 '스타디온' 경주였지만 시밀로스의 훈련 담당은 한동안 그 경주에 출전하지 못하게 했다. 대신 400미터의 거리를 스타디온 경주처럼 전력 질주 하는 전략을 짰다. 그런 다음 올림피아 제전이 열리기 전 한 달이나 두 달 정도가 됐을 때, 그동안 장거리 훈련을 통해 쌓은 체력과 지구력을 다시 원래의 단거리 경주에 맞춰 쏟아 낸다는 계획이었다. 따라서 헤르미오네에서의 경기도 시밀로스가 받는 훈련의 일부였지만 그렇다고 해서 우승 상금까지 마다할 이유는 없었다. 게다가 정정당당한 경쟁은 그가 섬기는 신에 대한 경의의 표시이기도 했다.

올림피아 제전에서도 2스타디온을 달리는 경주가 열리기 때문에, 만일 시밀로스의 몸 상태만 괜찮다면 자신의 주 종목인 스타디온과 2스타디온 경주 모두에 출전할 수 있을지도 몰랐다. 아르고스의 아게아스처럼 말이다. 기원전 328년에 열렸던 113회 올림피아 제전에서 우승을 거둔 그는 힘이 남아돌아 다시 약 100킬로미터 밖에 있는 고향까지 달려가 이 기쁜 소식을 직접 전했다지 않은가.

이런저런 사실들을 염두에 둔 시밀로스는 이번 제전에서 자신의 이름을 로도스섬에서 온 코로이보스로 소개하고 등록을 했다. 딱히 무슨 속임수라고 할 만한 일은 아니었다. 각 지역에서 열리는 소규모 제전의 주최자 중에는 유명한 선수가 출전하는 것을 꺼리는 경우가 간혹 있었다. 다른 많은 무명 선수들의 사기만 떨어뜨린다고 생각했기 때문이다. 그래서 규모가 작은 경기일수록 가명으로 출전하는 일이 종종 있었고, 시밀로스 역시 자신이 존경하는 선수들의 이름과 고향을 조합한 가명으로 출전했다.

시밀로스는 처음 사흘가량만 준비운동과 기본적인 연습을 했고, 그 이후에는 제전을 즐겼다. 사람들이 저 유명한 '메아리의 회랑Stoa of Echo'에서 소리 지르는 모습도 구경했다. 메아리의 회랑은 길게 이어진 일종의 복도로 한쪽 끝에서 내는 소리가 반대편에서 세 차례 반복해서 울려 퍼지도록 만들어졌다. 또한 시밀로스는 다른 관광객들과 함께 클리메노스의 성역을 찾아가 땅 사이로 크게 갈라진 틈을 보며 놀라기도 했는데, 알려지기로 그 틈새는 저승의 끝까지 곧장 이어져 있다고 했다. 사람들은 '저승'이나 '성역'이라고 에둘러 표현했을 뿐, 그 저승 세계를 다스리는 신 하데스의 이름은 직접 언급하지 않았다. 이 무시무시한 신의 노여움을 사고 싶지 않아서였다. 성역 앞에 붙은 '클리메노스'라는 말도

'악명 높은' 이라는 뜻으로, 이 역시 '절대로 그 이름을 직접 불러서는 안 되는' 누군가의 이름을 언급하는 걸 피하기 위해 붙여졌다. 하지만 이렇게 저승 세계로 이어지는 길과 너무 가까이 붙어 있는 헤르미오네의 사람들에게도 편리한 점은 있었는데, 이들은 죽은 사람을 떠나보낼 때 동전을 입에 물리는 관습을 따르지 않았다. 이 동전은 저승길을 안내하는 뱃사공을 위한 일종의 통행료였지만, 이곳에서는 굳이 그 뱃사공이 없어도 직접 저승으로 갈 수 있다고 생각했기 때문이었다.

모든 것들이 다 새롭고 신기했지만 시밀로스, 아니 로도스섬에서 온 코로이보스도 마침내 자신이 정말 있어야 할 자리에 서게 되었다. 경주 당일, 그는 벌거벗은 몸에 기름을 바르고는 돌로 표시해 놓은 출발선 뒤에 섰다. 족히 20명은 넘는 선수들이 나란히 함께 서 있었기 때문에 재빨리 먼저 치고 나가는 게 중요했다. 경주가 시작될 때도 선수들끼리 이리저리 서로 얽히고설킬 가능성이 컸지만, 경기장의 구조상 결승선까지 갔다가 다시 출발선까지 돌아오는 과정에서 상황이 더 복잡해질 것이 분명했다.

단거리 경주를 진행하는 그리스 심판들은 부정 출발을 안 좋게 보았고 누군가 경주가 시작도 되기 전에 너무 빨리 출발하는 바람에 두 차례나 경기가 지연되었다. 한 번 실수를 저지른 선수는 다음에는 일부러라도 좀 더 늦게 출발할 가능성이 컸다. 다시 한번 실수나 부정을 저지를 경우, 심판들이 들고 있는 길고 탄력 있는 회초리로 바로 그 자리에서 고통스러운 체벌을 가했기 때문이다.

마침내 경주가 제대로 시작이 되자 시밀로스는 놀라울 정도로 재빨리 앞으로 치고 나간 어느 젊은 선수의 바로 뒤에 자리를 잡았다. 이 젊은 선수는 자기가 우승할 확률이 거의 없다는 걸 알고 있을 테지만, 친구나 가족들에게 잠시라도 앞서 나가는 모습을 보여 주기로 결심한 것 같았다. 물론 경주가 끝날 때쯤이면 탈진한 상태로 뒤로 처지게 되겠지만. 따라서 일종의 기준이 되어 주는 이 선수가 지쳐갈 때쯤, 시밀로스는 그를 앞질러 결승선을 돌아 누구의 방해도 받지 않고 출발선으로 다시 돌아오면 됐다.

결승선을 도는 그 순간은 이번 경주에서 가장 위험천만한 순간이었다. 시밀로스는 이제 뒤늦게 결승선을 향해 달려오는 다른 선수들을 마주하게 되었다. 그는 다른 사람들이 미처 알아차리지 못할 정도의 빠른 발놀림으로 몰려오는 선수들을 피해서 빠져나갔다. 그렇게 그는 미친 듯이 몸을 이리저리 움직이며 마침내 선두에 나섰는데, 그 과정에서 마주 오던 어떤 선수가 방향을 바꿔 정면으로 달려오는 바람에 하마터면 옆으로 밀려날 뻔했다. 이런 노골적이고 공격적인 도발에 너무나 깜짝 놀란 나머지 미처 피하지 못한 채 어깨를 심하게 부딪쳤고 그러다가 몸이 균형을 잃고 휘청거려야만 했다.

고대 그리스의 제전들

신들에게 올리는 제사와 운동 경기가 함께 열리는 고대 그리스의 제전들 중에서 으뜸은 당연히 올림피아 제전이었다. 올림피아 제전이 끝난 뒤에는 그 다음으로 중요하게 생각했던 퓌티아 제전이 델포이에서 열렸다. 퓌티아 제전은 태양의 신 아폴론을 모시며 올림피아 제전과는 달리 음악이나 미술 솜씨도 함께 겨뤘다. 그리고 여성들이 참가할 수 있는 경기나 행사도 있었다. 올림피아 제전과 퓌티아 제전 사이 기간에 절묘하게 자리하고 있었던 건 네메아 제전이며, 프톨레마이오스 왕조가 다스리는 이집트에서는 자체적으로 제전을 개최했는데 그들은 그 위상과 권위가 올림피아 제전에 버금간다고 생각했다.

하지만 이내 자세를 바로잡은 시밀로스는 마지막으로 남아 있는 50걸음에서 60걸음가량의 거리를 전력으로 질주할 준비를 했다. 그런데 그의 눈에 문득 정말로 놀라운 광경이 하나 들어왔다. 자기보다 앞서 있는, 그것도 무려 15걸음 이상 앞서 경주마처럼 달려가는 또 다른 선수가 있었던 것이다. 정말 말 그대로 눈으로 보고 있으면서도 믿기 힘든 광경이었다. 달리기 경주를 처음 시작했을 무렵에도 시밀로스는 그리스에서 손에 꼽을 수 있는 실력자였으며, 특별한 훈련을 받아 온 몇몇 선수 정도만이 그와 겨룰 만했다. 게다가 그 정도 역량을 가진 유명 선수 중에 얼굴을 모르는 사람이 없는데, 저렇게 정체를 전혀 알 수 없는 선수가 멀찌감치 앞서 나갈 수 있다는 건 오직 한 가지 가능성 밖에는 없었다. 선두로 나섰던 선수들이 결승선까지 달려가 다시 방향을 바꾸고 있을 때, 저 선수는 거기까지 오지도 않고 중간쯤에서 슬며시 뒤로 돌아

달리기 시작한 것이다.

너무나도 속이 뻔히 들여다보이는 부정행위였기에 시밀로스는 곧 관중들의 분노에 가득 찬 함성과 심판들의 고함 소리가 들려올 것으로 기대했다. 그런데 오히려 늘 들어서 익숙한 환호성과 응원 소리만 계속해서 들릴 뿐이었고 그렇게 그날의 경주는 차츰 절정을 향해 치달았다. 분노와 당혹감에 휩싸인 시밀로스는 남은 힘을 다 끌어모아 출발선을 향해 돌진했다. 마지막에 기다리고 있던 가느다란 끈이 그의 가슴에 닿았을 때 그는 엄청난 만족감을 느꼈다. 앞서 가던 경쟁자를 제치고 자신이 반의 반걸음 정도 먼저 경주를 완주했다고 확신했다.

필사적으로 경주를 끝마친 시밀로스는 거칠게 숨을 몰아쉬느라 제대로 상황을 파악할 때까지 시간이 조금 걸렸다. 그런데 관중들의 환호성은 그가 아니라 부정행위를 했던 그 선수를 향하고 있었다. 심판들은 진짜 결과를 완전히 무시한 채 아주 근소한 차이로 문제의 선수를 우승자로 선언했다.

시밀로스가 항의를 하기 위해 심판들에게로 득달같이 달려가려는 순간 그의 훈련 담당이 조용히 팔을 붙들었다. 이번 경주의 '승자'가 된 저 남자는 이곳 헤르미오네 총독의 젊은 아들이라고 했다. 총독의 정치적 그리고 사회적 지위와 위상을 고려해 볼 때 심판들의 결정에 항의하는 건 아무런 의미도 없으며, 애초에 시밀로스가 왜 가명으로 출전을 했는지에 대한 난감한 질문이 나올 수도 있었다. 그러니 결과에 상관없이 상황을 있는 그대로 받아들이는 게 최선이라는 것이었다. 어쨌든 시밀로스로서는 올림피아 제전을 앞두고 아주 좋은 경험을 한 셈이었으니까 말이다.

분노가 차츰 가라앉으면서 시밀로스는 어쩔 수 없이 고개를 끄덕였다. 하지만 그럼에도 불구하고 그는 우승자에게 직접 축하 인사를 건네러 가겠다고 고집을 피웠다. 그 젊은 선수가 정말로 올림피아 제전에 나오게 될 경우, 그 뻔뻔스러운 얼굴에 흙먼지를 끼얹는 사람이 누가 될 것인지 바로 이 자리에서 똑똑히 알려 주고 싶었다.

ΥΥΔΡΕΥΣ ΔΥΣΚΟΛΙΕΣ

Chapter.
8

5월, 숨 고르기

어린 신부

ᚋᚋᚋᚋᚋ

고대 그리스에서 혼사란 끝없이 늘어지는 집안의 중요한 행사였다. 공식적으로 이들은 아직 남편과 아내가 아니었다. 그저 혼사가 치러지는구나, 라고만 알려질 뿐이다. 이 과정이 완전히 마무리가 되어야 두 사람이 하나가 된 것으로 인정받는데, 어떤 경우는 그 기간이 몇 개월씩 걸릴 때도 있었다.

하지만 혼사를 치르는 과정의 첫 번째 단계가 시작되었으므로, 아피아는 이미 예비 신부로 여겨졌으며 이제는 아무것도 돌이킬 수 없었다. 아니, 이런 문제와 관련해서 신부는 그저 꼼짝 못하고 가만히 있어야만 하니, 돌이킬 수 없는 상황이 되어 버렸다고 하는 게 더 맞는 표현일지도 몰랐다. 아피아의 아버지는 전통적인 관습에 따라 딸을 대신해 필요한 모든 일들을 대신 처리했고, 그 때문에 아피아는 칼리피데스와 단 한마디도 직접 나눠 본 적이 없었다. 그녀의 남은 인생 전부를 칼리피데스와 함께 보내는 계약을 맺는 것인데도.

아피아는 심지어 '엔기engye' 자리에도 함께하지 못했다. 엔기란 그녀의 아버지와 미래의 남편이 증인들과 함께 모이는 대단히 중요한 자리였다. 여기에서 이들은 아피아를 돌보는 의무와 권리를 그녀의 아버지로부터 미래의 남편에게 넘기는 날짜를 정했다. 이 합의를 좀 더 분명히 하기 위해, 아피아의 아버지는 그 자리에서 딸의 지참금을 칼리페데스에게 건넸다. 그런 다음 두 사람은 악수를 나눴고, 드디어 혼례식을 치르기 이전의 모든 절차와 계약이 공식적으로 마무리되었다.

이 악수와 증인들의 참석이 혼인 계약에서 대단히 중요한 부분이라는 건 아피아도 잘 알고 있었다. 그리스 사람들이 주로 살고 있는 지역에서는 출생과 혼인, 그리고 사망에 대한 공식적인 신고나 기록 절차가 전무했다. 그 까닭에 혹시나 어느 부부의 관계에 대한 적법성이 문제가 된다면, 계약을 맺을 때 참석했던 증인들이 소환되어 엔기가 제대로 진행되었는지와 지참금이 정확하게 전달이 되었는지 증언을 해 줘야 했다. 물론 혼례식이 정식으로 치러지고 잔치가 벌어지면 나중에 거기에 참석했었다고 증언하는 이들도 많아질 것이다. 그렇지만 제대로 된 지참금과 증인이 없다면, 혼례식을 치른 후에도 아피아는 여전히 정식으로 맺어진 아내가 아니라 그저 첩보다 조금 더 나은 정도로 여겨질 수도 있었다. 심지어 엔기를 통한 이런 공식적인 절차가 없다면 아피아가 아이들을 낳아도 남편이 남긴 유산을 물려받을 권리가 아이들에게 주어지지 않았다.

그만큼 엔기는 아피아의 지위를 단단하게 지켜 주는 대단히 중요한 절차였다. 그러니 아피아의 입장에서는 거기에 함께 자리를 하고 모든 게 다 제대로 진행이 되었는지 볼 수 없었다는 사실이 조금쯤 걱정되고 억울한 것도 어쩔 수 없는 일이었다. 결국 혼인이란 그녀의 남은 인생이 전부 다 걸린 일이니 말이다.

고대 그리스의 가족

고대 그리스에서는 가정을 '오이코스oikos'라고 불렀다. 오이코스는 무엇을 관리한다는 뜻인 '오이코스 노모스oikos nomos'에서 파생되었으며 지금은 영어에서 '경제학economics'라는 말로 변형되어 사용되고 있다. 가정은 가족들 중에서도 여자들만의 영역이었으며 한 집안의 아내가 그 중심이었다. 보통 한 집안에는 여러 세대가 함께 거주했고 혼자서 지내는 그리스 사람은 찾아보기 어려웠다. 로마 문화에서는 가부장이라는 말을 앞세워 집안의 가장인 아버지가 곧 법이었지만, 그리스에서는 아들들의 경우 아버지에게 굳이 복종을 해야 하는 법적인 의무 같은 건 없었다. 물론 아버지에게는 마음에 들지 않는 자녀를 상속에서 제외시킬 수 있는 절대적인 권한이 있었고, 그것은 복종을 하지 않는 아들들을 통제할 수 있는 강력한 수단이 되어 주었다.

그녀의 인생은 이제 무시무시한 속도로 빠르게 펼쳐지고 있었다. 또래 친구들의 눈에 아피아는 더 이상 '파르테노스parthenos'가 아니었다. 파르테노스는 헤카테나 아르테미스 같은 순결한 처녀 여신들을 뜻하는 말이다. 아피아는 머지않아 '님페nymphy'가 되는 것인데, 님페는 여신과 비슷한 정령(精靈)들을 부르는 말이다. 즉 순결한 처녀는 아니었지만, '기네$_{gyne}$', 그러니까 아직 아이가 있는 완전히 성숙한 여성의 단계까지는 접어들지 못했다는 뜻이다. 아피아는 이런 모든 단계가 반드시 필요하다는 사실을 전혀 의심하지 않았다.

여자가 일정한 나이에 도달하게 되면 육체적인 건강과 정신적인 건강 모두를 위해 성생활과 자녀가 필수라는 건 누구나 다 알고 있는 사실이었다. 그리고 애초에 여자가 생물학적으로 성생활을 하고 자녀를 가지도록 되어 있다면 부부 생활이라는 안전한 테두리 안에서 그렇게 하는 것이 최선일 것이며 그 시기는 빠르면 빠를수록 더 좋았다. 실제로 신부가 혼례식에서 쓰는 너울을 사프란으로 염색하는 건 사프란이라는 향신료가 나이가 찬 여자로서 이런저런 욕구를 참는 과정에서 발생할 수 있는 여러 생리적 문제에 대한 치료약으로 알려져 있었기 때문이었다. 혼기에 다다른 그리스의 처녀에게 가장 중요한 문제는 혼인을 하느냐 안하느냐가 아니었다. 혼인을 하는 건 당연한 일이었으며 누구와, 또 얼마나 빨리 하느냐가 문제였다.

아피아의 경우 '누구'와 혼인을 할 것인지는 결정이 되었다. 이제는 모든 사람들이 나서서 '얼마나 빨리'의 문제를 해결해야만 했다. 그리스에서는 신랑과 신부뿐만 아니라 양가의 부모와 형제, 자매, 사촌 그리고 같은 지역에 살고 있는 수많은 사람들이 다 혼사 문제에 관여를 했다. 예컨대 장소에 대한 문제가 있었다. 일반적으로는 혼례식 잔치가 끝나면 가족과 손님들이 모두 다 함께 신부의 집에서 새로운 시댁까지 시끌벅적하게 무리를 지어 행진을 한다. 그러면 시어머니가 며느리를 맞아들이게 되는데, 그렇지만 이 경우는 칼리피데스가 아피아의 집에 함께 머물고 있으므로 이 집을 나와 동네를 한 바퀴 돈 후 다시 왔던 곳으로 되돌아가는 건 어쩐지 특별한 의미가 없어 보였다. 이에 아피아의 아버지는 혼례식과 잔치가 치러지는 장소로 근처에 있는 우라노스의 성역을 미리 점찍었다. 성역 안에는 적당한 규모의 정원이 있었고 또 준비를 하는 동안 아피아가 그리스 최초의 신으로 일컬어지는 우라노스 신에게 전통적 관습에 따라 예의를 표할 수도 있었기 때문에 적절하게 여겨졌다. 혼례식을 앞둔 모든 여자들은 첫 아이의 건강한 출산을 위해 우라노스 신에게 그렇게 인사를 올리곤 했다.

칼리페데스는 또 보름달이 떠 있는 동안 혼례식을 치르고 싶어 했다. 그렇게 하면 신부가 바로 임신을 할 가능성이 높아진다는 믿음 때문이었는데, 무서운 시어머니가 가장 신경 쓰는 게 다름 아닌 새로 들어오는 며느리의 건강과 출산 문제라는 사실을 겁이 많은 신랑이 확실하게 알려 주고 있는 셈이었다. 혼례식이 열리는 시기와 관련해서는 또 다른 문제도 있었다. 엘리스에 있는 칼리페데스의 농장은 공교롭게 병아리콩 밭을 덮친 병충해와 그 밖의 다른 곡물들의 전염병 문제로 골머리를 썩고 있었다. 시어머니 이피타는 드디어 치러지는 아들의 혼례식에 무슨 일이 있어도 참석하고 싶어 했으나, 풍작을 일궈내겠다는 농부로서의 자존심과 욕심 또한 버릴 수가 없었다. 그런 와중에 또 아피아는 지금까지 도시에서만 살던 자신이 이제 1년도 채 지나지 않아 여름에 거둬들이는 작물들이 걸리는 병이며 또 어떤 종류의 밀이 저 저주받을 병충해에 더 강한지를 청산유수로 이야기하게 될 것 같은 우울한 예감에 휩싸여 있기도 했다.

어쨌든 이런 수확과 관련된 문제로 인해 엘리스와 아테네 사이에서는 적지 않은 수고를 들여 몇 차례 더 소식이 오고 갔고, 수확이 안전하게 끝나는 대로 이피타가 아테네로 찾아오기로 했다. 혼례식은 그녀가 도착한 후 첫 보름달이 뜨는 날에 열기로 합의가 되었다. 아피아가 굳이 아테네가 아닌 엘리스 출신의 남자와 맺어지게 된 근본적인 이유에 대해 이런저런 불평을 털어놓자, 언니들 중 하나가 자신들이 아테네의 정식 시민이 아니어서 얻게 되는 중요한 이득 하나를 지적했다.

자신들에게는 남자 형제가 없는데 거기에 아버지가 처음부터 아테네 사람이었다면 어쩔 수 없이 집에 남아 있는 막내딸이 가족의 '에피클레로스epikleros'가 될 수밖에 없었다. 에피클레로스란 집안의 상속 문제를 책임지는 사람을 뜻하는데, 아버지가 세상을 떠나게 될 경우 이 가엾은 막내딸은 현재 살고 있는 남편과 강제로 이혼을 하고 아버지의 가장 가까운 남자 친척과 다시 혼인을 해야만 했다. 그래야만 아버지가 남긴 재산이 안전하게 아테네에 남게 되기 때문이다. 하지만 다행히 아피아의 가족은 아테네에는 살고 있어도 신분상으로는 외국인이기 때문에 아무도 이들의 재산과 상속 문제에 참견하지 않았다. 멀리 떨어져 있는 엘리스의 행정 관청이 끼어들 여지도 없었다. 아피아는 나이가 많은 남자 친척들을 떠올리며 그들과 비교했을 때 칼리피데스와 맺어지는 게 낫다는 사실을 인정할 수밖에 없었다.

아피아의 어머니도 정신없이 바빴다. 그녀는 먼저 자줏빛 예복을 준비한 뒤 혼례식을 치르는 날 아피아를 가장 빛나게 해 줄 전문적인 신부 도우미 '님포코모스nymphokomos'를 데리고 와야 했다. 그런 다음에는 격식에 맞춰 진행되는 제사와 기도에 대한 계획도 짜야 했다. 혼례식과 관련된 제사는 '프로텔리아proteleia'라고 불렸으며 남녀의 인연과 연관되는 모든 신들 전부가 이 제사를 받는 대상이 된다. 우라노스는 물론 처녀가 아닌 아피아를 떠나보내는 아르테미스, 아르테미스를 대신해 앞으로 유부녀가 되는 아피아를 보호해 줄 헤라, 아테네의 수호신인 아테나, 혼례식 당일의 안전을 지켜 주는 헤카테, 대지의 어머니 여신 가이아, 그리고 아르테미스를 지키는 히폴리토스 등등. 그중에서 헤라는 엘리스를 지켜 주는 여신이기도 했으며 또 아테나는 다산의 상징이었기 때문에 따로 제물을 더 바쳐야 했다. 화병이나 물병, 단지 같은 것들은 또 어떤가. 아피아의 어머니는 신랑과 신부의 몸을 씻길 성스러운 물을 운반하는 '루트로포로스loutrophoros', 일종의 축하의 의미로 신부에게 뿌

● 혼례식을 치르는 장면. 발을 씻고 있는 신부의 모습

릴 물을 담을 '레베스 가미코스lebes gamikos', 화가가 혼례식 장면을 그려 넣는 화병인 '픽시스pyxis', 그리고 특별한 화장품이나 향료를 담을 '알라바스트론alabastron' 등을 미리 준비해 두어야 했다. 그러는 사이 아피아는 매일 오전 시간 대부분을 신랑에게 선물할 '클라미스chlamys', 즉 가벼운 겉옷을 옷감부터 시작해 직접 만드는데, 이 옷은 완성되는 즉시 아피아의 살림 솜씨를 보여 주는 증거가 될 터였다.

아피아는 또한 혼례식을 치른 다음 날 새로 맞이한 시댁 식구들에게 차려 낼 저녁 만찬의 요리들을 골라야 했다. 이 만찬은 그녀가 새로운 가정의 식구로 받아들여지기 위한 마지막 확인 절차가 된다. 다행히도 아피아의 경우 이 만찬에 참석하는 사람은 혼례식을 치른 부부와 시어머니 이피타뿐이었고, 칼리페데스는 이미 장인을 통해 시어머니는 음식을 전혀 가리지 않는다고 전해 왔다. 물론 거기에 눈치 없이 병아리콩을 내놓는 실수는 하지 말아야겠지만 말이다.

건축가

메톤은 건축가로서 도리아 건축 양식을 굉장히 선호했다. 그는 깨끗하게 똑바로 뻗은 선과 기능에만 충실한 그 깔끔한 모습을 좋아했는데, 이는 코린토스식의 화려한 장식이나 이오니아식의 복잡한 모습과는 확연하게 달랐다. 그리고 누군가 사원이나 신전의 기본적인 구조를 보려고 할 때 기둥보다 더 분명하게 건축 양식이나 질서를 규정해 주는 건 없었다.

메톤은 자주 그렇게 하듯 우선 기둥의 머리 장식부터 떠올렸다. 기둥의 머리 장식은 지붕이나 천장 등 기둥이 떠받치고 있는 부분과 직접 맞닿아 있다. 도리아식 기둥의 머리는 그야말로 떠받친다는 기능에만 충실해서 석판 하나만큼만 퍼져 있으며, 그와 맞닿는 부분의 무게를 지탱하고 있다. 전체적으로 볼 때 도리아식 기둥은 가장 순수하게 기둥이 해야 할 역할을 수행한다고 할 수 있었다.

그런데 만일 그 기둥과 머리 부분에 뭔가 장식을 원한다면 코린토스의 방식을 따라야 한다. 제일 위에 있는 석판에는 그야말로 뭐라 말할 수 없이 복잡한 형태의 장식이 과도할 정도로 들어가고, 그 밑으로는 톱니 모양의 잎 무늬를 정교하게 새긴다. 숙련된 전문 석공이 투입되어도 제대로 완성되기까지는 몇 개월이 걸리고, 실수로 망치질이라도 한 번 잘못했다가는 그 모든 작업이 수포로 돌아갈 수도 있다. 그렇지만 대개는 대리석과 석회석 가루를 반죽해 깨진 부분을 그럴듯하게 수리하곤 했다. 시간이 지날수록 수리한 부분이 겉으로 티가 나겠지만, 만일 실수한 부분을 잘 감췄다면 문제점이 드러날 때쯤이면 이미 오랜 시간이 흘러 건축가도 석공도 땅 속에서 편안하게 잠들어 있을 확률이 높았다.

누군가는 이오니아 방식이 스파르타를 연상시키는 도리아의 수수한 모습과 코린토스의 화려하고 요란한 모습 사이의 중간이라고 생각할지도 모르겠다. 그렇지만 메톤은 오히려 이오니아식 기둥의 꼭대기에 있는 복잡하고 가느다란 달팽이 모양이 더 싫었다. 기술적 용어로 하자면 이 달팽이 모양은 '소용돌이무늬'라고 불러야 옳겠지만, 메톤은 알아듣기 편한 표현이 더 좋았다. 메톤이 이 모양을 싫어하는 이유는 기둥 본체와 제일 위의 석판 사이에 둘둘 말린 작은 장식들을 붙이기가 까다로웠기 때문이며, 제대로 마무리가 되었는지를 확인하려면 사다리라도 갖다 놓고 자세히 살펴봐야 했기 때문이었다.

그리스 사람들은 도리아 방식을 '남성적' 그리고 이오니아 방식을 '여성적'이라고 표현했다. 여러 개의 층으로 이루어진 건물의 경우 1층을 도리아 방식으로 만드는 건 바로 그 남성적인 힘 때문이었다. 그런 다음 2층부터는 이오니아 방식으로 만들고 필요한 경우 제일 위층에 코린토스 방식을 적용하게 되면, 대개 모두들 만족해하는 가장 무난한 건축 방식이 완성됐다.

사실 도리아식 기둥의 '남성적 힘'은 단지 표현에만 그치지 않는다. 도리아식 기둥은 실제로도 높이와 지름의 비율로 볼 때 그 무게중심이 이오니아식 기둥보다 낮다. 또 기둥의 아랫부분은 기둥 자체의 무게는 물론 기둥이 떠받치고 있는 부분의 무게까지 다 감당해야 하는데, 도리아식 기둥은 아랫부분이 윗부분보다 더 넓다. 반면에 가늘게 쭉 뻗어 있는 코린토스식 기둥은 그 형태를 위해 기능적인 부분이 희생되었고, 동굴의 석순처럼 위로 솟아올라 있기만 할 뿐 거기에 가해지는 무게나 충격에 취약했다.

　도리아 양식으로 지은 사원이나 신전들 중에서 가장 유명한 것이 바로 아테네에 있는 파르테논 신전이다. 파르테논 신전은 덩치가 거대했다. 당시 조국에 대한 넘치는 자긍심을 갖고 있던 아테네 사람들은 후손들이 길이 기억할 수 있도록 오래도록 그 모습 그대로 유지하기를 원했고, 이 때문에 철저하게 도리아 양식으로 지어졌다. 에렉테이움 사원 같은 규모가 작은 아테네의 건물 중에는 더러 날렵한 모습의 이오니아식 기둥들이 있기는 했다. 하지만 그 기둥들은 파르테논 신전의 기둥들과는 다르게 몇 톤이 넘는 대리석을 떠받칠 수 있도록 만들어져 있지는 않았다.

　어쨌거나 지금 메톤은 사원 중앙 내실로 이어지는 계단의 제일 아랫부분에 서 있었다. 내실은 신성한 세라피스 신의 조각상을 모시는 공간이다. 기본적으로 단단한 돌덩어리들을 쌓아 올린 상자 같은 구조물이었기 때문에 별다른 문제없이 잘 만들어졌고, 원래 있던 내실을 무너트렸던 지진도 이 돌덩어리들에는 그리 피해를 주지 않은 것 같았다. 메톤은 기존에 있던 내실의 잔재를 보고 혐오감을 느끼지 않을 수가 없었다. 덩어리로 된 돌이 아니라, 얇은 사암으로 벽을 세우고 그 안을 자갈 같은 것으로 채웠기 때문이다. 반면 메톤의 사원은 그런 얄팍한 수를 쓰지 않고 진짜 돌덩어리들을 다듬어 사용했으며, 이제 벽을 밝은 색으로 칠하고 12개의 대리석 기둥을 그가 좋아하는 도리아 방식으로 세울 차례였다. 이미 비계와 기중기가 설치되었고 북처럼 생긴 기둥의 각 부분들을 제자리에 하나씩 맞춰 쌓아 올릴 준비가 다 되었다.

하지만 이런 그의 계획은 뜻대로 진행되지 않았다. 메톤은 이집트 의뢰인에게 필요한 돈만 받고 자기 방식대로 일을 하게 되기를 간절하게 바랐지만, 프톨레마이오스 2세의 부하들은 메톤의 일거수일투족을 다 확인할 작정인 것 같았다. 어제만 해도 기둥 본체에 반드시 무늬를 새겨야 한다는 의견이 나오는 바람에 기둥을 세우는 작업이 중단될 수밖에 없었다.

이 '본체 무늬'는 신전이나 사원의 기둥 본체에서 가장 흔하게 볼 수 있는 장식이었다. 기둥의 본체를 따라 세로로 길고 깊게 홈을 파는 것을 말하는데, 시리아 같은 일부 지역에서는 나선형 무늬의 홈을 파는 등 좀 더 새로운 실험을 하기도 했다. 하지만 대단히 편파적인 메톤의 견해에 따르면, 도리아식 기둥에 그런 식으로 홈을 파는 건 깔끔함과 기능성을 추구하는 도리아 건축 양식 철학에 대한 신성모독이나 다름없었다. 게다가 이런 무늬를 새기는 이유는 기둥을 좀 더 부드럽고 늘씬하게 보이도록 만들기 위함이었으므로, 다시 말해서 아무런 실용적인 목적도 없이 그저 겉치레에 불과한 작업만 크게 늘어난다는 뜻이었다. 그럼에도 이집트의 의뢰인은 기둥에 무늬를 새길 것을 강력히 주장했다.

나중에서야 이 건축가는 기둥에 무늬를 새기는 일이 왜 중요했는지 이유를 알게 되었다. 프톨레마이오스 왕조는 이집트 본토에서 백성들이 자신들을 진짜 이집트 사람들처럼 여기도록 온갖 노력을 다하고 있으면서도, 그리스 본토 사람들에게는 자신들이 마케도니아 출신임을 강조하며 같은 그리스 사람이라는 사실을 간절하게 알리고 싶어 했다. 그런데 이집트 신전이나 사원 기둥들이 도리아 양식과 유사한 게 문제였다. 이집트식 기둥에는 깊고 길게 홈을 파는 무늬나 장식이 없었으며 대신 기둥이 훨씬 크고 둥글었다. 이집트를 왕래하는 그리스 본토 사람들이 적지 않은 지금, 이런 특징 역시 널리 알려져 있었다. 따라서 프톨레마이오스 왕조의 관점에서는 도리아식 기둥도 불만스러웠는데 거기에 홈조차 새겨 넣지 않다니, 이 사실을 도무지 받아들일 수가 없었던 것이다.

누가 봐도 그리스 방식임을 알게 해 주는 그런 기둥이 반드시 세워져야만 했지만, 그렇다고 해서 올림피아 제전이 시작할 즈음에 맞춰 공사를 끝낸다는 계약 조건이 바뀔 리는 만무했다. 결국 메톤의 필사적인 요청에 따라 더 많은 일꾼들을 고용해 부족한 시간을 채울 수 있도록 추가 자금이 전달되었다. 하지만 필요한 석공들을 찾는 일이 너무나 어려웠기 때문에 메톤은 코린토스로 해결사들을 보내 석공 몇 명을 강제로 끌고 올까를 심각하게 고민할 정도였다.

그나마 메톤 입장에서 기둥에 홈을 새겨 넣었을 때 얻을 수 있는 유리한 점이라면, 기둥의 아랫부분이 조금 더 굵게 되어 있어서 외견상 짧고 굵게 보이는 현상이 어느 정도 가려질 수 있다는 것이었다. 신중하게 계산을 끝낸 메톤의 석공들은 아랫부분에서는 홈을 깊게 파며 시작했다가 위로 올라갈수록 점점 얇게 파내기로 했다. 방문객들은 밑에서부터 위로 올려다보기 때문에 시각적인 착시 효과가 일어날 테고, 덕택에 기둥이 좀 더 높아 보이면서 윗부분이 좀 더 가늘다고 느끼게 될 것이다.

물론 이런 무늬의 불리한 점도 있다. 홈을 파고 무늬를 새겨 넣을수록 기둥에는 얇은 모서리들이 만들어지는데, 이런 모서리들은 쉽게 부서지거나 혹은 일반적인 작은 충격에도 손상을 입는다. 이오니아식이나 코린토스식 기둥을 세울 때는 어깨 높이 정도까지는 속을 적당히 채워 넣어 그런 모서리들을 보호할 수 있었지만, 도리아식 기둥들에는 관습상 그런 보호 장치를 전혀 할 수 없었다. 어쨌거나 모든 게 이집트 측이 요구하는 대로 돌아가고 있으니, 메톤의 입장에서는 여러모로 심기가 불편할 수밖에 없었다.

상인

𓃑𓃑𓃑𓃑𓃑

페르가몬 왕국의 수도 페르가몬은 새로운 군주들과 함께 무서운 속도로 빠르게 성장하고 있는 도시였다. 한때 언덕 위 성채에 둘러싸여 있던 이 작은 마을은 이제는 헬레니즘 문화권의 중심지가 되었고, 그 위상은 그보다 더 역사가 오래된 할리카르나소스나 스미르나 못지않았다. 여전히 답답할 정도로 몸이 좋지 않았던 사키온에게 '신흥 도시'라는 표현은 불협화음으로 가득 찬 이 페르가몬이라는 도시에 너무나도 잘 어울리는 말처럼 느껴졌다. 도시 곳곳에서 석공들을 비롯한 수많은 일꾼들이 길을 넓히며 새 저택을 세웠고, 그들이 내는 망치질 소리며 톱질 소리가 끊이지 않았다. 소란스러운 공사 현장은 그 자체가 창조를 위한 혼돈의 장이나 마찬가지였다. 안 그래도 몸이 성치 않았던 사키온은 편히 쉴 수도 없을 지경이었지만, 소음이나 소란은 조금도 그칠 기미를 보이지 않았다.

사키온은 잠시 회복되는 듯하다가 다시 열이 치솟으며 쓰러지는 일을 수도 없이 반복하고 있었다. 그때마다 그는 자신의 타고난 건강 체질이 어떻게든 도움이 될 거라 생각하며 자신을 괴롭히는 증상들을 떨쳐내 보려 했지만, 다시 몸져누우며 고통을 겪었다. 왕진을 온 의사들은 다양한 진단과 함께 거기에 맞춘 치료법들을 내놓았는데, 어떤 의사는 나일강을 따라 남쪽으로 여행한 것 때문에 악령이 사키온의 몸에 들러붙었다고 굳게 믿고는 그의 몸 안에 있는 나쁜 기운을 빼내기 위해 계속해서 강제로 토하는 일을 반복해야 한다고 주장하기도 했다. 또 다른 의사의 권고에 따라 사키온은 다양한 부적들을 몸에 지녔는데, 거기에는 신성한 히브리 문자로 '주님께서 나를 지켜 주시리라'라는 뜻의 글이 적혀 있는 부적도 있었다. 보통은 '아브라카다브라abracadabra'로 읽는 문장이었다.

어쨌거나 대부분의 의사들은 부주의했던 나일강 여행이 이 모든 증상의 원인이라고 생각했다. 그중에서 가장 신뢰가 가는 코스섬 히포크라테스 학교 출신의 의사는 이런 설명도 덧붙였다. "물은 인간의 건강에 강력한 영향을 미치기 때문에, 깨끗한 물을 마신다고 끝나는 문제가 아닙니다. 여름에는 사방이 뜨거울 뿐만 아니라 습지대처럼 적지 않은 물

● 열병을 막아 주는 마법의 주문

이 그냥 고여 있는 그런 곳을 피해야 하죠. 고여 있기만 하는 물은 곧 색이 변하고 악취를 내뿜게 되며 근처에 머물기만 해도 비장이 상하고 설사가 나며 폐렴이나 우울증에 시달리게 됩니다.”

이 의사는 사키온이 나일강 근처에서 그렇게 물이 고여 있는 지역을 지나다닌 결과로 이런 증세들을 겪게 되었으며, 이른바 '4일열(四日熱)'에 걸리게 된 것이라고 단언했다. 4일열은 말 그대로 4일 동안 아프다가 잠시 회복되고 또다시 같은 증세가 반복되는 그런 병이었다. 사키온은 짜증을 내며 물을 마시지도 않았고 담그지도 않았는데 어떻게 근처를 지나다닌 것만으로도 열병에 걸릴 수 있느냐고 물었다. 의사는 대단히 신중한 어조로 가장 최근에 나온 의학 이론에 따르면 그런 물 안에는 너무 작아서 인간의 눈으로는 보이지 않는 생명체가 있다고 설명했다. 이 생명체들이 물을 떠나 공기 중에 떠돌다가 입이나 콧구멍을 통해 사람의 몸속으로 들어간다고 했다. 그러면 곧 사키온이 앓고 있는 것과 비슷한 종류의 무서운 병이 된다는 것이다.

역사가였던 헤로도토스도 이미 300년 전에 그와 유사한 사건을 기록한 바 있다고 했다. 매년 나일강이 범람할 때마다 곧바로 곤충들이 크게 늘어나곤 했는데, 그는 크게 불어난 물 때문에 병이 발생하는 것을 막기 위해서 나일강 주변에 살고 있는 현지 주민들이 촘촘한 그물로 만든 높은 침대 위에서 잠을 청한다고 기록했다. 사키온을 곁에서 돌보던 사람이 이 말을 듣고는 아까 이야기했던 '눈에 보이지도 않는 작은 생명체들'이라면 아무리 촘촘한 그물이라도 제대로 막아 낼 수 없을 거라고 지적을 하자 의사는 고개를 끄덕였다. 아마도 반복해서 병에 걸렸다가 회복이 되는 과정에서, 현지 주민들은 사키온이 갖지 못한 면역력을 갖게 됐을 거라고 덧붙였다.

하지만 그렇게 나쁜 소식만 있는 것은 아니었다. 4일열은 가장 흔하면서도 치명적이지 않은 병이었다. 그리고 만일 4일열이 아닌 좀 더 심각한 병에 걸렸더라면 아마도 이렇게 고통을 호소하기 전에 이미 이 세상 사람이 아니었을 것이다. 의사는 기운찬 목소리로 설명을 계속했다. 앞으로 2년쯤 뒤면 증상은 거의 다 사라질 것이며, 매년 여름이 끝나갈 무렵 대략 2주 동안만 열이 좀 나고 고생을 하는 정도로 끝날 거라고……

사키온을 찾아오는 건 의사들만이 아니었다. 페르가몬에서 내로라하는 상인들도 여러 명 그를 보러 왔다. 표면상으로는 병문안이었지만 그러면서 그들은 주인의 회복을 기다리며 항구의 창고 안에 보관되어 있는 사키온의 상품들에 대한 관심을 슬쩍 내비치는 것도 잊지 않았다. 사키온은 비록 몸 상태는 안 좋았지만 대부분의 사업 제안들이 엇비슷할 정도로 수준이 떨어진다는 사실을 바로 알아차릴 수 있었다. 어떤 상인은 비단에만 관심을 보였고 또 다른 상인은 후추만 거래하기를 원했다. 그리고 다른 건 전혀 필요 없으니 아편만 구매했으면 좋겠다고 말하는 상인도 있었다. 이는 이 지역의 도매상들이 이미 자기들끼리 의논을 마친 뒤 사키온의 상품이 도착하기도 전에 서로 어떻게 나눠서 구입할지를 결정했다는 뜻이었다.

자신의 짐작이 맞는지 확인하기 위해 사키온은 열이 조금 가라앉은 때를 틈타 직접 광장으로 나갔다. 그에게는 이조차 쉽지 않았는데, 애초에 페르가몬 자체가 높다란 언덕 위에 세워진 성채 도시라 오르내리는 길 자체가 몹시 가파르고 굴곡이 심했기 때문이다. 사실 직선거리로는 얼마 되지 않는 길을 몇 배나 멀리 빙빙 돌아서 오가려니 이곳에서 오래 살고 있는 주민들조차 이만저만 불편한 것이 아니었다. 덕분에 다리가 튼튼해지는 미처 예상 못했던 장점도 있었지만. 다행히 도시와 광장을 연결하는 길 중간에는 사람들이 지나가다가 잠시 숨을 돌릴 수 있는 평지 쉼터가 세 곳 정도 있었다. 아픈 다리를 주무르던 사키온은 신화에 등장하는 텔레포스에 의해 도시가 세워졌다는 전설을 떠올렸다. 텔레포스는 위대한 영웅 헤라클레스의 외동아들로, 사람들이 돌아다니는 것만으로도 몸을 충분히 단련할 수 있는 그런 도시를 세우고 싶어 했다고 한다.

아고라 AGORA

지금까지 '광장'으로 옮겨 소개한 '아고라'는 원래 단순히 '사람들이 모이는 장소'로만 쓰이다가, 나중에는 그리스 도시 국가들의 시장 혹은 상업 중심지라는 뜻으로 정착이 되었다. 규모가 작은 마을이나 도시에서 정기적으로 일정한 간격을 두고 장이 열렸다면, 코린토스나 아테네 같은 대규모 해양 무역 중심지에서는 매일 쉬지 않고 장이 열렸다. 따라서 아고라는 온갖 시끌벅적한 소란스러움과 활기가 넘쳐흐르는 장소였다. 오늘날 이런 종류의 장소나 소음을 견뎌 내지 못하는 사람들을 일컬어 '광장 공포증 agoraphobia'이 있다고 표현하는 것도 여기에서 유래된 것이다.

이 시절의 시장은 완전한 자유 시장 경제와는 상당한 거리가 있었다. 대부분의 시장들이 엄격하게 관리가 되었고 저울을 속이거나 불량 상품을 파는 상인들은 엄하게 처벌을 받았다. 상인들은 보통 가게 자리를 임대하거나 자가로 운영했고 행정 관청에서 나온 관리들은 이들이 해당 지역의 법을 잘 이해하고 지키고 있는지 확인했다. 예를 들어 양털은 무게 단위로 판매되기 때문에 비 등에 노출이 되어 무게가 늘어난 양털은 판매할 수 없었다.

도심지와 바로 이어지는 위쪽 광장은 페르가몬에서도 가장 중요한 시장이었다. 하지만 시장 주변을 둘러싸고 있는 성벽을 돌아보며 그 경치를 감상하는 사람들도 많았다. 광장이 도시 중심부의 한쪽 끝에 치우쳐 있다는 것도 눈앞을 가로막는 방해물 없이 도시 전경이나 그 너머에 있는 평원을 구경하는 데 유리했다. 그렇지만 앞으로도 계속 그럴 수 있을까? 광장 바로 옆에서 일꾼들이 쉬지 않고 만드는 제우스 신전이 완공이 되고 나면 분명 많은 것들이 달라질 것 같았다.

페르가몬 시장의 제법 멀끔한 가게 주인들과 조용히 몇 마디 나눠 본 결과, 사키온은 자신이 짐작만 하고 있던 내용들이 진실임을 알 수 있었다. 그가 페르가몬까지 실어 온 상품들의 가격은 그 어느 때보다도 높이 치솟아 있었지만 자신을 찾아왔던 도매상들이 제시했던 가격은 부자연스러울 정도로 낮았던 것이다. 이렇게 되면 사키온이 선택할 수 있는 길은 두 가지였다. 키지코스처럼 더 위쪽에 있는 도시를 찾아가 거기에서 다시 거래를 하든지, 아니면 계속 이곳에 남아 도매상이 아닌 소매상들 중심으로 조금씩 상품들을 처분하는 방법이다. 사실 벌써 몇 명이나 되는 소매상들이 사키온이 제시하는 가격대로 거래를 하자며 그의 팔을 잡아끌다시피 붙잡고 있었다. 가급적이면 페르가몬 왕국에 계속 남아 있는 편이 좋긴 했다. 아직은 다시 짐을 꾸려서 떠날 수 있을 만큼 몸이 많이 회복되질 않았다. 게다가 머지않아 이집트로 돌아가 그 사연 많은 상아들을 챙겨서 약속한 대로 그리스 본토에 있다는 사원의 건설 현장까지 가져가야 했다. 그러는 사이에 사키온 개인적으로 확인해 보고 싶은 일도 있었다.

페르가몬 왕국의 지배자들은 자신들의 수도를 헬레니즘 문화의 중심지로 만들고 싶다는 야망을 실현하기 위해 상당한 분량의 고전 작품들을 끌어모으는 중이었다. 그런데 이런 그들의 행동은 프톨레마이오스 왕조의 질투심을 자극했다. 이집트 역시 알렉산드리아에 짓고 있는 거대한 도서관이 누구도 견줄 수 없는 그런 규모가 되기를 원했기 때문이다. 결국 이집트는 페르가몬 왕국으로 수출되는 파피루스 두루마리의 양을 엄격하게 제한하기 시작했다. 파피루스 두루마리가 없으면 고전 작품들을 정리하거나 복사본을 만들어 보관할 수 없다. 그러자 페르가몬 왕국에서는 아주 새롭고 독특한 대체품을 고안해 냈다. 바로 얇게 펴서 잘 말린 송아지 가죽이었다. 파피루스 두루마리보다 더 질기고 튼튼한 이 '페르가미나pergamina'를 본 사키온은 파피루스를 대체할 거대한 시장이 곧 펼쳐지리라는 사실을 직감했다.

그러니 앞으로 몇 주 정도는 자신이 들고 온 상품들을 가지고 이 귀중한 신상품을 가능한 한 많이 확보할 계획이었다. 물론 그 과정에서 탐욕스러운 페르가몬 왕국 도매상들의 코를 그들의 앞마당에서 납작하게 만들어 주고 싶은 바람도 있었다.

리라 연주자

ㅁㅁㅁㅁㅁㅁ

아나톨리아에 있는 그리스 주민들의 도시 유람은 즐겁기도 하고 많은 도움도 되었지만, 칼리아는 이제 다시 짐을 싸서 떠나야 할 때라고 생각했다. 페르가몬을 떠나 그리스 본토로 돌아갈 때가 된 것이다. 이곳 시리아 지역의 음악에는 자신이 만든 곡들과 합치고 싶은 그런 부분들이 있었고 한 번 들으면 좀처럼 잊을 수 없는 그런 민요들도 있었다. 사람들은 이 민요들이 1000년도 더 전에 사라져 버린 조상들의 노래라고 알려 주었다. 하지만 그들에게는 오래된 고대의 노래일지는 몰라도, 칼리아가 그리스 본토에 가서 들려준다면 새롭고 신선한 노래로 들릴게 분명했다.

또 지금 그리스는 여름 축제를 여는 계절이 코앞까지 다가오고 있었다. 그러다 보니 공공 행사든 아니면 공식적인 제전이나 축하 행사에 곁들여 열리는 개인 모임이든, 예술인들이 얼굴을 들이밀 만한 자리가 많았다. 칼리아는 우선 에게해를 건너 유보이아섬으로 가 볼 계획이었다. 그곳에 있는 도시 칼키스에서는 늦은 봄에 아르테미시아 축제를 여니, 돈을 벌 만한 일거리도 충분히 있을 거라고 확신했다.

거의 모든 그리스의 축제들이 운동 경기를 주요 행사로 내세우지만,

음악 경연 대회 역시 빠지지 않았다. 음악 경연 대회에는 두 가지 종류가 있었는데, 두 가지를 모두 합쳐 그리스에서는 보통 '무시코이 아고네스mousikoi agones'라고 불렀다. 칼리아는 순수한 종교적 행사로서 최고의 악사나 가수를 뽑고 우승자에게 상징적인 의미로 화관(花冠)을 상으로 주는 '스테파니테스stephanites'는 피할 예정이었다. 대신 신들을 찬양하는 '테마티코이thematikoi'만 적극적으로 참여할 생각이었다. 스테파니테스의 화관이 분명 더 높은 위상을 갖고 있었지만 그런 화관만으로는 숙식을 해결할 수 없을 뿐더러 그렇다고 화관 자체를 먹을 수도 없다. 하지만 테마티코이에서는 확실하게 그리스에서 사용할 수 있는 화폐로 포상을 해 줬다.

예전에 칼리아 같은 악사들은 주요 행사에 곁들여서 열리는 개인 모임에서 일자리를 찾는 게 고작이었다. 그때는 남자들만 공식적인 행사에 참석해 재주를 뽐내거나 실력을 겨룰 수 있었다. 그렇지만 알렉산드로스 대왕이 그리스의 문화를 소아시아와 이집트 지역까지 널리 퍼트린 후, 여러 도시에서 다채로운 행사가 열리기 시작했다. 이는 참여할 수 있는 연주자의 수를 훨씬 뛰어넘을 정도였다. 그 때문에 각 지역의 행정 관청들은 음악 행사나 경연 대회를 열 때 참여자들의 수준을 아예 무시하거나 아니면 여자들도 함께 무대에 서도록 하는 두 가지 해결 방식을 두고 양자택일을 해야 했다. 그러다 결국 내키지는 않았지만 여자들의 참여를 점점 더 많이 허락하게 됐다. 그 무렵 마침 '코이네koine'라고 불리는 일종의 조합을 결성하게 된 그리스의 남자 유랑 음악가들이 자신들의 이익을 지키기 위해 이런 움직임에 반대를 하고 나섰지만 아무런 소용이 없었다.

칼리아는 쓴웃음을 지으며 유보이아섬이 내건 공고를 떠올렸다. 아르테미시아 축제 참가자들은 축제가 시작되기 닷새 전에 반드시 그곳에 도착을 해야 하며, 그 기간 동안 행정 관청이 숙식을 제공한다는 내용이었다. 겉으로 보기에는 대단히 관대해 보이는 조치였지만 실상은 그렇지 않았다. 연주자들은 축제 기간 내내 각종 행진과 제사, 그리고 운동 경기 등에 동원될 예정이었지만, 보수는 하루에 1드라크마만 받아야 했기 때문이다. 예를 들어 야외에서 펼쳐지는 각종 운동 경기만 해도 음악 연주가 꼭 필요했다. 멀리뛰기 선수나 창던지기 선수 같은 경우, 자신들이 움직일 때 미리 정해 놓은 박자를 맞추기 위해 피리나 리라를 연주하는 악사가 있어야 했다. 하지만 칼리아는 아테네로 가는 길 중간에 유보이아섬을 거칠 예정이었고 이왕 그렇게 하기로 했으니 축제에도 참석해 여행비도 일부 충당하기로 했다. 칼키스에서 넉넉하게 제공한다는 맛좋은 양고기 구이도 먹고 말이다.

칼키스에 도착하면 거기서부터 아테네까지는 여유롭게 움직일 수 있었다. 칼리아가 아테네에서 참석하려는 축제는 아도니스를 기리는 제전인데, 아도니스는 사랑의 여신 아프로디테를 따르던 미소년이었지만 사냥터에서 멧돼지에게 물려 젊은 나이에 세상을 떠났다고 전해진다. 이 아도니스 제전에서의 성차별은 그리스의 어떤 음악 행사나 경연 대회보다도 더 엄격했는데, 이번에는 반대로 칼리아에게 유리한 기회였다. 왜냐하면 아도니스 제전은 여자들이 주체가 되어 여자들을 위해서 열리는 행사였으며, 따라서 공식적인 행사나 개인 모임 모두 여자 음악가들을 꼭 필요로 했기 때문이다. 다만 보수가 후한 대신, 칼리아가 지루하다고 생각하는 길게 늘어지는 음악들이 주로 연주된다는 것이 한 가지 흠이었다.

하지만 그런 만큼 이번 아도니스 제전은 칼리아가 그동안 만들어 두었던 음악들에 대한 사람들의 반응을 살필 수 있는 좋은 기회가 될지 몰랐다. 칼리아는 소아시아 지역을 돌아다니며 알게 된 프리기아의 음계 구조를 가져와 새로운 음악을 만들었고, 거기에 그리스 청중들에게 어울릴 만한 음계를 덧붙여 좀 더 부드럽게 마무리를 했다. 그녀는 자신이 만든 음악에 제법 만족을 했고 거기에 잘 맞는 가사까지 생각해 놓은 터라 이제 사람들 앞에서 연주를 할 수 있기를 고대하고 있었다.

그 다음으로 고려하고 있는 곳은 엘리스였다. 운동 경기를 중심으로 하는 대부분의 축제나 제전들의 경우 대부분 예술과 관련된 행사들도 함께 열린다. 하지만 그중 가장 권위가 있고 유명한 올림피아 제전만큼은 그렇지 않다는 게 칼리아를 비롯한 대부분 예술인들이 갖고 있는 불만이었다. 예컨대 아폴론을 기리기 위해 델포이에서 열리는 퓌티아 제전을 생각해 보란 말이다. 애초에 아폴론은 예술가들의 수호신인 만큼, 아폴론을 기리는 이 제전에서는 온갖 종류의 행사나 대회가 함께 열린다. 많은 운동선수들이 이곳저곳에서 땀을 흘리는 동안 각종 연극이나 무언극이 발표되고, 또 온갖 종류의 음악 경연 대회가 다 함께 치러지는 것이다.

그간 올림피아 제전에서는 이런 공식적인 음악 행사나 경연 대회 같은 건 일절 열리지 않으며 비공식적 모임만 찾아볼 수 있었다. 그런데 이번 제전에서는 눈에 띄는 변화가 하나 있었다. 최근 페르가몬의 광장을 찾아갔을 때 칼리아는 어느 특별한 경연 대회에 대한 공고문을 발견했다. 페르가몬뿐만 아니라 아나톨리아를 비롯한 헬레니즘 세계의 거의 모든 주요 도시들의 광장에 빠지지 않고 붙은 공고문이었다.

> "올림피아 제전을 가능한 한 모든 사람들이 진심으로 축하하는 자리로 만들기 위해서, 마케도니아의 국왕 안티고노스 2세는 제전 첫 이틀 동안 펼쳐지는 여러 운동 경기들이 마무리 된 후, 국왕의 대리인인 페르세우스를 내세워 음악 경연 대회를 겸한 축제를 따로 개최할 예정이다.
> 그 첫 번째 행사는 엘리스에서 올림피아까지 이어지는 선수들의 행진이 있은 다음 날에 열리게 되며, 시낭송 대회와 영웅 서사시를 바탕으로 한 풍자극 대회, 그리고 피리 연주에 맞춘 노래 경연 대회도 있을 예정이다. 다시 그 다음 날에는 리라에 맞춘 노래 경연 대회가 열린다. 리라 연주자들은 단독 혹은 2인조로 그 연주와 노래 실력을 겨루게 될 것이다. 또한 모든 참석자나 참가자들은 이번 음악 경연 대회 및 축제의 마지막 날에, 안티고노스 2세 폐하의 안녕은 물론 그리스 전역의 지속적인 평화와 번영을 비는 제사를 제우스 신에게 올리는 동안 반드시 다 함께 모여 연주와 노래를 해야 할 것이다."

칼리아가 이 공고문을 보고 특히 놀랐던 건 상금의 규모였다. 칼리아가 관심을 보이는 리라 경연의 경우, 리라를 연주하며 직접 노래를 부를 때 1등 상금이 1000드라크마, 2등 상금이 700드라크마, 그리고 3

등과 4등의 상금이 각각 500드라크마와 400드라크마였다. 이 정도면 헬레니즘 세계의 또 다른 대규모 축제나 제전에서 주어지는 상금과 비슷한 규모였다.

그 정도 상금이라면 엘리스로의 여행도 충분한 가치가 있었다. 물론 여자인 칼리아는 올림피아 제전에서 남자들이 벌거벗고 힘과 기술을 겨루는 운동 경기들을 볼 수는 없겠지만, 그래도 최소한 세계적 수준의 음악을 감상할 수 있는 이런 기회를 놓칠 수는 없었다.

ΓΑΜΕΙΛΙΟΣ ΟΛΟΚΛΗΡΩΣΗ

Chapter.
9

6월, 수확의 시기

농부

⊡⊡⊡⊡⊡

수확 철이 되면 이피타의 농장은 남녀노소는 물론 가축들까지 포함해 고양이 손이라도 빌리고 싶을 정도로 바빠진다. 여유를 부릴 수 있던 때는 다 지나갔다. 포도밭 주변을 하릴없이 어슬렁거리고 마당 그늘 가에서 빈둥거리며 동이 터올 때까지 늘어지게 늦잠을 자던 생활도 끝이다. 그리스에서는 6월을 '테리스티스Θεριστής'라고 불렀다. 바로 '수확꾼'이라는 뜻이다. 물론 6월이 끝나도 수확 작업이 완전히 다 마무리될 때까지는 아무도 게으름을 피우지 못한다.

수확 철에는 해가 완전히 뜨기 전에 그날 해야 할 일의 3분의 1을 끝내는 것을 목표로 하기 때문에, 이피타는 항상 일찌감치 자리에서 일어났다. 일꾼들이 다 모여도 여전히 사방은 어두컴컴했지만, 이피타는 그들이 그날 먹을 도시락이며 농기구들을 잘 챙겼는지, 황소들은 수레에 잘 매어져 있는지, 그리고 모두들 오늘 자기가 일할 곳을 정확히 알고 있는지 등을 앞장서서 일일이 확인했다.

그러다 날이 밝아올 때, 더 정확히는 주변을 알아볼 정도는 되지만 이삭 줄기가 여전히 물기를 머금고 있어 상대적으로 베어 내기가 쉬울 때, 드디어 수확이 시작된다. 비교적 시원한 아침나절에 좀 더 많은 일을 해 두려는 것이다. 수확 철은 하루하루가 태양과의 싸움이었다. 뜨거운 열기가 견디기 힘들기 정도로 심해지기 전에 일을 끝내야 하고, 또 완전히 어두워지기 전에 가능한 한 많은 수확물을 집까지 날라 와야만 한다.

물론 이파타의 수확 철 작업은 이미 몇 주 전 근처 소작농들의 집과 다른 마을들을 직접 찾아다니면서부터 이미 시작되었다. 이 지역의 다른 모든 농부들과 마찬가지로 이파타는 소작농이나 소규모 자작농들의 힘을 빌리기 위해 애를 써 왔다. 엘리스의 모든 농촌 마을들에서는 이번 달 내내 일할 사람 하나 찾아보기 힘들었고, 정말 나이 든 노인이나 어린아이들만 염소나 닭을 돌보며 집에 남아 있을 뿐이었다. 제대로 일을 할 수 있는 사람이라면 모두 다 밭으로 나가야 하는 이때, 쓸 만한 일꾼들을 모을 수 있는 마을들과 오랜 세월에 걸쳐 인연을 맺고 유지하는 건 정말 중요한 일이다.

그 못지않게 중요한 건 필요한 일꾼들을 서로 나눠 써야 하는 이웃 농부들과의 협상이었다. 다행히 이피타는 이웃 농부들이 대부분 보리를 심기로 했을 때 밀을 심는 도박을 했고, 보리는 밀보다 3주는 먼저 수확하기 때문에 상대적으로 여유 있게 필요한 일꾼들을 확보할 수 있었다. 다만 그들 중 대다수는 이미 하루 16시간 이상씩 쉬지 않고 밭에 나갔었기 때문에 많이 지쳐 있기는 했다. 사람들이 수확 철에 하루 종일 밭에 나가 일을 하는 걸 폭풍우를 뚫고 닷새 이상 배를 모는 중노동에 비교하는 건 다 그럴 만한 이유가 있었다.

일꾼들의 사기를 올려 주기 위해 이피타는 동틀 무렵부터 해질 녘까지 직접 밭으로 나가 그들을 격려하는 한편, 가장 짧은 시간 동안 가장 많은 양을 수확하는 경쟁을 할 수 있도록 일꾼들을 몇 무리로 나누었다. 경쟁에서 이긴 사람들에게 어떤 상을 줄지 이피타가 알려 주자, 일꾼들은 먼저 남자들을 앞세우고 적당히 줄을 맞춰 앞으로 한 걸음씩 나아갔다. 남자들은 한 움큼씩 다 자란 밀의 줄기를 움켜쥐고는 노련한 솜씨로 한 번에 베어 낸 후 어깨 너머로 던졌고, 몸을 웅크린 자세 그대로 앞으로 나아가며 같은 작업을 반복했다. 그렇게 베어 낸 줄기들을 그러모으는 건 그 뒤를 따라오는 여자들이다. 그 작업이 10번에서 12번 정도 반복되어 줄기가 한 아름 정도 모이면 여자들은 가운데를 묶어 밭 위에 내려놓는다. 그러면 그 뒤에 있던 여자들의 자녀들이 이 밀 다발들을 4개씩 모아 묶은 뒤 똑바로 세워 두는데, 밭에서 수확이 거의 다 마무리되면 수레가 와서 밀 다발들을 모아 따로 실어갔다.

이런 풍경은 호메로스의 기록으로 살펴봐도, 적어도 1000년 이상 똑같이 반복되어 온 일이었다.

> "일꾼들이 날을 잘 세운 낫을 휘둘러 줄기를 베어
> 땅바닥 위로 쓰러트리면
> 뒤를 따르는 다른 일꾼들이 그걸 다발로 묶어
> 잘 세워 놓고
> 다시 그 뒤로는 아이들이 떨어진 이삭을 줍느라 분주하니……."
> _ 호메로스, 《일리아스》, L.555

밭에서 모든 밀을 한꺼번에 다 거둬들이지는 않았다. 관습에 따라 한쪽 귀퉁이는 땅의 몫으로 남겨 두고 손을 대지 않았다. 그래도 밀의 수확량은 상당했다. 여러 해충들의 공격을 물리쳤을 뿐더러 이삭들도 아주 단단히 잘 여물었기 때문이다. 한낮이 되어 일꾼들이 삼삼오오 아무렇게나 모여 밭 끄트머리에 있는 나무 그늘 아래에서 쉬고 있을 때, 이피타는 웃으며 잡담을 나누는 일꾼들 사이를 이리저리 지나다녔다. 수확 철은 서로 다른 마을 사람들이 만나 어울리는 일종의 행사이기 때문에, 적지 않은 숫자의 짝이 없는 젊은 남녀들이 서로를 쉬지 않고 곁눈질했고, 그들의 부모들 역시 비슷한 눈길로 자식들에게 어울릴 만한 짝들을 찾느라 바빴다.

이번이 처음도 아니건만, 이피타는 그런 모습을 볼 때마다 젊음이 갖고 있는 정력에 놀라곤 했다. 이렇게 힘든 하루를 끝마치고 나서 그녀가 원하는 건 단 하나, 어서 빨리 집으로 가 쉬는 것뿐인데. 그녀는 요즘 잠을 설쳐 본 적이 거의 없었다.

벌써 오리온 별자리가 지평선 너머로 살짝 보이기 시작했다. 오리온 별자리가 보인다는 건 곧 타작을 시작해야 한다는 신호였다. 타작 일은 대단히 번거롭고 힘든 작업으로, 밭에서 실어 온 밀 다발을 마당에 늘어놓고 일꾼들이 번갈아 가며 길고 묵직한 도리깨로 다발들을 내려쳐야 한다. 그렇게 다발 안에서 알곡들을 완전히 털어 내는 데는 며칠이 걸리고, 그런 후에는 알곡과 껍질, 줄기 찌꺼기들이 이리저리 뒤섞여 있는 것을 키로 까부르는 일까지 마쳐야 한다.

건조한 계절풍이 곧 강하게 불어 닥친다면 키로 까부르는 작업 같은 건 몇 시간 안에 다 끝마칠 수 있다. 도리깨질이 마무리되고 바람이 적당하게 불어오면 이번에는 특히 기운 좋은 일꾼들이 나설 차례다. 이들은 탈곡을 끝낸 이삭더미 안으로 키를 깊숙이 집어넣은 다음 위아래로 키를 힘차게 흔든다. 바람이 다소 약하면 좀 더 힘차게 흔들고 반면에 바람이 강하면 키를 비스듬히 기울여 천천히 흔든다. 키질을 제대로만 잘하면 이제 아무것도 섞이지 않은 진짜 알곡만 남고 그보다 가벼운 껍질이나 찌꺼기 등은 바람에 날려 땅바닥에 떨어지는데, 그걸 또 갈퀴로 긁어모아 다시 밭에 뿌려 썩도록 내버려 둔다. 이제 남은 건 밭에서 몇 달 동안 열심히 일해서 얻은 수확물이다. 삼각뿔 모양으로 쌓인 곡물더미를 한 번 더 체로 거르면, 안전한 곳에 저장할 준비가 끝난 것이다.

이렇게 한 해 농사가 완전히 마무리가 되고 나면 이제는 일꾼들을 불러 모아 한바탕 잔치를 하고 집으로 돌려보낼 차례다. 이 일 또한 하루하고도 반나절은 걸릴 텐데, 그런 후에 이피타는 농장에서 부리는 일꾼들의 우두머리에게 앞으로 처리해야 할 일들을 자세하게 지시한 후, 아마도 피곤에 지친 몸을 이끌고 서둘러 페이아 항구로 향할 것이다. 배를 타고 아테네로 가서 드디어 소원하던 아들의 혼례식을 치르는 것이다.

외교관

〰〰〰〰〰

여러 나라를 넘나드는 외교관으로 많은 경험을 쌓은 페르세우스도 알렉산드리아에 온 건 이번이 처음이었다. 어떻게 보면 이번이 처음이라는 게 더 놀라운 일일지도 몰랐다. 끝없는 경쟁 속에서 전쟁과 권력 다툼이 끊이지 않는 헬레니즘 세계지만, 각국의 군주들은 그런 와중에서도 외교 관계를 끊은 적이 없었다. 수많은 사절과 외교관들은 각국의 수도 사이를 끊임없이 오가며 혹시 있을지 모를 분쟁을 미리 해결하려 했다. 또 경사스러운 일을 축하하기도 했고, 갑자기 급부상하는 새로운 세력을 견제하기 위해 비밀리에 동맹을 맺는 일에 대해서도 의논했다. 물론 가장 많이 논의하는 건 동맹 문제였다.

마케도니아의 경우 국왕 안티고노스 2세가 자신의 심복이라 할 수 있는 페르세우스를 직접 이집트로 보낸 건 몇 가지 그럴 만한 이유가 있어서였다. 우선 프톨레마이오스 2세의 건강 상태가 좋지 않아서 그의 길었던 치세가 막을 내릴 것 같다는 보고가 마케도니아에 도착했다. 안티고노스 2세는 그 보고가 사실인지 확인하고 싶었고, 만일 이집트의 프톨레마이오스 2세가 정말로 이승에 머물 시간이 그리 많이 남지 않았다면 누가 그의 후계자로 정해졌는지 알아보는 것이 대단히 중요했다. 누가 새로운 프톨레마이오스 3세로 등극하게 될 것인가? 그동안 프톨레마이오스 2세는 지중해 동부 지역에서 평화와 안정을 어지럽히고 뒤흔드는 중요한 위협 요소였지만, 동시에 그는 아버지로부터 이집트의 왕위를 물려받은 이후 온갖 어려운 문제들을 무리 없이 해결하고 정리해 온 탁월한 군주이기도 했다.

페르세우스가 파견된 두 번째 이유는 만일 누군가 그의 앞에서 직접적으로 거론했더라면 강력하게 부정했을 만한 그런 중요한 문제 때문이었다. 지금 마케도니아는 다른 무엇보다도 이집트와 셀레우코스 왕국 사이의 전쟁을 바라고 있었다. 이 두 경쟁 국가들이 서로 다툼을 벌여야만 마케도니아의 안티고노스 2세가 그 사이에 여러 가지 문제들을 유리한 방향으로 풀어나갈 수가 있었다. 따라서 페르세우스는 이집트 측에게 그런 숨은 사연을 절대로 밝히지 않으면서, 만일 이집트가 셀레우코스 왕국에게 쓴맛을 보여 주기를 원할 경우 마케도니아는 그 과정에 전혀 개입하지 않을 거라는 사실을 넌지시 알려 줘야 했다.

물론 이렇게 중립을 지키는 대가로 마케도니아는 이집트로부터 그리스 본토에 대한 간섭을 중단할 것이라는 약속을 받아 내야 했다. 특히 스파르타에 대한 은밀한 지원이나 젊은 민족주의자이자 선동가로 이름을 날리고 있는 시키온의 아라토스를 향한 자극이 더 이상 계속되어서는 곤란했다. 지금 시키온의 아라토스는 펠로폰네소스반도 북부를 하나로 묶어 마케도니아의 세력을 몰아내려는 동맹을 결성하기 위해 모의 중이었다.

그렇지만 프톨레마이오스 왕조에게 영향력을 행사하는 건 생각했던 것만큼 그리 쉬워 보이지 않았다. 페르세우스는 프톨레마이오스 왕조가 지배하는 이집트의 국력과 위상에 대해 충분히 알고 있었지만, 멀리서 그렇게 생각을 하는 것과 직접 현실을 체험하는 건 별개의 문제였다. 이미 페르세우스는 알렉산드리아에 도착하기 전부터 깊은 인상을 받고 말았다. 그가 타고 온 배가 항구에 닿기까지 아직 수십 킬로미터가 남았는데도, 마치 누군가 은빛 방패를 바다 위에 세워 놓은 것처럼 수평선 너머로 빛이 번쩍인 때문이다. 배의 선장은 그 빛이 수평선 너머 육지에서 오고 있는 것이라고 페르세우스에게 말해 주었다. 마케도니아의 외교관이 보고 있는 건 세계에서 가장 높은 인공 건축물 꼭대기에 있는 거대한 거울에 반사된 빛이었고, 그 건축물이란 다름 아닌 알렉산드리아 항구 입구 파로스섬에 세워져 있는 파로스 등대the Great Lighthouse at Pharos였다. 선장은 나중에 시간이 좀 더 지나고 등대에 본격적으로 불이 밝혀지게 되면, 훨씬 더 먼 곳에서도 그 불빛을 볼 수 있을 것이라고 덧붙였다.

페르세우스가 탄 배가 알렉산드리아의 항구 안쪽으로 미끄러지듯 들어갈 때, 그는 그 거대한 등대를 직접 확인할 수 있는 기회를 얻었다. 여전히 수많은 비계들이 등대 주변을 둘러싸고 있었고 사방에서 일꾼들이 돌아다니는 모습이 보이기도 했지만, 불을 붙이는 꼭대기 부분은 이미 거의 다 완성이 된 상태였다. 등대의 높이는 거의 1스타디온, 그러니까 200미터 남짓이거나 단층 건물 40여 개를 차곡차곡 쌓아 올린 정도의 규모는 되어 보였다. 그리 크지 않은 파로스섬은 긴 제방으로 육지와 연결되어 있었는데 그 땅의 대부분을 이 거대한 등대가 차지하고 있었다.

항구 왼쪽으로 튀어 나와 있는 곳 위에는 완만한 언덕배기를 따라 왕궁과 작은 숲, 그리고 빽빽하게 늘어서 있는 주택가들이 보였다. 모두 다 페르세우스가 지금껏 한 번도 보지 못했던, 상상조차 할 수 없을 정도로 화려하고도 거대한 규모였다. 마케도니아 왕가의 직속 외교관인 페르세우스는 이집트 왕가만이 사용할 수 있는 전용 항구 안티로도스를 출입할 수 있는 특권이 있었지만, 그는 이 특권을 뒤로 미루고 일반인들이 드나드는 항구로 향했다. 알렉산드리아 항구에는 아라비아 연안을 오가는 작은 배에서부터 페니키아의 거대한 상선이며 또 선체가 튼튼하기로 유명한 흑해의 상선까지, 각양각색의 다양한 선박들이 가득 들어차 있었다. 프톨레마이오스 왕조가 확보하고 있는 재력의 원천은 국제무역이었으며, 그 현장을 목격한 페르세우스는 겉으로는 아무렇지도 않은 듯 표정을 관리하려 했지만 속으로는 그렇지 못했다.

역시 아무런 내색도 하지 않았지만, 페르세우스는 난생처음 낙타를 볼 수 있다는 사실에 어린아이처럼 들떠 있었다. 셀레우코스 제국의 수도였던 셀레우키아에 갔을 때도 낙타를 볼 수 있을 거라 기대를 했었지만 그 무렵 그곳에서 만났던 동방의 상인들은 지중해 연안 지역을 오가며 상품을 운반하는 데 낙타가 아닌 노새를 주로 사용하고 있었다. 그렇지만 이집트는 홍해에서 알렉산드리아까지 화물이나 상품을 운반할 때 낙타를 여전히 가장 중요한 운송 수단으로 생각했으며, 적지 않은 숫자의 낙타를 수출하기까지 했다. 북아프리카 지역에서 이제 낙타는 새로운 운송 수단으로 크게 각광받고 있었다.

당연한 일이었지만 항구로 나와 페르세우스를 맞이한 이집트 측 영접단은 이 외교관에게 이집트의 강력한 국력뿐만 아니라 현재 헬레니즘 세계의 새로운 중심이 바로 이곳이라는 사실을 알려 주는 데 관심이 있었다. 이집트 측의 그런 뜻에 따라 페르세우스는 일단 지정된 숙소에서 아주 화려하고 끈적거리는 하룻밤을 보냈고 다음날에는 알렉산드리아 관광에 따라나섰다.

페르세우스는 자신이 그리스 거주민 지역으로 가고 있다는 사실을 알아차렸다. 그리고 안내인들은 알렉산드리아에 적지 않은 숫자가 살고 있는 페니키아나 아라비아, 나바테아, 그리고 누미디아 사람들에 대해서는 거의 아무런 언급도 하지 않았다. 그렇지만 굉장히 많은 사람들로 북적거리는 유대인 거주 구역까지 무시하고 지나가는 건 여간 어려운 일이 아니었다. 바로 그 옆이 왕궁이었을 뿐더러, 알렉산드리아 중심부로 가려면 유대인 구역을 반드시 지나가야 했기 때문이었다. 그리고 그런 유대인 구역 안에서도 이집트 원주민들의 영향을 쉽게 확인할 수 있었는데, 일부 관청의 입구가 비교적 얇고 긴 줄무늬가 새겨진 코린토스식 기둥의 그리스 방식이라면, 더 두껍고 연꽃무늬가 있는 이집트 고유의 기둥들도 많이 보였다.

페르세우스가 그저 관광을 온 귀족이나 부유한 상인이었다면 알렉산드리아를 처음 찾아온 다른 관광객들처럼 이 도시를 세운 위대한 알렉산드로스 대왕의 무덤을 먼저 찾아가 봤겠지만, 마케도니아를 대표하는 그로서는 그렇게 할 수 없는 이유가 분명히 있었다. 마케도니아 사람들은 위대한 정복자의 시신을 중간에 빼앗겼다고 생각했고 그 일에 대해 대단히 분개하고 있었다. 분명 대왕의 시신은 고향인 마케도니아로 돌아와 적절한 예식을 치르고 매장이 되어야 했지만 이렇게 부당하게 탈취를 당해 이방의 땅 이집트에 묻혀 있는 것이다. 이런 일을 저질렀던 건 알렉산드로스 대왕의 후계자를 자처했던 프톨레마이오스 1세다. 그는 선왕의 사후 처리를 책임지는 사람이 곧 후계자가 된다는 전통을 내세우며 알렉산드로스 대왕의 장례식을 치렀던 자신의 치적을 널리 알렸고, 동시에 헬레니즘 세계의 공식적인 후계자임을 천명했는데, 그의 뒤를 이은 이집트의 파라오들 역시 그런 주장을 계속 해서 이어 나갔다.

알렉산드리아 도서관

인류가 지금까지 쌓아 올린 모든 지식을 한 곳에 모은 도서관을 세우자는 생각을 처음 했던 사람은 프톨레마이오스 1세였다. 그렇지만 실제로 그 생각을 실천에 옮긴 건 그의 아들인 프톨레마이오스 2세였으며 이후에도 다른 후계자들이 지속적으로 유지를 받들었다. 그 결과 최전성기에 알렉산드리아 도서관이 소장했던 두루마리들, 즉 오늘날로 말하면 책들의 규모는 무려 50만 권에 달했다고 한다. 알렉산드리아 도서관은 사실 그보다 더 규모가 컸던 교육 기관 무세이온Museion의 부속 시설이었는데, 무세이온에는 당대 최고의 학자들이 모여들었기 때문에 사실상 세계 최초의 대학교나 다름이 없었다. 여기 모인 학자들의 대부분은 알렉산드리아 도서관의 자료들을 정리하는 일에 종사했으며 우리가 지금 읽고 있는 호메로스나 헤시오도스를 비롯한 고대의 위대한 작가나 저술가들의 작품들도 이곳을 거쳐 정리되었을 가능성이 크다.

그래서 이 프톨레마이오스 왕조의 뻔뻔스러움을 상징하는 특별한 장소 대신 페르세우스가 가게 된 곳은 인공적으로 세워진 거대한 언덕인 파네이움이었다. 이 언덕에서는 전 세계에서 가장 큰 도시로 알려져 있던 알렉산드리아의 화려한 전경이 한눈에 들어왔다. 파네이움에서 보는 알렉산드리아는 지중해와 마리우트호수 사이의 대지 위에 활짝 펼쳐져 있는 거대한 망토처럼 보였다. 주로 기병이 말 위에서 입던 그런 겉옷 말이다. 마리우트호수는 나일강의 물줄기가 삼각주 지역 앞에서 모여 만들어진 거대한 호수였는데, 이런 호수 옆에 세워진 알렉산드리아를 이집트의 새로운 중심지로 삼고 발전시켜 온 것만 봐도 프톨레마이오스 1세의 선견지명을 짐작할 수 있었다. 즉, 도시 전역에는 언제든 호수와 나일강에서 물을 끌어다 채울 수 있는 지하 저수지들이 있었고 이것만으로도 알렉산드리아는 가뭄이나 적들의 공격 등에 대비해 언제든 물을 넉넉하게 준비해 둘 수 있었던 것이다.

내일 페르세우스는 무세이온과 알렉산드리아 도서관을 방문할 것이다. 사실 이 두 곳은 모두 세라피스 신을 모시는 대신전 세라페이온 안에 속해 있는 일종의 부속 시설이었는데, 신전을 제외한 나머지 시설들은 세계 최초의 대학교라고 볼 수 있었다. 그렇지만 알렉산드리아 구경을 시켜 주며 이 냉정한 외교관을 깜짝 놀라게 만들겠다는 이집트 측의 의도는 이미 성공한 것이나 다름없었다. 페르세우스는 프톨레마이오스 왕조가 지배하는 이집트가 실제로 얼마나 강력한 국가인지 확실하게 깨달았으며, 그는 마케도니아도 셀레우코스 제국도, 아니 두 국가가 함께 힘을 합쳐도 이집트를 압박하거나 굴복시킬 수 없다고 확신하게 되었다.

● 지금은 남아 있지 않은 알렉산드리아 도서관의 상상도

도망자

𐎟𐎟𐎟𐎟𐎟

트라타는 자신의 작은 방 안에 앉아 말린 이파리로 가득 차 있는 가방을 살펴보았다. 대부분의 이파리들은 그녀의 새끼손가락 끝마디보다도 더 작고 가늘었다. 작은 바닷가 마을인 포카이아의 어느 시장에서 이 가방을 우연히 발견한 트라타의 스승 에우독시아는 흥분을 감추지 못했다. 그리고 사실 바로 이 가방 때문에 스승과 제자는 함께 여행하던 상인들 곁을 떠나 북쪽의 페르가몬 왕국으로 서둘러 발걸음을 옮기게 되었다. 포카이아에서 이 가방과 내용물을 판 사람들이 나머지 물건 전부를 페르가몬 왕국에서 처분할 것이라고 말했기 때문이다.

스승이 트라타에게 해 준 설명에 따르면 이걸 처분한 남자들은 가방 속 이파리의 진짜 가치를 제대로 모르고 있었다. 일견 평범해 보이는 이 마른 이파리들은 상대만 잘 만나면 같은 무게의 황금보다 훨씬 더 비싼 가격에 팔 수도 있는 그런 물건이었다. 그렇지만 트라타는 그 남자들이 그런 귀중한 물건의 진짜 값어치를 제대로 모르고 있었다는 사실과 관련해 뭔가 조금 부정적이고 냉소적인 쪽으로 생각이 미쳤다. 비단길을 따라 건너온 상품들 중 대부분이 원래 만나기로 되어 있던 진짜 주인의 손에 제대로 들어가지 못한다는 건 안타깝지만 분명한 사실이었다. 어쩌면 남자들은 이 특별한 상품을 싣고 가던 상인들을 습격해 물건을 빼앗았지만, 그게 기대하던 비단이나 향신료가 아니라 무엇에 쓰는지 전혀 알 수 없는 이상한 이파리 자루였다는 사실에 크게 실망을 했던 걸지도 모른다.

이파리들은 바짝 말라 있었고 그 향기가 아주 진했기 때문에 포카이아 시장 사람들은 그걸 상쾌한 향을 내는 용도로 생각했다. 애초에 머나먼 동방 지역에서 들어오는 이런 물건들은 경험이 풍부한 약초상이나 약재상이라 할지라도 그 쓰임새나 사용 방법을 제대로 알아차리기가 쉽지 않다. 이 이파리들, 그러니까 개똥쑥은 손에 넣기 매우 어려운 진귀한 약초였다. 그런데 아무도 가치를 알아차리지 못한 이 약초가 아나톨리아 북부 어딘가를 향하고 있다는 사실에 에우독시아는 거의 정신줄을 놓을 정도였고, 그 목적지가 페르가몬 왕국의 수도인 페르가몬이라는 사실을 알게 되자마자 두 번 생각할 겨를도 없이 최대한 빠른 속도로 페르가몬을 향해 떠났다.

게다가 스미르나에서의 그 사건 이후, 두 사람과 상인들 사이의 관계가 어색해지기 시작한 것도 영향을 미쳤다. 도망친 노예라는 트라타의 정체가 드러날 위기에 처했을 때, 에우독시아는 추적자들의 손아귀에서 제자를 구해 내기 위해 진실을 조금 비튼 이야기를 지어냈다. 트라타의 등에 매를 맞았던 상처나 흔적이 남아 있는지 확인해 달라는 부탁을 받았을 때, 에우독시아는 천막 안에 단 둘이 들어가 어색할 정도로 오랫동안 그녀의 등을 살펴보았다. 그리고는 천막 밖으로 나와 자신이 그녀의 '옷'을 벗겨 보았지만 채찍질이든 매질이든 어떤 엇비슷한 상처도 찾아볼 수 없다고 대답했다. 또한 자신이 한 증언에 대해서는 스미르나 사람들이 믿고 따르는 어떤 사원의 어떤 신 앞에서도 맹세할 수 있다는 말도 덧붙였다.

도망친 노예를 찾는 공고문에는 분명 노예의 등에 채찍질을 당한 흔적이 남아 있다고 적혀 있었기 때문에, 그 자리에 모여 있던 사람들은 대부분 그걸로 문제가 해결되었다고 생각했다. 그러자 처음 트라타를 붙잡았던 남자들이 이번에는 자신들이 직접 확인하겠다며 또 다른 여자를 데려와 다 함께 천막 안으로 들이닥쳤다. 하지만 트라타는 이미 모습을 감춘 뒤였다. 그로부터 얼마 지나지 않아 상인들도 그 마을을 떠났다. 트라타와 에우독시아의 관계가 사람들에게 상세하게 알려질 경우 어떤 곤란한 상황이 일어날지 몰랐고, 그 때문에 더 좋은 거래를 할 수 있었던 기회를 포기하고 서둘러 마을을 떠난 것이다.

그 일이 있은 후 상인 일행은 굉장히 조심을 하며, 에우독시아가 정말로 트라타가 입고 있던 옷을 '모두' 벗기고 '맨살'을 확인했는지에 대해 두 번 다시 묻지 않았다. 에우독시아가 트라타의 몸을 제대로 확인하지 않았을 거라는 합리적인 의심과 함께, 결국 그들은 자신들이 도망친 노예를 일행으로 받아들여 여행을 하고 있다는 결론에 도달할 수밖에 없었다.

하지만 상인들은 자기들만의 결속력이 강한 무리들이었고 이미 트라타를 일행으로 받아들인 상태였기 때문에 상황은 꽤 어색하게 돌아갔다. 게다가 앞으로 만나 거래를 하게 될 지역 우두머리들은 상대방의 약점이나 문제점을 찾기 위해 혈안이 되어 있었으므로, 상인들 입장에서는 트라타와의 동행이 상당한 부담이 될 수밖에 없었다. 트라타로서는 가능한 한 빨리 이들을 떠나는 것이 최선이었는데, 마침 포카이아에서 찾아낸 그 작은 가방 속 이파리들이 완벽한 핑곗거리가 되어 준 것이다.

그런 사연으로 페르가몬까지 오게 된 트라타는 숙소의 작은 방 안에서 하릴없이 시간을 보내며 시장을 뒤지러 나간 에우독시아가 돌아오기만을 기다리고 있었다. 에우독시아는 나머지 개똥쑥을 손에 넣고, 동시에 비싼 값을 치르며 이 귀중한 약초를 사갈 특별한 고객도 함께 찾을 계획이었다.

첫날에는 별 다른 성과가 없었는지 에우독시아는 겉껍질을 까지 않은 호두만 한 바구니 사들고 숙소로 돌아왔다. 호두를 잘 모르는 트라타는 처음에 스승이 반쯤 말린 자두를 사왔다고 생각했다. 에우독시아는 제자에게 벗겨 낸 껍질과 즙을 따로 모아 두라고 말했다. 호두 겉껍질의 즙은 시간이 지나도 좀처럼 색이 빠지지 않는 갈색의 염료가 된다. 이 즙을 모아 트라타의 머리를 물들이자 붉은색에 가깝던 금발이 하룻밤 만에 별로 눈에 뜨이지 않는 칙칙한 갈색 머리로 바뀌었다. 이제 손가락에 묻은 염색의 흔적을 지우고 목까지 가린 머릿수건 밖으로 갈색 머리카락을 조금 내보이기만 하면, 예전처럼 안전하게 밖을 돌아다니며 그 귀중한 말린 이파리를 찾아다닐 수 있을 것이다. 어쨌거나 이런저런 귀찮은 일들을 다 끝내고 먹은 호두의 맛은 아주 꿀맛이었다.

그리스의 의술

고대 그리스의 의사들이 여러 병들의 증상과 치료 방법, 그리고 결과에 대한 귀중한 기록들을 많이 남겼기 때문에 우리는 그리스의 의술에 대해 비교적 상세하게 알고 있는 편이다. 물론 현대적인 관점에서 볼 때 그리스의 의술은 원시적인 수준이었지만, 이후 1000년 동안 인류의 의술은 그리스의 의술 수준에도 훨씬 미치지 못했을 뿐더러 가장 유명했던 중세 의사들 역시 그리스 시대의 치료법을 기꺼이 따르곤 했다. 심지어 제1차 세계대전 중 군의관들이 절단 수술을 할 때 기준으로 삼았던 의학서가 히포크라테스의 기록이었을 정도다. 뱀 한 마리가 휘감고 있는 의술의 신 에스클레피오스 지팡이는 의술의 상징처럼 여겨지는데, 다만 미국의 병원들은 약간의 역사적 일탈을 통해 뱀 두 마리와 날개가 달린 아폴론의 지팡이를 상징으로 사용한다. 오늘날의 의사들이 처음 자격을 얻었을 때 "먼저 해로움이 없게 하라"는 유명한 격언이 담긴 '히포크라테스의 선서'를 암송한다는 건 익히 알려진 이야기다.

하지만 그럼에도 불구하고 고대 그리스의 의사들도 때로는 민간요법이나 미신, 혹은 종교적 의식에 많은 의존을 했다. 환자에게 강한 믿음이 있을 경우 그런 미신이나 의식들도 병을 치료하는 데 상당한 도움이 되었던 건 분명한 사실이다. 어느 그리스의 묘비에는 한 의사가 등이 심하게 굽어 있는 환자의 몸 위에 무거운 돌을 하나씩 올려가며 치료를 하려 했다는 기록이 적혀 있다. 이 환자가 척추 골절로 사망했는지 아니면 질식사를 했는지는 확실하지 않지만 묘비의 끝에는 별다른 설명 없이 "막대기보다 더 꼿꼿한 몸이 되어 세상을 떠났다"고 적혀 있다.

개똥쑥을 포함해서 약재로 쓰이는 쑥의 효능은 호두에 비할 바가 아니다. 심지어 아직 약재상의 견습 제자에 불과한 트라타 역시 약쑥에 대해서 어느 정도 알고 있었다. 약쑥을 피부에 문지르면 벌레들이 무는 걸 막을 수 있으며 직접 먹으면 몸 속 기생충에 대한 치료약 역할을 한다. 쑥은 맥주를 만드는 데도 들어간다. 지난 몇 개월 동안 트라타는 스승을 위해 몇 번이나 직접 맥주를 만들었으며 또 숙취로 고생할 때 역시 약쑥으로 고통을 달래 주기도 했다. 트라타는 개똥쑥을 받아 들고 시험 삼아 한 번 직접 맛을 보았는데 그 맛이 얼마나 쓴지 한동안 인상을 제대로 필 수 없을 정도였다. 이 쑥에 왜 '개똥'이라는 말이 붙었는지 이해가 갔을 뿐만 아니라 다시는 그 맛을 보고 싶지 않았다.

저녁이 되자 에우독시아가 개똥쑥이 필요한 고객을 찾아냈다는 소식과 함께 숙소로 돌아왔다. 그렇지만 아직 나머지 개똥쑥의 행방은 알아내지 못했다. 날이 완전히 어두워지자 스승과 제자는 언덕을 따라 올라가 어느 잘 지어진 저택으로 향했다. 페르가몬은 기본적으로 고지대와 저지대로 구분되어 있었으며 위쪽으로 올라갈수록 마이시아평원의 근사한 경치가 한눈에 잘 들어왔다. 저택 안으로 들어서자 두 사람은 먼저 젊은 의사를, 그리고 그의 환자를 만났다. 중년의 이 남자는 거의 뼈만 앙상하게 남아 있었다. 무슨 병인지는 몰라도 다 죽어 가는 것처럼 보일 정도로 상태가 심각했다.

에우독시아와 트라타는 곧 저택의 주방으로 가서 약을 준비하기 시작했다. 트라타가 즐비하게 늘어서 있는 값비싼 그릇들이며 조리 도구들을 넋이 빠져라 쳐다보고 있으려니, 스승은 그런 제자에게 할 일이나 제대로 하라고 주의를 주었다. 에우독시아는 바쁘게 손을 놀리며 중년의 환자에 대해 설명했다. 그 남자는 이른바 4일열을 앓고 있었고 그를 살릴 수 있는 건 자신들이 갖고 있는 개똥쑥뿐이라는 것이었다. 이 나이 든 스승은 아주 세세하게 트라타에게 지시를 내렸고 트라타는 시키는 대로 개똥쑥 이파리를 잘게 부셔 물에 집어넣었다. 물은 약기운이 우러나올 정도로 따뜻해야 하지만 또 너무 뜨거워도 그 약효가 수증기와 함께 날아가 버린다고 했다. 그리고 거기에 환자가 열병과 함께 겪고 있는 근육 통증을 완화시켜 줄 버드나무 껍질도 조금 넣었다. 가방 안에 함께 들어 있던 채 피지 않은 꽃봉오리는 사실 중요한 건 아니었는데, 에우독시아는 꽃이 막 피어나기 전 아주 적절한 때에 개똥쑥을 뜯어서 모았다는 걸 보여주기 위해 일부러 섞어 놓은 것이라고 설명했다. 그때가 바로 개똥쑥의 약효가 절정에 달해 있는 때였다.

에우독시아는 이 약 한 단지면 시장에 나가 일주일을 고생해서 버는 돈보다 더 많은 돈을 만질 수 있다는 걸 잘 알고 있었다. 게다가 상인이라고 하는 저 환자가 개똥쑥으로 만든 약의 효능을 느끼게 되면, 계속해서 더 많은 개똥쑥을 팔아 줄 것이 분명했다. 이제 에우독시아에게 나머지 개똥쑥의 행방을 찾는 것보다 더 중요한 일은 없었다. 그렇게만 된다면 정말 큰돈을 벌 수 있을 뿐만 아니라, 이제는 너무 깊게 정이 들어 버린 이 말썽 많은 제자의 안전도 책임질 수 있을 게 분명했다.

달리기 선수

여러 제전과 행사가 연이어 벌어지는 기간은 단거리 달리기 선수인 시밀로스에게 좋은 기회였다. 그는 지난 몇 개월 동안 비잔티움에서 로도스섬에 이르기까지, 에게해의 바닷가를 따라 여행을 하면서 여러 경기에 출전을 했다. 대부분의 도시와 지역에는 자신들만의 제전이나 행사들이 있었는데, 어떤 곳에서는 수호신을 기렸고 또 어떤 곳에서는 도시를 처음 세운 전설 속 조상을 기렸다. 또 헬레니즘 세계의 위대한 군주들을 기리며 노골적으로 아첨을 하는 그런 제전이나 행사들도 있었다. 그동안 자신들에게 많은 은혜를 베풀었다거나 아니면 그 반대로 공격을 해 쑥대밭을 만들지 않았다는 것이 그들을 기리는 이유였다.

이런 모든 제전이나 행사에는 행진이나 제사처럼 종교적인 요소들이 있었고 또 대부분 운동 경기나 음악 행사가 함께 곁들여졌다. 시밀로스는 지난 번 일을 통해 많은 것을 배웠고 이제는 자신의 이름을 굳이 감추지 않았다. 다행히 큰 환영을 받는 일이 더 많았다. 올림피아 제전에 출전하게 될 이름 높은 선수들 대부분은 지금 고향에서 훈련 중이기 때문에, 시밀로스 같은 선수의 출전은 행사의 체면을 생각했을 때 반가운 일이었다.

보통 어떤 선수가 올림피아 제전에 자신의 출전 의사를 밝히는 경우, 제전을 대비한 훈련은 최소 10개월 정도를 해야 하는 것으로 정해져 있었다. 그리고 그 훈련은 대개 자신의 고향 땅에서 진행이 되며 필요한 경우 선수가 그 기간 동안 충실하게 훈련에 임했는지를 고향 사람들이 증명해야 했다. 그렇지만 물론 예외는 항상 존재했다. 시밀로스처럼 전쟁이나 분쟁 상황 등으로 인해 고향으로 돌아가기 어려운 경우는 이렇게 지역 대회에 출전을 함으로써 올림피아 제전을 위한 준비를 게을리하지 않았다는 사실을 증명할 수 있었다.

선수나 관광객들이 올림피아 제전에 참여하려고 할 때 전쟁이나 분쟁 상황 때문에 방해를 받는 일은 종종 있었다. 이에 제전이 열리는 엘리스에서는 그리스 본토를 포함한 헬레니즘 세계 전역에 사절단을 보내 제전을 전후하여 휴전이 필요한 기간을 알리곤 했다. 공식적인 발표가 있은 후부터는 제우스의 신성한 보호 아래, 그리고 실질적으로는 엘리스 행정 당국의 보증 아래 사람들이 자유롭게 길을 오갈 수 있었고 설사 전쟁이 계속 진행 중인 지역이라 할지라도 어떤 방해 없이 통과해 엘리스로 갈 수 있었다.

그렇다면 군사력이라고는 전무하다시피 했던 엘리스가 어떻게 헬레니즘 세계 모두에게 자신들의 뜻을 전하고 관철시킬 수 있었을까? 이는 전적으로 올림피아 제전의 위상 덕분이었다. 언젠가 한 번 스파르타는 엘리스에서 보내 온 올림피아 제전 개최 소식을 듣지 못한 척하며, 레프레온에 대한 공격을 감행한 적이 있었다. 그러자 엘리스는 그 즉시 스파르타 사람들의 제전 출전은 물론 관광이나 참석까지 모두 금지시켰다.

스파르타 측에서는 항의를 했지만 제전 개최 소식을 듣고도 전투에 참전했던 모든 병사들에 대해 1인당 200드라크마 상당의 벌금을 내고서야 금지 조치가 철회됐다. 스파르타가 동원했던 병력은 1000명 남짓이었고 이들이 4개월 동안 참전하며 받은 봉급이 1인당 100드라크마 정도였으니, 스파르타 국왕의 경솔한 행동으로 발생한 국고 손실은 결코 무시할 수 없는 수준이었다.

어쨌거나 그 무렵 시밀로스의 훈련 담당은 시밀로스와 함께 훈련을 하면서, 동시에 선수보다도 더 힘든 식이요법을 시작하는 중이었다. 그렇게 함으로써 선수와 김나스테스가 서로 선의의 경쟁을 벌이고, 더 깊은 유대감을 쌓아갈 수 있다는 것이 그의 설명이었다. 하지만 시밀로스는 설명을 듣고 나서도 미심쩍은 생각이 들었다.

두 사람은 현재 레스보스섬에 머물고 있었으며 곧 배를 타고 아르고스로 향할 예정이었다. 아르고스부터는 육로로 엘리스까지 가게 될 것이다. 당연히 최종 목적지는 올림피아에서 열리는 올림피아 제전이다. 올림피아 제전에 출전하는 모든 선수들은 엘리스에 있는 '헬라노디카이hellanodikai' 즉, 제전의 심판관 혹은 주최 측에게 제전이 열리기 한 달 전에 미리 보고와 등록을 끝마쳐야 했다. 그러면 엘리스에 있는 체육관 세 곳 중 한 곳이 배정이 되고 그곳에서 최종 훈련을 마무리하는데, 거기에는 그의 김나스테스뿐만 아니라 헬라노디카이에서 배정한 감독관 겸 훈련 담당이 함께 참여하게 된다.

이 마무리 훈련 기간 동안 시밀로스는 평소와 마찬가지로 옷을 하나도 입지 않고 운동을 해야 했는데, 김나스테스 역시 지도를 할 때 함께 옷을 벗어야 한다는 규정이 있었다. 아무래도 식이요법은 이를 대비한 작전 같았다. 그간 최고 수준의 단거리 달리기 선수인 시밀로스는 자신의 인맥을 과시하고 싶어 하는 고위층 관료들에게 초청이 되어 그들이 여는 심포시온에 참석할 때가 많았다. 그때마다 훈련 담당 역시 함께 따라가 화려한 연회와 함께 잘 차려진 술과 안주를 즐기곤 했다. 이제 그의 김나스테스는 나태한 생활에 대한 대가를 치르며, 엘리스에서 만나게 될 다른 훈련 담당이나 선수들 앞에서 보기 싫게 붙은 뱃살을 보이지 않기 위해 안간힘을 쓰고 있었다.

선수뿐만 아니라 훈련 담당들까지 제전도 열리기 전에 이렇게 맨살을 내보이게 된 건 칼리파테이라라는 이름의 한 부인 때문이었다. 칼리파테이라의 아버지는 올림피아 제전에서 우승을 한 유명 선수였고, 제부 역시 제전 우승자로서 그녀의 아들을 훌륭한 선수로 키워 냈다. 결국 이 아들은 나중에 올림피아 제전의 우승을 차지했는데, 그 과정에서 칼리파테이라가 죽을 뻔한 사건이 벌어졌다.

엘리스의 한 작은 마을에서 올림피아에 이르는 길에는 알피오스강이 흐르는데, 그 앞에는 타이파이온이라고 부르는 대단히 깊고 험준한 바위 언덕이 있었다. 엘리스에는 여자가 올림피아 제전에 모습을 드러내거나 혹은 특정한 날에 알피오스강을 건너면, 그 여자를 타이파이온의 가장 높은 바위 위로 끌고 가 밑으로 떨어트려 죽이는 법이 있었다.

물론 실제로 엘리스에서 그 법이 집행된 적은 지금까지 단 한 번도 없었다. 그렇지만 칼리파테이라는 엘리스 주민들의 너그러움을 한계까지 시험해 보기로 작정했던 모양이다. 그녀는 남자로 변장을 하고 올림피아 제전에 참가했을 뿐만 아니라 아들의 훈련을 지켜봤고 거기에 경기까지 구경을 했다. 칼리파테이라의 아들이 우승의 영광을 안았을 때, 그녀는 너무나 기뻤던 나머지 다른 훈련 담당들과 함께 자리에서 뛰쳐나갔는데, 안타깝게도 그 과정에서 그만 걸치고 있던 옷이 벗겨지면서 그녀가 여자라는 사실이 드러나고 말았다. 크게 당황한 건 비단 칼리파테이라뿐만은 아니었다. 올림피아 제전의 주최 측도 이 영광스러운 우승자의 어머니를 법도에 따라 사형을 시켜서 신성한 제전에 찬물을 끼얹고 싶은 마음이 없었다. 결국 올림피아 제전 우승자를 배출한 가족의 일원이라는 이유를 들며 엄중한 경고와 함께 쫓아내는 것으로 사건은 일단락되었다. 그렇지만 앞으로 다시는 그런 일이 되풀이되지 않도록 하기 위해, 그 이후부터는 올림피아 제전에 선수를 따라 온 훈련 담당이나 일행들까지 모두 다 훈련장에서 옷을 벗어야 한다는 규정이 생겼다. 어느 누구도 자신의 성별을 감출 수 없도록 하기 위해서였다.

그런 사연으로 인해 올림피아 제전에서 자신의 흉한 모습을 내보이고 싶지 않았던 시밀로스의 김나스테스는 선수와 함께 뛰고 지도를 하며 구슬땀을 흘리고 있었다. 다만 차이가 있다면, 시밀로스에게 엄격한 금욕 생활을 강요한 것과 달리, 정작 자신은 어느 어여쁜 밀레투스 출신 소녀와의 은밀한 관계를 여전히 이어 간다는 점이었다.

ΑΓΡΙΑΝΙΟΣ ΟΛΟΚΛΗΡΩΣΗ

Chapter.
10

7월, 수확의 시기

어린 신부

၆၆၆၆၆

어느덧 동이 트면서 마지막 남은 보름달의 달빛이 방 한쪽 구석을 비추었다. 아피아는 아직 잠이 덜 깬 상태로 지금까지 살아오면서 가장 시끌벅적했던 지난 24시간에 대해 생각했다. 혼례식의 모든 절차들이 다 끝난 건 아니지만 이제 자신은 유부녀가 된 게 틀림없었다.

아피아는 혼례식을 치르기 전 신부가 가족이나 친구들과 마지막으로 함께 시간을 보내는 '프로아울리아proaulia'의 순간부터 떠올렸다. 이때 아피아의 언니들은 앞으로 뭐가 어떻게 될 것이고 합방을 했을 때 어떤 식으로 움직여야 하는지 등 얼굴이 달아오를 만한 이야기를 자세히 들려주었다. 그런데 말로만 들었던 이론을 실제로 경험하게 되고 또 그게 얼마나 재미있었는지를 생각하니 아피아는 절로 웃음이 터져 나왔다.

신랑인 칼리피데스에게는 아무도 그런 이론을 가르쳐 주지 않았던 것 같은데, 그게 오히려 이 신랑 신부에게는 큰 도움이 되었는지 몰랐다. 덕분에 지난 밤 아피아는 부끄러운 새색시 역할 같은 건 다 떨쳐 버리고 흔히 '에피탈라미움epithalamium'이라고도 하는, 신랑의 친구들이 침실 문 앞에서 술에 곯아떨어질 때까지 불러 댔던 야한 노래의 가사가 실제로 적용되면 어떻게 되는지를 직접 신랑에게 보여 주었던 것이다. 어제는 정말이지 굉장했던 하루였고 굉장했던 밤이었다.

　프로아울리아의 시간을 보낸 이후 아피아가 혼사를 마무리 짓는 과정은 일사천리로 진행되었다. 아피아의 아버지는 관습에 따라 딸의 땋은 머리를 잘랐다. 이제 이전의 가족이나 삶과는 인연이 다했다는 상징적 의미였다. 그런 다음 신부는 '로우트라loutra'를 하러 갔다. 로우트라는 일종의 정화 의식이 포함된 목욕이었는데, 아피아는 몸을 씻으며 프로아울리아 때 맏언니가 몰래 가져와 나눠 마셨던 포도주의 숙취가 완전히 가시고 기분이 상쾌해지는 것을 느꼈다.

　오후 3시쯤 되자 화려하게 장식이 된 우라노스의 성역에서 쑥스러워하는 신랑을 포함한 남자들이 혼례식 잔치 분위기에 점점 더 빠져들었다. 이들은 신랑 신부의 다른 가족이나 친지들과 함께 아피아의 아버지가 경사스러운 혼례식을 위해 제사에 올린 구운 양고기를 일찌감치 배불리 맛본 터였다.

　그런데 잔치에 모인 사람들은 그 양고기가 엘리스에서 왔다는 말을 듣고 놀라고 말았다. 신랑의 어머니가 엘리스의 농장에서 이곳 아테네까지 그 먼 길을 양을 끌고 왔던 것이다. 이피타는 사돈의 집에 도착하자마자 안사돈과 단 둘이 만나 즉시 혼례식 일정에 대한 의논을 하며 혼례식에 들어가는 비용의 일부를 책임지기로 해 아피아 가족의 부담을 크게 덜어 주었다. 그리고 아피아의 아버지가 혼례식 절차의 모든 과정에 들어갈 축하 노래들에 대해 조심스럽게 자신의 의견을 말하자, 이피타는 극작가 에우리피데스의 말을 인용하며 시원스럽게 모든 걸 바깥사돈에게 맡겨 버렸다. "아니올시다, 신들의 여왕 헤라가 그러했듯이……

이번 혼례식에서 바깥일은 그쪽에서 알아서 처결하시고 대신 집 안의 일은 우리 안사람들끼리 알아서 결정하겠습니다!"

해가 지고 나자 동네 부인네들과 또래 처녀들도 혼례식 잔치를 찾았다. 그들은 화려한 예복에 노란색 너울을 걸친 아피아가 앉아 있는 곳으로 몰려들었는데, 부인네들은 흐뭇한 미소를, 그리고 처녀들은 부러움의 눈길을 각각 보냈다. 아피아는 지금까지 살아오면서 이런 뜨거운 관심의 주인공이 되어 본 적이 단 한 번도 없었던 터라 뭔가 아찔하고 어지러운 기분까지 들었다. 게다가 자신이 진행되는 상황을 제대로 이해하고 있는 건지 어리둥절하고 불안하기까지 했다. 그렇게 주변에서 벌어지고 있는 잔치를 곁눈질로만 살펴보는 사이, 새신랑이 다가와 얼굴을 덮고 있는 너울을 부드럽게 걷어 올렸다. 아피아는 그제야 지금이 어떤 상황인지 정확하게 알 수 있었다. 이렇게 신부의 너울을 걷어 올리는 의식을 '아나칼립트레아ανακαλύπτραια'라고 부르는데, 이 의식은 한 여성이 누군가의 아내가 되는 혼례식 과정의 또 다른 단계였다. 그런 다음 두 사람은 부부가 함께하는 첫 번째 식사 자리에 앉아 특별히 차려 내온 참깨를 뿌린 과자를 함께 먹었다.

비로소 옆에 자리하게 된 칼리피데스와 아피아는 즉시 어느 정도 공감대를 이루었다. 두 사람 모두 다른 사람들이 주도하는 상황에 휩쓸리고 있다는 기분을 느끼고 있었는데, 칼리피데스는 짓궂은 신랑 들러리들로부터, 그리고 아피아는 쉬지 않고 킥킥거리는 언니들로부터 계속해서 이런저런 충고 아닌 충고를 들었던 때문이었다.

어느덧 사라지는 햇빛을 대신해 일렁이는 횃불들이 그 자리를 차지했다. 침샘을 자극하는 갖가지 음식 냄새, 초청된 무용수들이 알아들을 수 없을 정도로 큰 소리로 떠드는 모습, 신성한 향초가 타오르는 향기, 피리와 리라가 저마다 내는 소리, 그리고 눈이 어지러울 정도로 화려한 사람들의 차림새 등과 함께 그렇게 혼례식 잔치가 점점 더 무르익어 갔다.

그러다 어느 순간 문득 아피아는 조금씩 주변이 조용해지고 있다는 사실을 알아차렸다. 그리고 모여 있는 사람들 중에서 시어머니 이피타를 포함한 몇 사람이 보이지 않는다는 것을 바로 눈치를 챘다. 그들은 이제 슬슬 신방을 준비하고 있었다. 이 경우 '신방' 혹은 '신혼집'은 아피아가 지금까지 평생을 보낸 같은 집 안에 있었다. 그들은 남편 칼리피데스가 아테네에서 학업을 끝마칠 때까지 이곳에서 지내기로 했고, 그러다가 8월이 되면 진짜 부부로서 엘리스를 향해 떠날 계획이었다.

바로 그때 가까이 붙어 있던 언니 중 하나가 슬쩍 몸을 잡아 이끌면서 아피아는 마침 딱 적당한 순간에 자리에서 몸을 일으켰다. 잔치에 참석한 다른 모든 손님들도 모두 자리에서 일어났다. 이제 모두 함께 우라노스 성역의 출입구 쪽으로 향했고, 아피아의 아버지가 딸의 손을 이끌더니 칼리피데스의 손에 넘겨주었다. 그렇게 아피아에 대한 남성 보호자의 역할이 아버지로부터 남편에게로 넘어갔다. 드디어 혼례식 절차 안에서 아버지의 공식적인 역할이 끝난 것이다.

가족이며 친지들이 사방에서 견과류며 무화과, 그리고 대추 야자열매 등을 흩뿌렸다. 칼리피데스와 아피아는 그 자리를 떠나 황소가 끄는 수레 위에 몸을 실었다. 두 사람을 신방까지 모셔 갈 수레였다. 사람들의 이목이 한꺼번에 집중되면서 아피아는 다시 한번 어리둥절하면서도 행복한 기분이 들었다. 혼례식에 참석했던 사람들의 행렬이 떠들썩하게 성역을 빠져나와 길거리로 향했다. 젊은 남자들은 둥글게 모여 춤을 추었고 리라를 튕기는 소리 위에 피리 소리도 더해졌다. 근처에 살고 있는 사람들도 집 밖에서, 혹은 집 안에서 창문을 열고 축하와 축복의 말을 외쳤다.

신랑과 신부를 에워싼 행렬이 축하의 햇불을 높이 치켜든 채 기다리고 있는 집 앞에 도착했다. 꽃으로 장식되어 있는 문이 가까워지자 악사들은 지금까지 서로 경쟁이라도 하듯 연주를 했던 것과는 다르게, 약속이 되어 있던 한 곡의 노래에 맞춰 다 함께 음악을 연주했다. 그리고 모여 있던 모든 사람들이 입을 맞춰 노래를 부르기 시작했다.

● 신혼집으로 향하는 신랑과 신부

"제우스의 딸인 불멸의 아프로디테여, 사랑의 장난꾼이여,

축복받으실 여신님께 이렇게 기도를 올립니다.

슬픔의 고통으로 제 마음을 아프게 하지 마소서.

그렇지만 이제 저의 외침을 먼 곳에서 들으셨다면 귀를 기울여 주소서.

당신 아버지의 집에서 나오셔서 어서 이리로 와 주소서.

당신이 탈 마차를 준비했을 때 그 아름답고 날쌘 참새가 당신을 이끌게

하소서.

그렇게 저 칠흑같이 어두운 대지 위 하늘을 가르며 이리로 와 주소서."

_ 사포, <아프로디테에게 바치는 노래>, 1-3

아피아의 집 마당에서도 축하 잔치는 계속해서 이어졌다. 그러다 마침내 독수리와 백조와 리라의 별자리가 머리 위로 선명하게 떠오르자, 언니들 손에 이끌린 아피아가 조심스러운 발걸음으로 신방으로 들어갔다. 그리고 어쩔 줄 몰라 하는 칼리피데스를 친구들이 붙잡아 억지로 신방으로 밀어 넣는 그 순간을 기다렸다.

그렇게 하룻밤이 지나갔다. 아피아는 여전히 잠들어 있는 남편의 품속으로 파고들었다. 시어머니가 엘리스에서 가져온 선물이 무엇일지 궁금해진 아피아는 어서 첫 아침 식사 시간이 되기를 빌었다. 이렇게 부부가 되어 살아간다는 것도 그다지 나쁜 일만은 아닌 것 같았다.

건축가

〰〰〰〰〰

공사가 끝났을 때 여러 가지 복잡한 감정이 드는 것은 건축가의 숙명인지도 모른다. 작업이 잘 마무리됐다 하더라도, 결과에 대한 만족감과 맡은 일을 무사히 끝마쳤다는 안도감이 함께 들기 마련이니까. 거기에 더해 이번 메톤의 경우에는, 일정을 맞추기 위해 타협한 지점에 대한 쓰라린 후회와 의뢰인의 강요로 인해 바뀌게 된 것들에 대한 짜증, 그리고 일반인들의 눈에는 보이지 않지만 전문가의 눈에는 보이는 흠집이나 실수에 대한 가벼운 당혹감까지 더해졌다.

예컨대 모퉁이 주춧돌의 경우, 전문가라면 손가락 길이만큼 왼쪽에서 오른쪽으로 더 기울어져 있다는 걸 알아볼 수 있으며, 겉으로 드러난 흠집을 그럴듯하게 때워서 속까지 나 있는 균열을 감추었다는 사실을 알 수 있을 것이다. 하지만 그건 메톤의 잘못만은 아니었는데, 이 돌덩어리를 가져다 놓을 때 미끄러져 부딪히는 사고가 있었기 때문이다. 당장 대신할 다른 돌덩어리를 찾을 수 없었던 메톤은 어쩔 수 없이 차선책으로 깨진 부분을 다시 이어 붙일 수밖에 없었다.

그 외에도 대부분의 문제는 역시나 메톤이 낡은 사원을 해체해 이미 한 차례 사용되었던 돌덩어리들을 또다시 쓴 데서 비롯되었다. 채석장에서 새 돌덩어리들을 가져오는 경우 처음 다듬을 때 그 옆에 밧줄 등을 걸 수 있는 손잡이 부분 등을 미리 만들어 두기 때문에 당연히 좀 더 쉽게 움직일 수 있다. 원하는 자리에 돌덩어리들을 놓고 나면 손잡이 부분을 떼어내고 깔끔하게 다듬으면 되는데, 그렇게 매끈한 돌의 단면은 보는 사람들의 눈도 즐겁게 해 준다. 하지만 이번 경우는 심지어 메톤이 채석장에 새로 주문해 가져온 돌덩어리들조차 딱히 만족스럽지 못했다. 너무 완벽하게 각이 진 형태로 다듬어지는 바람에, 사원을 좀 더 웅장하고 우아하게 보이도록 만들어 주는 미묘한 곡선이나 각도가 전혀 살아나지 못했던 것이다.

예를 들어 아테네의 파르테논 신전의 벽들을 보면 아주 조금 안쪽으로 기울어져 있어서 신전 전체가 실제보다 더 높아 보이는 착시 효과를 만들어 낸다. 만일 파르테논 신전의 벽들의 실제 높이가 지금보다 훨씬 더 높아 50스타디온 정도라도 되었더라면, 이론적으론 벽들의 마지막 윗부분들이 서로 만나게 되어 지붕이 필요 없었을지도 모른다. 그런데 이 세라피스 사원의 경우는 솜씨 좋은 장인도 부족하고 시간마저 촉박했던 탓에, 벽들이 멋없이 쭉 위로 뻗어 나가기만 했다. 그래서 건축가의 눈으로 보기에는 산마루의 경사와 잘 어울려야 했을 신전의 전체 전경이 마치 두꺼비 한 마리가 어색하고 불편한 자세로 웅크리고 있는 것처럼 보였다.

메톤은 지하실에서 지붕까지 완성된 건물 전체를 머릿속으로 재빠르게 확인하면서, 어디가 만족스러웠고 또 어느 부분이 그렇지 못했는지를 자세히 기억해 두었다. 물론 결과에 크게 만족한 이집트의 의뢰인이

고대 그리스 신전의 역할

고대 그리스 신전의 역할은 우리가 일반적으로 알고 있는 사원이나 예배당과는 사뭇 다르다. 보통 예배당은 신도들이 그들이 믿는 신을 모시기 위해 모이는 곳이며, 그런 의식을 잘 치를 수 있도록 만들어진다. 그런데 그리스 신전의 구조를 살펴보면 그런 기능과는 거리가 멀다는 사실을 바로 알아차릴 수 있다. 그리스의 신전은 말 그대로 신의 집이었으며, 일반 사람들은 그 안으로 들어가지 못했다. 그리스에서 신전 안으로 들어가 신을 섬기는 일을 하는 사제들은 제사나 제전이 적절한 시기에 적절히 진행되는지, 또 적절한 제물을 바쳤는지 확인하는 일종의 종교 관련 공무원들이었다. 이 사제들에게는 사람들을 돌보거나 전도를 할 의무 같은 건 전혀 없었으며 대부분의 경우 신전에 모여드는 '신도들'의 도덕적인 생활 같은 것에는 극단적이라고 할 만큼 관심이 없었다. 이 '신도들'도 대부분 상황에 따라 각자의 필요에 맞춰 각기 다른 신들을 찾았다. 또 사제들은 설교 같은 걸 하지 않으니 굳이 신전을 찾아가 그들의 말에 귀를 기울일 이유가 없었다.

그에게 지불할 수고비를 생각한다면, 다시는 먹고 살기 위해 일할 필요가 없을 예정이었다.

수고비를 떠올린 메톤은 사원의 기초 부분과 바로 그 위로 이어지는 계단, 그리고 기둥의 아랫부분 공사 등에 대해서는 그럭저럭 만족하고 넘어가기로 했다. 사실 가장 공사가 잘된 곳은 사원의 기초 부분이었는데, 땅 속에 파묻혀 있기 때문에 아무도 제대로 볼 수 없다는 사실이 조금은 화가 날 정도였다. 그 기초 부분은 너무나도 단단하게 이루어져서 어떤 지진이 와도 사원을 무너트리지 못할 정도였고, 크로노스산 전체가 앞뒤로 요동을 쳐야 겨우 기둥 하나를 흔들 수 있을 것 같았다. 그 위로 바로 이어지는 돌계단은 보통 3층으로 되어 있는데, 그냥 계단이 아니라 사원 전체를 둘러싸고 있어서 겉으로 드러나 있는 사원의 기초 구실을 했다.

땅 위로 보이는 부분의 전체적인 구조는 정면과 후면에 서 있는 4개의 기둥과 군더더기 없이 실용적인 중앙의 내실로 이루어졌다. 다만 메톤 입장에서는 아쉽게도, 기둥은 도리아 양식임에도 불구하고 긴 줄무늬를 새겨 넣었다. 가운데 있는 내실은 말 그대로 사원의 중심 공간으로 일종의 금고를 연상시켰는데 실제로도 그와 똑같은 역할을 했다. 나중에 사람들이 찾아와 작은 황금 조각상이나 제기(祭器)로 사용하는 삼각대, 혹은 다른 보물들을 공물로 바친다면, 이는 지상 아래 지하실에 보관하게 될 것이다. 그리스의 다른 모든 사원이나 신전들은 이미 이런 식으로 많은 공물들을 보관하는 중이었다.

지금은 일꾼들이 황동으로 만든 문들과 비계, 그리고 상아로 된 부품들을 나르고 있었는데, 앞으로 열흘가량 황금과 상아로 된 신상이 아주 조심스럽게 조립이 될 예정이었다. 이 신상은 사원 내부에 있는 모든 내용물들의 중심이 된다. 신상의 '황금'으로 된 부분이 특별히 메톤에게는 골치가 아팠는데, 소재가 소재이니만큼 이집트의 고객에게 세세한 부분까지 다 설명을 해야 했기 때문이었다. 커다란 순금 덩어리로 보이는 부분들, 그러니까 누가 봐도 감탄할 만한 신의 찰랑이는 머리카락 같은 부분은 실제로는 나무로 만들고 그 위에 얇게 금박을 씌웠다.

말이 나와서 말인데, 신상을 만들어 운반하는 작업도 건축가에게는 또 다른 어려운 문제였다. 메톤은 결국 상아를 공급해 줄 만한 상인을 찾아냈고 이 상인이 알렉산드리아를 떠나 그리스에 도착하기 전부터 조각가들을 모아 준비 작업을 시작하도록 지시를 했다. 황금은 따로 준비해 엘리스로 실어 날랐으며 거기에서 다시 이집트로 보내 목공 장인들과 조각가들, 그리고 금 세공사들이 모두 한 자리에 모여 작업을 할 수 있도록 주선했다. 그렇게 해서 상아와 함께 완성된 신상의 각 부분들이 마침내 도착을 하자 바로 조립과 설치 작업이 시작되었다. 병에 걸리는 바람에 여러 가지로 일정이 지체되었다는 상인의 변명은 의심할 여지가 없었다. 상인의 창백한 안색은 거의 관 속에 들어가 화장터로 향하는 시신과 다를 바가 없었다.

올림피아 제전의 개막식까지는 이제 불과 3주일도 채 남지 않았다. 주변의 상황은 더욱 바쁘게 돌아갔고, 벌써 모습을 드러낸 관광객이나 제전의 참가자들이 언덕 위를 돌아다니며 새로운 사원이 세워지는 모습을 멀리서 지켜보았다. 석공들을 비롯한 다른 일꾼들은 대부분 보수를 받아 갔는데, 메톤의 주머니가 텅 비어 버릴지도 모르는 아슬아슬한 순간도 있었지만, 마침 이집트의 의뢰인이 잔금을 지급하면서 칠장이와 조각가들에게 보수를 줄 수 있었다.

그리스의 사원이나 신전은 티끌 하나 없는 흰색 대리석으로 만든 그런 단색의 건물과는 전혀 거리가 멀었다. 그리스 사람들은 사원이나 신전을 야하게 보일 정도로 화려하게 만들기를 좋아했다. 기둥의 머리 부분에는 공작석을 원료로 해서 만든 녹색 물감을 칠했고, 파란색 물감으로 칠한 가짜 창문에는 갈색으로 가짜 창살을 그려 넣었다. 벽에 그려진 꽃 그림들에는 진사(辰砂)가 원료인 붉은색과 비소(砒素)가 원료인 노란색 물감이 쓰였는데, 태운 뼛가루를 섞은 검은색 물감으로 음영을 더 짙게 표현했다. 지붕은 진흙으로 구운 기와에 맞춰 타오르는 듯한 붉은

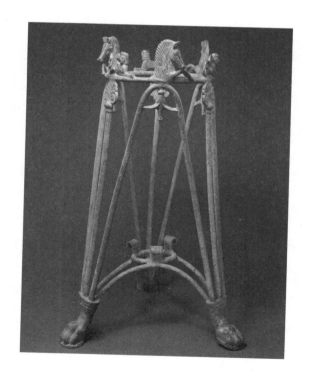

●
청동으로 만든
삼발이

색으로 칠했다.

칠장이들의 작업이 완전히 끝나면 사원은 영광스러울 정도로 찬란한 빛을 뿜으며 우뚝 서게 될 것이다. 이는 뜨겁게 타오르는 지중해의 햇살 아래에서 완벽할 정도로 자연스럽고 평범하게 보일 것이 분명했다.

메톤은 사원을 좀 더 바라본 후 어깨를 으쓱했다. 아름다운 건물이었다. 그도 그 사실은 인정했다. 건축 과정에서 꾀를 써 가며 급하게 수리하거나 건너뛴 부분들이 분명 있긴 했지만, 주어진 시간과 한정된 자재들을 생각하면 그리 나쁘지 않은 결과물을 만들어 낸 것 같았다.

도망자

트라타는 그리스로 돌아왔다. 그렇지만 오랫동안 두려워하던, 도망쳤다 붙잡힌 노예 신세로 주인의 처벌을 기다리는, 그런 방식으로 돌아오지는 않았다. 그 대신 트라타는 어느 부유한 상인 일행의 일원이 되어 당당하게 돌아왔다. 아니, 사람들이 그녀를 그렇게 받아들였다.

트라타의 모습이 시장 게시판에 붙어 있는 도망 노예의 인상착의와 크게 달라졌다는 점도 그녀에게는 유리하게 작용했다. 트라타의 외모는 지난 1년 동안 정말 많이 변했다. 규칙적인 식사와 뒤늦은 성장이 하나로 합쳐지며 키와 덩치가 더 커졌고, 무엇보다 12개월 전 피레아스 항구에서 어선을 타고 도망쳤던 말라깽이 노예 소녀와는 전혀 다른 자신감이 온 몸에 흘러넘쳤다. 트라타는 그동안 머리를 길렀고, 머릿수건으로 목을 가리지 않을 때는 머리를 늘어뜨려서 풍성하고 짙은 갈색의 머리카락 다발이 문신을 감추도록 했다.

트라타는 페르가몬 왕국에 스승 에우독시아를 혼자 두고 온 것이 못내 아쉬웠다. 눈물겨운 이별이었다. 특히나 그 귀한 나머지 개똥쑥의 행방을 다시 찾는 데 성공한 뒤 축하주를 마시고 크게 감상적이 되어 있을 때라 더욱 그랬다.

에우독시아는 자연스럽고 능숙한 솜씨로 남은 개똥쑥 전부를 원래 가격의 10분의 1도 되지 않는 돈을 주고 사들였다. 그리고 이틀 뒤에는 시장에서 실제로 거래되는 가격의 두 배가 넘는 돈을 받고 모두 다 팔아 버렸다. 사 간 사람은 처음 개똥쑥 치료를 받았던 그 상인이었다. 상인은 에우독시아가 만든 탕약 덕분에 자신의 병이 차도를 보인 것에 매우 기뻐했다.

에우독시아가 개똥쑥 치료약의 제조와 복용 과정이 굉장히 어렵다고 과장해서 설명한 것도 한몫했다. 사실 에우독시아는 트라타에게 언제 어느 정도의 간격을 두고 약을 복용해야 하는지 자신도 잘 모른다고 고백했다. 하지만 어차피 다른 사람들이라고 해서 자신보다 더 많이 개똥쑥 치료약에 대해 알고 있는 것은 아니기 때문에, 설사 중간에 어떤 실수가 있었다고 해도 크게 의심을 살 만한 일은 아니라고 했다.

문제는 병 때문에 상인이 이미 너무 오랫동안 페르가몬 왕국에 머물렀다는 점이었다. 이제부터 그는 서둘러 알렉산드리아로, 그리고 다음은 그리스로 발길을 재촉해야만 했다. 에우독시아는 상당한 대가를 받고서 상인에게 자신의 제자를 양보했다. 물론 약재상으로서의 트라타의 솜씨를 크게 과장하는 걸 잊지 않았다. 이 늙은 스승은 어쨌든 자신은 상인이 건강을 완전히 회복할 수 있도록 신경을 쓰지 않을 수 없으며, 또 제자인 트라타가 이제 견습 기간이 거의 다 끝나서 자신의 길을 떠날 준비가 되었기 때문에, 다행히도 상인과 동행시킬 수 있는 거라고 주장했다.

트라타는 그간 수련 과정이 지나치게 혹독했다고 생각했었지만, 스승의 곁을 떠나기로 결정한 뒤 남은 열흘 동안 배우게 된 내용들에 비하면 그야말로 아무것도 아니었다. 에우독시아는 약재상으로서의 지난 수십 년 동안의 경험과 지식을 제자의 머리가 핑핑 돌도록 한꺼번에 주입시키기 위해 최선을 다했다. 이 상인은 이제 기나긴 바닷길을 떠나야만 한다. 만일 상인이나 다른 일행들이 뱃멀미로 고생을 한다면 어떻게 치료해야 하는가? 처음 욕지기가 올라와 토할 것 같을 때는 인도산 생강이 그 증세를 가라앉혀 주는 효능이 있으며, 그럼에도 불구하고 계속 토할 것 같다면 다 토해 버리는 게 기분이 더 나아질 것이다. 그렇게 토하고 난 뒤의 놀란 위장을 진정시키는 데는 박하 차가 도움이 된다. 또 지나치게 과식을 했을 때는 어떻게 하면 좋겠는가? 그럴 때는 야생 해바라기의 뿌리를 끓여서 먹이면 도움이 된다……. 그렇게 열흘 동안 이런 질문과 대답들이 끊임없이 이어지고 또 이어졌다.

　지금까지는 스승이 곁에 있었기에 세상사에 대한 트라타의 빈약한 지식이 크게 문제가 된 적은 없었다. 그녀가 어렸을 때는 강 옆에 있는 트라키아의 고향 마을이 그녀가 아는 세상의 전부였고 지평선 너머로 펼쳐져 있는 산맥이 그녀가 알고 있는 우주의 끝이었다. 그러다가 아테네에 노예로 끌려온 후 트라타는 자기가 세상 모두라고 믿었던 것보다 훨씬 더 많은 숫자의 사람들을 눈으로 확인할 수 있었다. 할리카르나소스 역시 또 다른 신세계였다. 그때까지도 읽고 쓸 줄도 모르는 이 노예 소녀에게 세상의 풍경이나 지식에 대해 수고스럽게 알려 주려는 사람은 아무도 없었다. 그래서 아테네만큼이나 큰 도시가 바다 건너에 또 있다는 사실은 그녀에게 충격으로 다가왔다. 노새에 짐을 싣고 돌아다니는 상인들과의 여행도 트라타의 마음 속 지경(地境)을 한층 더 넓혀 주었지만, 상인의 병구완을 하며 이집트의 알렉산드리아에 도착을 하자, 그녀는 이 거대한 도시 앞에서 지금까지 알고 배웠던 지식들이 아무것도 아니었다는 사실을 절실히 깨달았다.

사키온은 자신의 고향에 도착하자 눈이 휘둥그레진 이 소녀를 보고 약간 우쭐한 기분이 들었다. 트라타는 도저히 자신의 두 눈을 믿지 못하겠다는 듯 사방을 둘러보고 또 둘러보았다. 사키온은 트라타에게 적지 않은 돈을 쥐어 주며 알렉산드리아의 시장에서 필요한 약초나 약재들을 사 모으도록 했는데, 시장의 규모와 번잡한 풍경 역시 그녀의 혼을 쏙 빼 놓기에 충분했다. 트라타는 심지어 그 귀한 개똥쑥까지도 필요한 만큼 다시 채워 넣을 수 있었다. 물론 여기에서는 개똥쑥의 가치를 정확하게 알고 제대로 값을 매기는 상인들 밖에는 없었지만 말이다.

이제 엘리스에 도착한 트라타는 보통의 그리스 사람보다도 더 많이 이 넓은 세상을 둘러본 셈이었다. 새롭게 발견한 세상을 더 잘 이해하기 위해서, 트라타는 상인의 회계 담당 중 한 사람에게 부탁해 읽고 쓰는 법도 배우기 시작했다. 아직까지 그리 큰 진전은 없었지만, 문자를 기억해 외울 수 있게 되자 단어 전체의 뜻도 제법 알아들을 수 있었다. 트라타는 최근 들어 자신의 고객이기도 한 사키온을 그리 자주 만나지는 못했다. 상인은 근처에 있는 사원 안에 황금과 상아로 만든 신상을 세우는 일로 몹시 바빴으며, 그러는 와중에 알렉산드리아에서 가져온 다른 상품들을 팔 만한 장소를 마련하기 위해서 분주히 움직이고 있었다.

많은 사람들이 올림피아 제전을 주로 운동 경기와 관련된 중요한 대회 중 하나라고 생각했지만, 사실은 그보다 훨씬 더 큰 의미가 있었다. 올림피아 제전이 열리면 지중해 세계 전 지역에서 귀족들과 정치가들이 모여들었다. 그 때문에 비공식적 외교 활동과 다양한 동맹 논의가 이루어지기 좋은 기회의 장이 마련되었다. 각 지역에서 몰려든 상인들 역시 이때가 자신들의 상품을 소개할 수 있는 절호의 기회라고 생각했다.

올림피아 제전을 찾는 사람들

그리스의 모든 지역과 도시, 그리고 마을들은 그것이 한 해의 시작에 대한 축하든, 무사히 마친 수확에 대한 감사든, 혹은 더 중요한 기념일이나 지역의 전설적 영웅이나 수호신의 업적을 기리는 일이든, 모두 저마다의 전통적인 제전이나 행사가 존재했다. 그런 정기적인 제전이나 행사를 통해 사람들은 잠시나마 농경 사회의 힘들고 고단한 일상에서 벗어나 다른 사람들과 함께 어울리는 시간을 가질 수 있었다. 그렇게 수백 년의 세월이 흐르면서 일부 제전이나 행사들은 그 규모와 명성이 점점 더 커져 갔고, 나중에는 그 지역 사람들뿐만 아니라 다른 지역의 사람들까지 수백리 길을 마다하지 않고 참여를 하게 되었다. 사람들은 당대 최고 수준의 운동선수들이나 음악가들의 솜씨와 재주를 만끽할 수 있었고, 또 상류층 귀족들의 경우 이런 제전이나 행사는 무역이나 정략혼 등에 대해 의논할 수 있는 자연스러운 기회가 되어 주었다. 그중 올림피아 제전의 경우 엘리스나 아카디아에서 수확을 끝내고 조금이라도 시간적 여유가 있는 사람들은 모두 다 함께 모여 그 흥분된 순간을 함께 나눴고, 그 밖의 각 지역에서도 응원단들이 몰려들어 자랑스러운 고향 아들들의 이름을 연호했다.

아무튼 그리스를 중심으로 한 전 세계 사람들이 올림피아 제전을 보기 위해 엘리스로 모이는 셈이었기에, 트라타는 고향인 트라키아 사람들의 목소리를 들었을 때도 크게 놀라지는 않았다. 밝은 색깔의 외투를 걸친 한 무리의 '야만인들', 그러니까 외국인들이 술집 밖으로 나오고 있었다. 트라타는 그들이 마케도니아의 국경 마을 아콘티스마에서 온 트라키아 사람들이며, 정교하게 만든 황금 장신구와 술잔, 그리고 접시 등을 팔러 왔다는 사실을 알게 되었다. 이곳 남쪽에는 북부의 이국적인 물건들을 사들여 주변 사람들에게 과시하고 싶어 하는 고객들이 꽤 있었다. 트라타는 또한 그들이 마련해 온 물건들 중에 자신의 목에 새겨진 말의 모양과 거의 비슷하게 생긴 황금 말 조각품이 있다는 사실을 알고는 뭔가 멍한 기분이 들었다. 지난 10여 년 동안 목에 새겨진 말 모양의 문신을 보면서 경멸이나 질시가 아니라 자랑스러운 마음이 든 건 이번이 처음이었다.

때마침 트라키아 동포 중 한 사람이 피부 발진으로 고생을 하는 중이었는데, 그 정도라면 알로에 즙과 귀리 가루를 섞은 약으로 쉽게 고칠 수 있었다. 비록 이들은 사트레 부족 출신이고 트라타는 에도니 부족 출

신이었지만, 낯선 땅에서 만난 트라키아 사람이라는 공감대에 트라타의
의학 지식이 더해지자, 그녀는 어렵지 않게 고향 사람들과 어울릴 수 있
었다. 트라타는 자신이 원래 아테네에서 노예 생활을 했었다는 사실이
밝혀지지 않도록 조심하며, 어머니와 그리스에 왔다가 어머니가 세상을
떠나면서 어쩌다 보니 약재상으로 일하게 되었다고 말했다.

   이제 트라타에게는 사키온의 하인 중 한 사람에게 개똥쑥 약 만드는
법을 잘 가르쳐 주는 일만 남아 있었다. 그러니 올림피아 제전이 끝나
면, 이 새로운 일행들과 함께 트라키아에 있는 고향으로 돌아갈 수도 있
을 것 같았다.

상인

㊌㊌㊌㊌㊌

사키온은 개똥쑥으로 만든 치료약을 정기적으로 복용하면서 건강이 호전되는 것을 느낄 수 있었다. 약 이름은 그다지 유쾌하지 않았지만 어쨌든 이제는 일주일에 한 번 정도 몸이 안 좋아지는 것쯤은 충분히 견딜 수 있었다. 식욕이 완전히 돌아온 건 아니지만, 그래도 한 달 전 침대에서 거의 일어나지도 못하던 때와 비교하면 훨씬 더 나아졌다.

덕분에 사키온은 에게해를 건너 페르가몬 왕국에서 알렉산드리아로, 그리고 다시 그리스 본토의 엘리스까지 올 수 있었다. 그가 엘리스까지 온 건 세라피스 신의 조각상을 완성하기 위한 자재와 부품들을 운반하기 위해서였다. 사원 건축을 맡은 건축가는 일정이 늦어진 자신을 그야말로 잔뜩 뿔이 난 채로 맞아 주기는 했지만, 그래도 조각상을 만들어 세우기 위한 기초 작업을 이미 시작했을 정도의 통찰력은 있는 사람이었다.

드디어 사키온은 이집트로부터 의뢰받았던 일을 완전히 끝마쳤고, 이제는 돈을 벌 수 있는 다른 기회를 찾아볼 차례였다. 마침 사키온은 이집트에 있을 때 어느 업자로부터 파피루스 두루마리 수백 장을 챙겨 뒀었는데, 이 파피루스 두루마리 말고도 페르가몬 왕국에서 손에 넣은 페르가미나도 보유하고 있었다.

이곳에서는 곳곳에서 파피루스 두루마리를 필요로 했다. 서기나 필경사들은 맡고 있는 일들이 다양했는데, 특히 엘리스에서 올림피아 제전과 관련된 일을 하는 서기들은 제전이 끝날 때까지 엄청난 양의 기록들을 남겨야 했다. 그 결과 사키온은 이미 갖고 있던 파피루스 두루마리의 절반 이상을 처분할 수 있었다.

예를 들어 일견 간단하게 보일 수 있는 나이 문제를 예로 들어 보자. 누군가 제전의 어떤 경기에 출전하려고 할 때 성인 경기와 미성년 경기는 그 내용상 큰 차이가 있었다. 그런데 선수가 주장하는 그의 나이가 맞는지 아닌지를 어떻게 알 수 있을까? 그리스 사람들은 자신들의 정확한 나이를 잘 모르는 경우가 많았다. 왜냐하면 그리스에서 나이는 그다지 중요한 문제가 아니기 때문이다.

아테네나 스파르타 같은 일부 지역에서는 군복무나 시민권 등과 관련해 출생 연도와 나이에 대한 기록을 중요하게 여겼기 때문에, 비교적 정확한 기록들이 많이 남아 있기는 했다. 그렇지만 그런 아테네와 스파르타조차도 각기 다른 때에 새해가 시작되는 달력을 별도로 사용하고 있었고, 거기에 거의 100여 개에 달하는 또 다른 크고 작은 지역과 도시 국가들의 날짜 계산법 역시 엘리스의 공식적인 날짜 계산법에 맞춰서 확인을 해야만 했다. 그렇게 모든 출전 희망자의 이름과 추정 나이를 확인하고 정식으로 기록을 해 두어야만 혹시라도 경기 진행 과정에서 문제가 생겼을 때 근거 자료로 제시할 수 있었다.

또한 제전의 진행을 위해 고용된 여러 진행 요원들과 기록 요원들, 심판 보조들, 임시로 고용된 일꾼들에 대한 기록도 필요했다. 음식 값에 대한 지불 내역을 비롯해서 수천 가지 다른 세세한 사항들을 모두 다 정리한 뒤, 올림피아 제전 운영 위원회에 보고해야 했기 때문이다. 예를 들어 수천 명의 일반 구경꾼이나 관광객들은 주로 강변에서 목욕도 하고 볼일도 봤다. 그런 강물을 식수로 사용할 수는 없었기 때문에 제전 기간 동안 식수로 사용할 우물을 파기 위해 임시로 일꾼들을 고용했는데, 이런 식의 기록 역시 빠질 수 없었다. 좀 더 부연 설명을 하자면 올림피아 제전과 관련된 이런 지출과 행정 절차들이 아주 자세하고 꼼꼼하게 기록이 되었던 건 엘리스 사람들의 질투심 때문이기도 했다. 이들은 제전의 진행에 관여하는 사람들을 대단히 우러러보면서도 부러워했고 그런만큼 아주 조금의 실수나 부정조차 용납하지 못했다.

보통 이렇게 수많은 사람들이 한자리에 모일 때면, 상인인 사키온은 그 안에서 소소하게 장사를 해 돈을 벌 수 있는 방법을 찾아보곤 했다. 그렇지만 여기는 올림피아 제전이 열리는 곳이고, 앞서 처분한 파피루스 두루마리처럼 특별한 상품을 제외한다면, 더 이상의 욕심을 부리기는 어려웠다. 이미 수백 년 전부터 제전과 직접적으로 관련된 대부분의 돈벌이는 이 지역 사람들의 몫이었다. 벌써 몇 주 전부터 펠로폰네소스 반도 전역에서 염소를 비롯한 가축들이 모여들어 근처 농장 축사에서 자신들에게 다가올 운명의 날만을 기다리는 중이었다. 그렇게 끌어모은 가축들이 사람들의 밥상에 올라가려면 요리에 쓸 장작들도 꼭 필요하기 때문에, 그런 장작들 역시 오래전에 준비되어 묶음 단위로 팔 수 있도록 헛간 등지에 쌓여 있었다.

올림피아 밖에서는 노점상들도 하나둘씩 자리를 잡아가는 중이었다. 어느 눈치 빠른 농부가 자신이 소유한 땅에 아주 신중하게 노점상들의 위치를 결정해서 빌려주고 있는 모양이었는데, 이 농부는 노점상 말고도 수백여 개의 천막들로 이뤄진 야영장 장소도 제공하고 있었다. 이제 곧 농부의 밭은 임시로 만든 마을 비슷하게 변신할 것이며, 그중에서도 특히 전망이 좋거나 이동하기 편리한 구역에는 사키온 같은 부유한 상인이나 귀족들을 위한 고급스러운 임시 거처가 마련될 터였다. 노점상에서는 먹을거리에서 싸구려 기념품까지 취급 안 하는 상품이 없었고, 점쟁이나 약재상, 그리고 의사를 비롯한 각양각색의 기술자나 전문가들도 자리를 잡고 손님들을 기다렸다. 거기에 철학자들은 이번 기회에 수많은 군중들을 만나 자신들의 사상을 설파하기 위해, 그리고 가수나 악사들은 미래의 후원자들을 만나기 위해 이곳으로 달려왔다.

사키온이 관심을 보인 쪽은 자신과 같은 상인들이나 다른 상류층들이 머무는 곳이었다. 그에게 올림피아 제전은 당장은 아니더라도 미래에 큰 이익을 가져오는 만남의 장소나 마찬가지였다. 이곳에서는 자신과 같은 상인들을 만날 수 있을 뿐만 아니라 어떤 상품을 어디에서 싸게 구입해 어디로 가서 비싸게 처분할 수 있을지에 대한 정보도 수집할 수 있었다. 예를 들어 지금 현재 서로 경쟁 관계에 있는 마케도니아와 이집트는 키클라데스 제도 앞바다에서 서로 힘을 겨루고 있었는데, 바다에서의 힘겨루기란 결국 해군력의 경쟁을 의미했다. 그런데 안타깝게도 이집트에는 함선을 건조할 만한 목재가 부족했고 따라서 흑해 근처의 울창한 삼림 지대로부터 목재를 공급해 줄 수 있는 중간 상인이 있다면 아주 후하게 값을 쳐줄 준비가 되어 있었다. 사키온은 혹시 흑해 근처의 폰토스 왕국에서 온 상인을 만날 수 있다면 기꺼이 융숭한 대접을 할 생각이었다.

사실 로마와 카르타고의 전쟁이 장기전으로 이어지면서 이탈리아반도는 물론이거니와 카르타고와 지중해 동부 지역의 경제와 무역 모두 크게 피해를 입었다. 그 때문에 서방 지역은 안타깝게도 재정적으로 대재난에 휩싸여 있었다. 부유했던 시칠리아섬의 도시들, 특히 시라쿠사 같은 곳들의 지배자들에게 극동 지역의 사치품들을 가져다 팔면서 손쉽게 막대한 수익을 올릴 수 있었던 적도 있었지만, 아쉽게도 지금은 제정신이 있는 사람이라면 어느 누구도 상품을 그리스 서쪽 바다로 실어 보내지 않는다. 아드리아해를 휩쓸고 있는 해적 무리들의 손아귀를 빠져나갈 수 있다고 해도 로마나 카르타고 해군이 기다리고 있다가 화물을 압수해 갈 가능성이 있기 때문이었다. 그러면 그 상품들은 압수된 '밀수

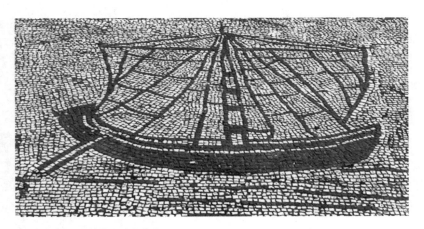

● 모자이크로 표현된 고대의 상선

품'으로서 누군가에 의해 다시 처분이 될 것이며, 상선에 타고 있던 선원들은 숙련된 인력을 절실히 필요로 하는 해군으로 끌려가게 될 것이다.

사키온은 좀 더 기운이 돌아오고 시간도 넉넉하다면 올림피아의 신성한 경내로 들어가 그곳에 있는 거대한 신전과 더불어 세계 7대 불가사의 중 하나로 알려져 있는 제우스 신상을 구경하고 싶었다. 신전 안까지 들어가 제우스 신상을 직접 보기 위해서는 여간 까다로운 절차를 거치지 않으면 안 되지만, 위대한 신 제우스도 결국 올림피아 제전에 함께 자리를 해야 할 것이고 수많은 구경꾼들이 끝없이 몰려드는 모습을 보고 싶어 할 것 같았다. 어쨌거나 신전은 그 너비가 70미터, 높이는 30미터에 달했고, 지난 200여 년 동안 최고의 조각가들이 작업을 한 조각상들이 장식되어 있기 때문에 겉모습만 둘러보아도 그만한 가치가 충분히 있었다.

그리고 근처에는 헤라 여신의 신전도 있었는데 위대한 조각가 프락시텔레스는 파로스섬에서 실어온 최고의 대리석으로 헤라 여신은 물론 헤르메스와 디오니소스 신의 어린 시절 모습 같은 걸작들을 그곳에 남겼다. 그러니 정신없이 돌아다니며 사업에 집중하기 전에, 먼저 신전을 방문해 상인과 꾀가 밝은 사람들을 지켜 주는 수호신 헤르메스 신의 가호를 비는 건 너무나 당연한 일처럼 생각되었다. 결국 이제 정말로 얼마 지나지 않아 사업이든 사기든 수많은 일들이 정신없이 바쁘게 벌어질 테니까 말이다.

Chapter.
11

8월, 쉼 없는 분투

달리기 선수, 하나

ᕦᕦᕦᕦᕦ

시밀로스는 저 멀리서 전령이 사람들을 향해 우렁차게 외치는 소리를 들었다. 이런 공식적인 선언의 내용 자체는 그다지 중요하지 않았다. 정말 중요한 건 그 모습이 어떤 식으로 사람들에게 비춰지느냐 하는 것이었다. 지금 올림피아에서는 올림피아 제전의 개최를 알리는 행사가 진행 중이었고 이런저런 내용들을 알리는 전령들, 그리고 거기에 맞춰 신호를 주는 나팔수들이 나름대로 자신의 실력과 재주를 겨루고 있었다. 일단 이렇게 개막 행사에서 실력이 판가름 나면, 행사 일정은 물론이거니와 각 경기의 우승자를 선언하는 영광을 누릴 사람들이 차례로 정해졌다.

올림피아 제전은 전령과 나팔수들의 실력 겨루기를 시작으로 공식적으로 시작이 되지만, 실제로는 3일 전에 여러 선수들과 심판들, 그리고 보조 진행자들이며 기록을 담당하는 서기들과 엘리스 주민의 대표들이 길게 이어지는 행진에 참여하면서, 이미 시작됐다고 할 수 있었다. 이들은 약 180스타디온, 그러니까 32킬로미터 정도를 걸어 올림피아의 신성한 경내로 입성했는데, 목적지에 도착하기도 전에 사람들이 다 지쳐 버리면 곤란하기 때문에 행진은 상당한 시간을 들여 느릿느릿 진행이 되었다. 그래서 시밀로스는 사방에서 몰려든 사람들과 함께 어울리며 이틀에 걸쳐 진행된 이 행진을 오히려 즐기기까지 했다. 올림피아 성역에 도착했을 때는 이미 기다리고 있던 수천 명의 관중들이 사방이 떠나갈 듯 우렁찬 함성으로 그들을 응원하며 맞이했다.

그렇지만 오늘 일찌감치 시작된 공식 개막 행사는 꼭 필요한 절차이기는 해도 좀 지루한 감이 있었다. 우선 제우스 신전의 경내에서 멧돼지를 제물로 바치는 의식이 있었고 그런 다음 출전 선수들이 길게 줄을 섰다. 이들은 한 사람씩 나서서 약속했던 10개월의 훈련을 충실하게 이행했고, 살인이나 계율 위반처럼 출전을 가로막는 부정한 행동들은 하나도 하지 않았으며, 경기에 출전해서 최선을 다하겠다는 맹세를 했다.

다음에는 추첨 행사가 이어졌다. 신들이 이미 정해 놓은 결과이기는 하지만, 이렇게 추첨이라는 형식을 통해 앞으로 나흘 동안 펼쳐질 대전표가 발표되는 것이다. 각 부문의 선수들은 항아리를 이용해 자신들의 경기 상대나 일정을 알게 되는데, 씨름이나 아주 거친 격투기의 일종인 '판크라티온pankration'의 경우, 항아리 속에서 한 사람씩 질그릇 조각을 꺼내는 방식으로 진행됐다. 같은 글자가 적힌 질그릇 조각이 2개씩 있고 같은 조각을 뽑아 든 선수들이 서로 대결을 펼치는 식이었다. 이렇게 1차전 혹은 예선전의 상대가 결정되었을 때, 예컨대 우승 후보 두 사람이 처음부터 맞붙게 되면 아쉬운 탄식이, 그리고 누가 봐도 그다지 강해 보이지 않는 어린 선수가 그보다 나이나 덩치가 두 배는 됨직한, 산전수전 다 겪은 노장과 붙게 되었을 때는 안타까운 동정의 한숨 소리가 터져 나왔다.

달리기 선수들도 항아리를 이용해 경기 순서를 정했다. 이 항아리에는 마침 전력을 다해 달리는 선수들의 모습이 그려져 있었다. 항아리가 등장하자 관중들은 일제히 입을 다물고 어떤 선수들이 어떤 주로(走路)에서 경주를 하게 될지 그 결과를 지켜봤다. 유명 선수인 동시에 이집트의 프톨레마이아 제전 우승자이기도 한 시밀로스는 가장 나중에 제비를 뽑았다.

신들은 시밀로스에게 가운데 주로에서 달릴 수 있는 기회를 주었다. 이는 경주 전략에 대해 그의 훈련 담당과 더 의논을 할 필요가 있다는 뜻이었다. 단거리 달리기의 주로는 출발 지점에만 표시가 되어 있기 때문에 경주가 진행되는 과정에서 어느 정도는 선수들끼리 서로 엉키거나 부딪히고 밀치는 일이 필연적으로 발생할 수밖에 없다. 여기에서 기선을 잡으려면 결국 처음부터 가장 먼저 치고 나가 계속 선두를 유지해야 하기 때문에, 시밀로스는 가능한 한 빨리 경기장으로 가서 어떻게 해야 빠른 출발을 할 수 있는지 살펴보고 싶었다. 물론 이는 모든 선수들이 마찬가지겠지만, 출발 신호보다 먼저 뛰어나가 부정 출발이 되면 심판 보조의 회초리 세례를 받게 된다. 그렇다고 완전 실격이 되는 건 아니었지만, 회초리를 맞은 근육들이 잠시 동안 제 기능을 발휘하지 못하는 경우가 종종 있었다.

단거리 경주는 이틀 뒤에 열리며, 그 순간 올림피아 제전은 절정에 이르게 된다. 시밀로스는 아직 연습을 더 할 수 있는 시간적 여유가 있어 다행이라고 생각했다. 물론 불리한 점도 있었다. 적지 않은 시간 동안 신경을 활시위보다 더 팽팽하게 곤두세운 채 기다려야 했으며, 밤이면

밖에서 벌어지는 요란스러운 축하 행사를 무시하고 점점 커지는 초조한 마음을 진정시키며 잠을 자려고 애를 써야만 했다.

긴장을 풀지 않기 위해서, 시밀로스는 몇 개월 전 헤르미오네에서 자신에게 패배를 안겼던 젊은 선수가 여기에 와 있는지 둘러보았다. 하지만 아쉽게도 그 특별한 사기꾼은 보이지 않았다. 나중에 김나스테스에게 들은 이야기지만 올림피아 제전의 주최 측은 그 젊은 선수의 기량이 제전의 수준에 터무니없이 모자라다고 판단해 출전을 금지시켰다고 했다. 하지만 그럼에도 불구하고 시밀로스는 속임수로 자신을 이겼던 그 젊은 선수가 저기 관중석 어딘가에서 정정당당한 경기가 어떤 것인지 자기 눈으로 직접 확인했으면 좋겠다고 생각했다.

올림피아 제전 일정표

제전 1일차 • 개막식이 열리고 선수들은 각자 제우스 신상 앞에서 올림피아 제전을 위한 맹세를 한다. 그리고 자신들이 따르는 신들을 위한 제사를 올린다. 진행을 알리는 전령과 나팔수들의 실력이 평가되고 매일 벌어지는 행사 일정은 물론이거니와 각 경기의 우승자를 선언하는 영광을 누릴 사람들이 정해진다.

제전 2일차 • 선수들이 신성한 숲에서 일렬로 걸어 나오면서 2일차 일정이 시작된다. 관중들은 승마 경기를 보기 위해 자리를 잡는다. 승마 경기 후에는 5종 경기, 즉 원반던지기와 멀리뛰기, 창던지기,

장거리 달리기와 씨름 경기가 이어진다.

제전 3일차 • 제우스 신과 더불어 올림피아 제전과 관련된 전설적 영웅 중 하나인 펠롭스에게도 제사를 올린다. 그런 후에 청소년들이 참가하는 행사나 경기가 열리고, 밤이 되면 개인들이 여는 수많은 모임이나 여흥들이 이어진다.

제전 4일차 • 400미터 경주, 장거리 경주, 전신에 갑주를 착용하고 달리는 경주, 그리고 올림피아 제전의 절정을 장식하는 스타디온 경주가 열린다. 그런 다음 격투 경기인 권투와 씨름, 그리고 판크라티온 경기도 이어진다.

제전 5일차 • 각 경기의 우승자들이 팔에 띠를 묶고 손에는 종려나무 잎을 든 뒤 제우스 신전 앞을 행진한다. 제우스 신에게 바쳐진 신성한 숲에서 황금 낫으로 잘라 낸 월계수 관을 머리에 쓴다. 그리고 마지막으로 한바탕 요란한 잔치와 연회가 열린다.

농부

포플러나무는 대단히 쓰임새가 많다. 포플러나무는 쪼갰을 때 회색과 녹색의 줄무늬가 있어 고급 가구를 만드는 데는 적합하지 않지만, 옹이가 없고 곧게 자라는 편이라 울타리 기둥과 널빤지, 마구간 지붕을 지탱하는 기둥, 화물을 운반하는 상자, 그리고 소란을 피우는 올림피아 제전 관광객을 가로막는 몽둥이에 이르기까지 많은 것들을 만들 수 있다. 또한 포플러나무는 가볍고 부드럽다. 올리브나무처럼 묵직한 나무로 만드는 몽둥이에 비해 위력은 떨어지지만 그럼에도 불구하고 몽둥이를 휘두르는 사람의 의도를 정확하게 전달하기 위한 상처나 '표식'은 충분히 남길 수 있다. 이피타가 꾸려 나가는 농장의 일꾼들은 이 포플러나무 몽둥이들을 4년마다 아주 요긴하게 사용해 왔다.

우선 무단으로 남의 땅을 침입하는 사람들이 있었다. 이피타는 올림피아 제전이 열리는 동안 강 옆에 있는 밭을 사람들에게 빌려줬는데, 수많은 사람들이 올림피아 제전에 참가하거나 보러 왔다는 이유만으로 뭐든 마음대로 행동할 수 있다고 생각하는 걸 보면 그저 기가 막힐 뿐이었다. 일찌감치 부지런을 떨어 야영을 할 자리를 빌린 사람들은 알지도 못하는 낯선 사람들이 버젓이 그 땅을 차지하고 있는 걸 보고 크게 화를 냈다. 다행히 덩치 큰 농장 일꾼들 손에 쥐어진 1미터 남짓한 길이의 몽둥이보다 사유 재산과 관련된 법을 더 잘 설명해 주는 건 없었다.

거기에 세라피스 신을 모시는 사원이 저 언덕 위에 세워져 누구나 알아볼 수 있는 명소가 되자, 수많은 자칭 순례자들이 이피타의 농장을 마음대로 지나가다가 어찌어찌 해서 '길을 잃고' 그러다 결국 닭장에서 잠을 청하곤 했다. 그런 이들이 과수원 나무 위에 올라가거나 '우연히' 염소를 훔치는 걸 보는 것은 여간 기가 막힌 일이 아니었다. 올림피아 제전이 열릴 때마다 벌어지는 일이지만, 제전이 열리면 먹을거리도 공짜로 나눠 줘야 한다는 터무니없는 생각을 하는 사람들이 꼭 있었다. 물론 부유하고 인심 좋은 후원자들이 큰 잔치를 열어 사람들을 대접하는 일이 실제로 있긴 했지만, 그건 제전이 끝나는 마지막 날에나 볼 수 있는 행사였다. 그 결과 먹을거리는커녕 돈조차 충분히 준비해 오지 않는 이런 말도 안 되는 무뢰배들이 이피타의 농장과 가축들 사이를 돌아다니며 자급자족을 결심하는 것도 흔히 볼 수 있는 일이었다.

결과적으로 그런 굶주린 무뢰배들은 이피타에게 또 다른 도움이 되어 주었다. 강 위쪽에 있는 밭은 강까지 이어지는 배수로가 없어 물기가 잘 빠지지 않는데, 이런 무뢰배 15명을 붙잡아 하루 세 끼를 먹여 주는 조건으로 배수로를 파는 일을 시킬 수 있었던 것이다. 대신 그녀는 이들의 고향 행정 관청에 도둑질로 붙잡혔다는 이야기를 전하지 않기로 약속했다. 아직 올림피아 제전이 막을 내리려면 이틀이 더 남았고 개인의 평판이나 체면을 대단히 중요하게 여기는 그리스 사람들이었기에, 이피타의 일꾼들로서는 이렇게 별로 달갑지 않은 일을 '자원해서' 할 사람들을 최소한 6명 정도는 더 붙잡아 올 수 있을 거라고 기대하고 있었다.

배는 고픈데 주머니에 돈이 좀 있는 사람들이라면 밭의 끄트머리까지 걸어가기만 해도 제대로 된 식사를 할 수 있었다. 물론 어느 정도 터무니없는 수준의 값을 치를 각오는 해야 했다. 올림피아 제전 때문에 급하게 들어선 임시 노점상들은 온갖 종류의 먹을거리들을 다양하게 팔았는데, 그중에서도 이피타의 노점은 찬거리도 잔뜩 있고 제대로 된 주방에서 만든 신선한 음식을 제공한다는 장점이 있었다.

동이 트기도 전에 일어난 사람들이라면, 적당한 크기로 잘라 포도주에 적신 갓 구운 신선한 보리빵으로 어렵지 않게 아침 식사를 해결할 수 있었다. 대부분의 그리스 사람들이 제일 즐겨 먹는 아침 식사가 바로 이 포도주에 적신 보리빵이었다. 좀 더 기름진 식사를 원하는 사람들이라면 꿀과 발효시킨 우유를 흰 밀가루에 섞어서 구운 얇은 빵에 취향에 따라 꿀이나 염소젖으로 만든 치즈를 더 얹어서 먹을 수도 있었다. 입가심용으로는 보리로 끓인 죽이나 발효시킨 뒤 물을 섞은 염소젖, 혹은 우물에서 길어 온 차갑고 깨끗한 물도 마련되어 있었다. 그냥 물이라고 해서 결코 무시할 수 없는 것이, 수천 명이 넘는 사람들이 볼일을 보는 강을 본다면, 정말 목이 말라 죽을 지경이 아닌 다음에서야 그 강물을 마실 사람은 아무도 없었다.

점심은 비교적 간편하게 만들어 빨리 내올 수 있는 음식이 많이 팔렸다. 하루 중 이 시간쯤 되면 사람들은 여러 행사들 사이를 바삐 오가길 원했으므로, 줄이 길게 늘어선 곳은 그다지 인기가 없었다. 따라서 삶은 달걀, 말리거나 신선한 무화과와 사과, 적지 않은 값을 치르고 들여 놓

● 고대 그리스 가족들의 식사 풍경

았지만 그만큼 또 비싼 값에 파는 소금에 절인 물고기, 갓 구운 빵과 올리브 열매 등이 진열대를 채우기가 무섭게 날개 돋친 듯 팔려 나갔다.

하루가 마무리 될 무렵이면 대부분의 사람들이 야영지로 돌아가 직접 저녁을 차려 먹으려 했다. 그래서 노점상들은 오후가 되면 당근이나 오이 같은 푸성귀들과 병아리콩 따위를 파느라 바빴다. 물론 이 병아리콩은 근처에 있는 병이 퍼지지 않은 밭에서 한꺼번에 대량으로 구매해 둔 것이다. 육류의 경우 양고기나 쇠고기, 그리고 사슴 고기 등을 부위별로 다양한 크기로 잘라 팔았으며, 주문과 함께 선금을 미리 받은 경우는 노점상 앞에서 불을 피워 구워 두었다가 주문했던 손님이 오면 건네주기도 했다.

대부분의 경우 이렇게 고기를 팔 때는 파리 떼가 엉겨 붙기 마련이지만 이상하게도 올림피아 제전 기간 동안은 파리를 잘 볼 수 없었다. 어떤 자연 철학자는 파리도 올림피아 제전 기간 동안은 평화를 지켜야 할 의무가 있다는 주장으로 이런 현상을 설명하기도 했다. 하지만 그보다 더 현실주의자인 이피타는 음식을 만드는 노점상 수백 곳에서 피워 올리는 매운 연기가 파리 떼를 쫓아 버리는 것이라고 생각했다. 어쨌든 파리가 보이지 않으면 좋은 일이니까 그녀는 그 이유가 무엇이든 그다지 신경 쓰지 않기로 했다.

해가 질 무렵부터는 이런저런 연회가 시작이 되고 임시로 마련된 야영장 사이사이에서는 고약한 일들이 적지 않게 벌어지곤 했다. 올림피아 제전을 좋은 기회라고 생각하는 건 운동선수나 가수, 혹은 악사들 뿐만은 아니었다. 당연히 좀도둑이나 노상강도들도 한몫을 잡기 위해 몰려들었다. 대부분의 경우 회초리로 무장을 한 심판 보조들이 순찰까지 맡아 큰 소란이나 무질서가 발생하지 않도록 확인을 하고 돌아다녔지만, 공교롭게도 그들이 책임지는 영역은 이피타가 사람들에게 빌려주고 있는 밭의 경계선까지였다. 그래서 때로는 술에 취한 젊은 무리들이 과수원이나 막 수확이 끝난 밀밭 같은 좀 더 넓은 장소에서 떠들며 놀고 싶어 할 때가 있었다. 그때는 남의 땅에 무단으로 침입했음을 알려준다 해도 오히려 깜짝 놀랄 정도로 호전적으로 변해 달려드는 경우가 많았다. 하지만 이런 젊은이들은 올림피아 제전을 처음 구경 온 경우가 많았던 반면, 이피타 일가는 벌써 몇 세대에 걸쳐 제전을 치르며 산전수전을 다 겪은 사람들이었다. 농장에서 기르는 사나운 개들은 제아무리 드센 무뢰배들이라 할지라도 놀라운 속도로 제압을 해 얌전하게 굴

도록 만들 수 있었으며, 그럼에도 불구하고 기세가 수그러들지 않는 몇
몇 사람들은 개들에게 물린 상처가 낫는 즉시 '자진해서' 밭의 배수로를
파러 갈 수밖에 없었다.

　이렇게 이피타의 농장 사람들은 올림피아 제전이 어떻게 진행이 되
는지와 상관없이 나름대로 만족스러운 시간을 보내고 있었다. 특히나
이피타는 새로 맞아들인 며느리의 솜씨가 나쁘지 않은 것이 마음에 들
었다. 농작물을 거둬들이는 일은 물론이거니와 올림피아 제전 기간에
도 농장은 고양이 손이라도 빌리고 싶을 정도로 아주 바빴다. 그런데 이
며느리는 대부분의 시간을 힘들고 정신없이 보내면서도 그야말로 솜씨
좋게 일을 척척 해냈으며, 자신이 태어나 자란 고향 아테네와는 사뭇 다
른 이런 혼란을 은근히 즐기는 것처럼 보이기도 했다.

외교관

〰〰〰〰〰

일반적으로 진지한 외교적 논의라는 건 결국 세상에 공개되기 마련이다. 예를 들어 페르세우스 같은 고위층 외교관들의 일거수일투족은 헬레니즘 세계의 강대국 첩자들에 의해 늘 감시를 받았는데, 각국의 지배자들은 누가 언제 누구를 만나는지 모조리 알고 싶어 했다. 사실 아무리 비밀리에 진행되는 협상이라고 해도, 어느 시점이 되면 신뢰할 수 있을 정도의 지위를 가진 사람이 자신이 섬기는 왕의 이름을 걸고 나서야만 했다. 그리고 그렇게 되면 결국 모든 사람들이 그 협상에 대해 알게 되는 것이다. 이런 맥락에서 페르세우스가 셀레우코스 제국의 안티오코스 2세, 그리고 이집트의 프톨레마이오스 2세와 각각 만남을 가졌다는 사실도 이미 다 알려진 뒤였다. 각국의 첩자들은 이 고위층 외교관의 행보와 관련해 어떤 일들이 벌어지고 있는지 자신들의 주인에게 이미 보고를 마쳤다.

올림피아 제전은 그렇게 언젠가는 밝혀질 외교적 논의가 처음 이루어지는 곳이기도 했다. 순수하게 제전 그 자체와 다양한 행사 등에 관심을 갖고 찾아온 고위직 관료들도 있겠지만, 외교 기록에 반영되지 않는 그런 비밀스러운 만남을 기대하며 찾아오는 관료들도 많았다. 물론 그런 좋은 기회는 잘 생기지 않지만 일단 기회가 생기면 모두들 열심히 그 기회를 잡기 위해 애를 썼다.

예를 들어 펠로폰네소스반도의 북부에 위치한 전략적으로 중요한 도시 시키온에 대해 생각을 해 보자. 최근 들어 시키온은 극적인 변화를 겪었다. 아라토스라는 이름의 젊은 지도자가 사람들을 모아 정변을 일으켰고, 그 결과 폭군이 물러나고 민주 정치가 시작된 것이다. 시키온의 이런 변화는 마케도니아로서는 신경이 쓰이지 않을 수 없었는데, 지금까지 자금과 외교적 지원을 통해 시키온의 독재자에게 힘을 실어 주고 있었던 게 사실은 마케도니아의 국왕 안티고노스 2세였기 때문이다. 따라서 당연한 일이겠지만 시키온에 들어선 새로운 민주 정부는 마케도니아를 반대하는 세력이 될 수밖에 없었다.

그리스 본토에 대한 마케도니아의 지배력은 한창 세력을 키워 가고 있던 그리스 도시들의 동맹에 의해 벌써부터 위협을 받고 있었다. 마케도니아 남서부 지역에서는 이미 아이톨리아 동맹Aetolian League이 결성되어 육지와 바다에서 노략질을 일삼는 중이었다. 그런데 최근에는 펠로폰네소스반도 북부의 몇몇 도시들도 새롭게 힘을 합쳐 마케도니아에 대항하려는 조짐을 보였다. 세상 사람들은 이들의 연합을 '아카이아 동맹'이라고 불렀고, 시키온 또한 이 동맹에 가입하려는 움직임을 보였다. 페르세우스는 할 수 있다면 시키온의 아카이아 동맹 가입을 막고자 했다.

이럴 때 올림피아 제전은 좋은 핑계가 될 수 있었다. 만일 마케도니아의 국왕 안티고노스 2세의 특사가 최근에 지배자를 쫓아낸 그런 세력과 뭔가 논의를 하는 모습을 사람들이 보게 된다면, 군주제를 유지하고 있는 다른 그리스 국가들 사이에서 마케도니아에 대한 믿음이 흔들리고 말 것이다. 이와 마찬가지로 새롭게 민주 정부를 세운 시키온이 자신들이 쫓아냈던 바로 그 독재자의 후원 세력과 대화를 시도한다면 그들의 평판이 위태로워질 수밖에 없었다. 그렇지만 시키온의 대표가 마케도니아의 고위 외교관과 올림피아 제전에서 우연히 마주치게 된다면 어떨까. 예컨대 그 외교관이 마케도니아 국왕의 이름을 내세워 후원을 하는 음악 경연 대회 같은 곳에서라며? 그런 만남이라면 전혀 문제가 되지 않을 것이다.

하지만 공교롭게도 음악 경연 대회도 그 이후에 있었던 협상도 모두 다 그 결과가 만족스럽지 못했다. 아쉬움이 많이 남은 페르세우스로서는 이곳에 계속해서 머무를 필요가 있을지 의문이 생길 정도였다. 그가 저지른 첫 번째 실수는 음악 경연 대회의 심사를 스파르타 사람에게 맡긴 것이었다. 마케도니아와 스파르타가 서로 불편한 사이가 된 지 벌써 한 세기가 다 되어 가는 시점에서 페르세우스는 그다지 중요하지 않은 문제에 대해 스파르타 측에 약간의 존경심을 보여 주는 것도 그리 나쁜 일은 아니라고 생각했다. 음악 경연 대회 정도로 무슨 문제가 일어나리라고는 전혀 생각하지 않았던 것이다.

그런데 이 경연 대회에서 가장 중요한 행사가 리라 연주에 맞춰 노래를 부르는 경연이었고, 누가 봐도 우승 후보로 보이는 악사가 있었다는 것이 문제였다. 이 여자 악사는 직접 작곡한 아름다운 음악을 연주했는데 거기에 맞춰 부르는 노래 솜씨도 아주 놀라웠다. 그런데 스파르타 출신의 심사 위원은 말도 안 되는 이유로 이 여자 악사의 점수를 깎아내렸다. 무척이나 보수적인 스파르타 사람들은 여자가 이런 행사에 나서는 것 자체를 경원시했다. 게다가 이 여자 악사는 정치적 영향력이 전무하다시피 한 어느 이름 없는 지역 출신이었다.

심사 위원은 스파르타와 서로 밀접한 관계에 있는 크레타 출신의 어느 평범한 남자 악사를 우승자로 결정했다. 그걸 본 페르세우스는 스파르타 사람들이 정직하고 청렴하다는 평판을 믿었던 자신을 크게 원망할 수밖에 없었다. 물론 지난 한 세기 동안 스파르타의 정책을 지켜봐 왔던 사람이라면 그토록 칭송을 받았던 스파르타의 고결한 도덕성이 이만큼 추락한 걸 보고도 그리 놀라지는 않았을 것이다.

페르세우스는 시키온 민주 정부의 새로운 지도자 아라토스와의 만남에 대해 상당한 기대를 하고 있었다. 아라토스와 페르세우스에게는 서로 충분히 주고받을 만한 것들이 있었기 때문이다.

시키온의 독재자가 물러나자 말 그대로 수많은 망명자들이 과거 자신들이 소유했던 토지와 주택을 되찾기 위해 앞을 다투어 시키온으로 되돌아왔다. 그런데 이런 토지와 주택들은 이미 모두 다른 사람들의 소유로 바뀐 뒤였다. 그렇다고 이들 모두가 독재자의 폭정에 동조했던 사람들도 아니었다. 정당한 절차를 통해 토지와 주택을 손에 넣은 일부 사람들로서는 정권이 바뀌었다는 이유만으로 자신들의 정당한 권리를 포기할 이유가 전혀 없었다. 게다가 이들은 시키온 안에서도 상당한 영향력이 있었기 때문에 아라토스가 계속 자신의 권력을 유지하고 싶다면 돌아온 망명자들과 이들 사이에서 벌어지는 재산 소유권 분쟁을 모두가 만족할 수 있는 방식으로 어떻게든 꼭 해결해야만 했다.

따라서 마케도니아는 아라토스에게 충분한 자금을 지원하겠다는 제안을 했다. 만일 끝까지 토지와 주택의 반환을 요구하는 망명자가 있다면 정부가 다시 구입을 해 돌려줄 수 있으며 굳이 고향으로 돌아오지 않아도 된다는 망명자에게는 현금으로 보상을 해 줄 수도 있었다. 페르세우스는 은화로 20탈렌트를 준비할 수 있다고 제안했고, 그 대신 시키온이 펠로폰네소스반도 북부의 아카이아 동맹에 참여하지 않겠다는 약속을 문서로 작성해 주기를 원했다.

새로운 시키온 정부의 불안한 입지, 그리고 돌아온 망명자들과 기존 주민들 사이에서 재산을 사이에 두고 발생할 것이 분명한 대규모 분쟁을 생각한다면, 아라토스로서는 선택의 여지가 없을 거라고 페르세우스는 확신했다. 마케도니아의 자금 지원이 없는 시키온의 민주 정부는 제대로 자리를 잡기도 전에 무너질 것이 틀림없었다.

페르세우스와 아라토스는 저 여자 리라 연주자가 부당하게 자신의 우승과 상금을 빼앗겼다는 사실에 서로 공감하면서 부드럽게 대화를 시작했다. 아라토스도 페르세우스도 스파르타의 부당한 처사에 대한 일화들을 하나씩 이야기하며 화기애애한 분위기를 잠시 유지했다. 그러다 곧 두 사람은 진지하게 본론으로 들어갔다.

그런데 아라토스는 그 자리에서 아주 단호한 어조로 시키온은 아카이아 동맹에 참여할 것이며 마케도니아는 무슨 수를 쓰더라도 그 일을 막을 수 없을 거라고 단정 지었다. 최근에 시키온의 독재자를 몰아내는 데 성공한 젊은 지도자 아라토스는 시키온이 아카이아 동맹에 참여하는 즉시 자신이 동맹의 실질적인 지도자가 될 것이라고 확신하는 듯했다. 심지어 그는 마케도니아와 적어도 아직까지는 무력 충돌을 일으킬 생각이 전혀 없으며, 지금 당장 필요한 현금을 페르세우스가 넘겨주기만 한다면 일종의 적대적 중립을 유지할 준비가 되어 있다고 말하기까지 했다.

페르세우스는 분개했다. 마케도니아가 그런 거래로 얻을 수 있는 건 시키온 주민들의 호의뿐인데, 그것조차도 최근에 있었던 독재자의 축출 과정을 생각해 볼 때 그 독재자를 뒤에서 지원했던 마케도니아에게 진정한 호의를 보일 수 있을지 의심스러웠다. 페르세우스는 아라토스가 그렇게밖에 나올 수 없다면 어디 다른 곳에 가서 필요한 자금을 융통하게 되기를 바랄 뿐이라고 딱 잘라서 말했다. 그런데 그 말을 들은 아라토스는 자신은 이미 마케도니아가 주겠다는 20탈렌트보다도 더 많은 25탈렌트를 손에 넣었으며 그 돈의 위력 덕분에 시키온 내부의 불온한 움직임도 점차 진정이 되고 있는 중이라고 거만하게 말했다.

그런 예상치 않은 거액의 자금이 어디에서 흘러들어 왔을지는 굳이 깊게 생각할 필요도 없었다. 당연히 이번에도 이집트가 개입을 한 것이다. 불같이 화가 치밀어 오른 페르세우스가 적어도 겉으로 보기에 아무 일 없는 것처럼 침착한 태도를 유지할 수 있었던 건 몇 년에 걸친 훈련의 효과일 뿐이었다. 하지만 그는 속으로는 어두컴컴한 지옥의 한 구석에서 이리저리 훼방을 놓는 이집트의 파라오를 저주하고 또 저주했다. 알렉산드리아에서 이집트의 파라오 프톨레마이오스 2세를 만났을 때 그는 이제 그리스 본토 문제에 이집트가 더 이상 참견하지 않을 거라고 확신을 했었다. 이집트 측의 거짓말은 노련한 외교관인 페르세우스를 속여 넘길 만큼 능숙했던 것이다.

음악 경연 대회는 엉망으로 끝이 났고 아라토스와의 협상도 결국 실패로 돌아갔다. 자신의 숙소 안에서 우울한 기분에 잠겨 있던 페르세우스는 이제 남은 올림피아 제전 기간 동안 그저 행사나 구경하자는 생각을 하고 말았다. 내일은 가장 중요한 단거리 달리기 경주 대회가 열린다. 이제 다른 볼일들은 다 끝이 났으니 관중석 제일 앞자리에 앉아 경기의 결과나 지켜보는 것 말고는 다른 할 일이 없었다.

달리기 선수, 둘

마침내 그 순간이 시작되었다. 시밀로스가 인생의 대부분을 바쳐 훈련에 훈련을 거듭해 온 것도 바로 이 순간을 위해서가 아니었을까. 그는 지금 느끼는 이 감정이 특별 가속 훈련을 할 때의 감정과 비슷하다는 사실을 깨달았다. 김나스테스는 자신이 지도하는 선수에게 종종 가파른 비탈길을 빠른 속도로 뛰어 내려가는 훈련을 시켰는데, 그렇게 하면 비정상적으로 팔과 다리가 빨리 움직이는 상황에 몸과 마음이 익숙해진다는 이유였다. 시밀로스는 경기장으로 달려가 지난 며칠 동안 몸속에서 차오르고 있는 이 긴장과 열정을 빨리 밖으로 분출하고 싶었다. 하지만 또 한편으로는 아예 경기장 근처에도 가고 싶지 않기도 했다. 여기가 자신이 인생을 걸고 달려온 길의 종착역인 것인가? 그렇다면 그 결과나 승패에 관계없이 모든 과정이 마무리 되었을 때 이제 앞으로 그는 무엇을 위해 또 달려야 할까?

시합이 시작되기 전 시밀로스는 체육관에서 훈련 담당의 조심스럽고 세심한 지도하에 가볍게 준비운동을 했다. 관중들은 저 멀리서 선수들을 지켜보며 충고와 격려의 말을 외쳤다. 그러다 드디어 나팔 소리가 울려 퍼졌고, 모든 선수들과 관중들은 올림피아 제전 최고의 행사가 벌어지는 경기장으로 이동하기 시작했다.

지난 한 세기 동안 단거리 달리기 경주는 올림피아 제전에서 열리는 유일한 경기였다. 원래 스타디온이란 위대한 영웅 헤라클레스가 단 한 번 숨을 몰아쉴 동안 달린 거리를 뜻했으며, 올림피아 제전의 경기장 역시 오직 스타디온 경기만을 위해 세워진 장소였다. 그러다 시간이 흐르면서 다른 경기들이 하나둘씩 추가되었고, 원반던지기나 멀리뛰기, 그리고 5종 경기 같은 다양한 경기들이 함께 열리게 된 것이다.

훈련 담당은 시밀로스를 경기장 입구까지만 바래다주었다. 거기서부터는 선수들끼리만 입장이 가능했다. 모든 선수들은 벌거벗은 몸에 가볍게 올리브유를 바르고 자신들의 건강한 육체를 뽐냈다. 경기장 입구에는 여러 조각상들이 서 있었는데 이 조각상들은 올림피아 제전의 규정을 어기거나 부정행위를 했던 선수들이 낸 벌금으로 세워졌기 때문에 그 아래를 지나가는 선수들에게는 아주 좋은 경고가 되어 주었다.

경기장 입구는 지붕이 있으며 보통은 '숨겨진 문'이라고 불렸다. 이곳을 통해 들어가면 스타디온 경주로를 보다 잘 살펴볼 수 있었다. 경주로는 원래 좀 더 서쪽에 있었던 고대의 경주로 대신 만들어졌는데 그 역사가 100년이 조금 넘었다. 경주로가 새로 만들어진 건 수만 명에 달하는 관중들이 경기를 제대로 볼 수 있도록 하기 위해서였다. 새로운 경주로가 중심이 된 경기장에는 올림피아 제전의 총 책임자와 판정단을 제외하면 앉을 자리 같은 건 없었다. 따라서 일반 관중들은 모두 적당하게 기울어진 언덕 위에 서서 경기를 지켜보았고 경주로보다 약 3미터가량 위로 솟아 있는 언덕에 모인 관중들의 숫자는 4만 명이 넘었다. 규정상 여자들의 입장은 금지되어 있었지만 가끔 관중들 속에 여자들이 섞여 있기도 했다. 아직 혼인을 하지 않은 처녀는 데메테르 여신을 모시는 여사제의 인도 아래 단거리 경주를 구경하는 것이 가능했다. 여사제에게는 판정단을 마주보는 위치에 있는 하얀색 대리석으로 만든 의자가 제공되었다.

하지만 시밀로스의 눈에는 그런 모습들이 거의 들어오지 않았다. 그를 포함한 동료 선수들은 '엔디미온의 무덤Tomb of Endymion'이 있는 쪽으로 이동하느라 정신이 없었다. 엔디미온의 무덤 옆에는 2개의 길쭉한 홈이 새겨진 대리석 판들이 바닥에 한 줄로 박혀 있었다. 제법 정성을 들여 만든 이 출발선은 이스트미아나 델로스 제전 등에서 볼 수 있는 출발선과 비슷했지만, 사실 전통적인 올림피아 제전에서는 그런 출발선 같은 건 없었다. 어쨌든 이 출발선 위에 올라간 선수는 발을 뒤쪽에 파인 홈에 걸쳤고, 출발 신호가 울려 퍼지기 전에 발이 앞쪽 홈을 넘어가게 되면 엄격한 벌칙이 적용됐다. 결승선은 대략 200미터, 정확히는 192미터밖에 있으며 거기에도 비슷하게 홈이 새겨진 대리석 판이 있어서 제일 먼저 그 대리석 판을 넘어가는 선수가 경기의 우승자가 되었다.

다시 또 나팔 소리가 울려 퍼지자 시밀로스는 중간쯤에 있는 자기 자리로 가서 섰다. 그의 왼쪽으로는 7명이, 그리고 그의 오른쪽으로는 12명의 선수가 있었다. 그는 이제 온 신경을 눈앞의 경주로에만 집중했다. 부드러운 붉은색 흙이 깔려 있는 경주로는 미끄러지는 걸 방지하기 위해 얇게 모래를 한 겹 더 덮었고 완벽할 정도로 평평했다. 시밀로스의 귀에 어마어마한 숫자의 관중들이 외치는 함성 소리가 어렴풋하게 들려 왔다. 그러다 그 수많은 관중들이 일시에 한꺼번에 입을 다물고 시선을 심판에게 집중하자 그는 비로소 지금이 어떤 상황인지 깨달을 수 있었다. 심판은 줄지어 늘어서 있는 선수들을 바라보며 모든 준비가 끝났다고 생각했다. 심판이 출발 신호를 외치는 사람을 향해 고개를 끄덕였고 그는 크게 숨을 들이마신 다음 이렇게 소리쳤다. "경주…… 시작!"

그 소리가 끝나기가 무섭게 시밀로스는 전력을 다해 자리를 박차고 나갔다. 자신 앞에 아무도 보이지 않았기 때문에 출발이 아주 좋았다는 사실을 알 수 있었다. 이제는 그저 인간이 할 수 있는 범위 안에서 최선을 다해 다리를 빨리 움직이는 것에만 집중할 뿐이었다. 눈은 저 멀리 있는 결승선만 바라보았다. 그런데 그렇게 빨리 달리고 있는데도 옆으로 희미한 형체가 다가오는 것이 눈에 들어왔다. 시밀로스는 더 속력을 높였지만 바로 옆까지 치고 들어오는 그 선수를 제칠 수가 없었고, 곧이어 그는 가차 없이 그를 앞질러 갔다.

경주가 반쯤 진행되었을 때까지도 시밀로스는 여전히 뒤쳐져 있었다. 그는 자신이 지금껏 해 왔던 그 어떤 경주보다 더 빨리 달리고 있다는 사실을 알고 있었다. 시밀로스의 눈에 자신을 앞지른 선수의 등이 보였다. 하지만 올림피아 제전에서 2등은 아무런 의미가 없었다. 오직 우승 아니면 패자의 굴욕뿐이었다. 그런 굴욕을 떠올리자 시밀로스는 더욱 속도를 내도록 자신을 다그쳤다. 미처 남아 있는지도 몰랐던 자신의 마지막 힘까지 모두 다 불살랐다.

마침내 조금씩 거리가 좁혀지기 시작했다. 반드시 저 선수를 이기고 말 것이다. 결승선에 닿기 전, 그 마지막 미친 듯한 질주 속에서 두 사람은 거의 나란히 결승선을 넘었다. 그렇지만 시밀로스는 그 마지막 필사적인 몇 걸음 속에서 아주 근소한 차이로 자신이 앞섰다는 사실을 알수 있었다. 거칠게 숨을 몰아쉬는 동안 그는 함께 들어온 선수의 고통스러운 얼굴 표정을 보았다. 그의 경쟁자도 자신의 패배를 깨달은 모양이었다.

잠시 뒤 다른 선수들도 하나둘씩 결승선으로 들어섰다. 시밀로스를 둘러싸고 미리 축하 인사를 전하는 선수들도 있었고 뭔가 무시하는 듯한 표정으로 멀찌감치 서서 심판의 최종 결과 발표를 기다리는 선수들도 있었다. 무릎에 손을 대고 몸을 숙이고 있던 시밀로스가 고개를 들어 저 건너편 관중석을 바라보았다. 그의 훈련 담당이 미친 듯이 기뻐하며 소리를 지르고 있는 모습이 눈에 들어왔다. 마침내 그의 이름이 크게 울려 퍼졌다. 시밀로스는 승리를 거뒀다. 올해 올림피아 제전 스타디온 경주의 우승자는 바로 시밀로스였다. 이제 앞으로 4년 동안 네아폴리스의 시밀로스는 올림피아 제전의 우승자로 그 이름을 널리 알리게 될 것이다.

ΑΠΕΛΛΑΙΟΣ ΕΠΙΛΟΓΟΣ

Chapter.
12

9월, 마지막 이야기

리라 연주자

〰〰〰〰〰

신들은 모든 걸 한꺼번에 빼앗아 가기도 하지만 또 아낌없이 베풀기도 한다. 칼리아는 3단으로 노를 젓는 마케도니아의 대형 군선 갑판 뒤에 자리를 잡고 앉아 자신의 지금 상황을 되새기는 중이었다. 갑자기 비가 쏟아졌던 그날, 어느 사원의 정문에서 그 비를 피하지 않았더라면 그녀의 인생은 또 얼마나 크게 달라졌을까.

그날 엘리스에서 칼리아는 마케도니아의 국왕이 후원한다는 축제에 참석을 했었다. 공식적인 오찬이 열린 후 이어졌던 음악 경연 대회에서 그녀는 리라를 타며 직접 노래를 불렀지만 결과는 씁쓸했다. 처음에는 아무런 문제도 없었다. 전에도 늘 그랬던 것처럼 그날도 역시 그녀가 키타라 리라를 들고 온 것에 대해 뭐라고 말을 하는 사람은 아무도 없었다. 그런데 정도를 지키는 척하는 그 스파르타 출신의 심사 위원인가 하는 작자는 전통적인 여섯 줄짜리 리라가 아닌 줄이 10개 달린 리라라는 이유로 자신을 제대로 인정해 주지 않았다. 그건 마치 열 줄짜리 리라가 100년이 넘는 음악 경연 대회의 전통을 깨고 어디선가 불쑥 나타난 걸 본 것 같은 태도였다. 정말 리라가 문제였다면, 칼리아가 이곳에 와서 자신의 순서가 되어 연주와 노래를 선보이기 전에 그런 사실을 일러 준 사람이 왜 아무도 없었단 말인가?

그녀가 페르가몬 왕국에 있었을 때부터 직접 만들어 온 음악들은 누구에게도 뒤지지 않을 수준이었다. 몽환적인 카리아풍 곡조에 힘이 넘치는 프리기아의 화려한 기교를 조금 섞고, 시작 부분에는 약강으로 이어지는 박자를 넣어 대조를 이루는 연주와 노래였다. 도입부가 끝이 나자 칼리아는 높았던 음을 낮게 떨어트리며 예상치 못한 반전을 보여주었고 그러면서 자신이 붙인 노랫말의 억양을 그대로 따라 연주를 했다. 칼리아의 연주와 노래를 들은 청중들은 그녀를 부당하게 대우한 심사위원에게 퍼부었던 야유 못지않게 뜨거운 박수갈채를 보내주었지만, 그렇게 청중들의 마음을 얻는다 해도 자신과 같은 직업 악사는 제대로 먹고살기 힘들다는 사실을 칼리아는 잘 알고 있었다.

그리고 곧 엘리스에 예상치 못한 천둥과 비바람이 몰아치기 시작했다. 칼리아는 가죽으로 만든 보관함에 소중한 리라를 챙겨 넣고는 어느 사원의 정문 지붕 아래로 가서 비를 피했다. 그녀의 옆쪽에는 어느 땅딸막한 체격의 머리가 벗겨진 남자가 기둥 위 삼각형 모양의 지붕을 노려보고 있었다. 뭔가 계산이 잘못된 걸까? 아니면 기둥과 연결되는 부분이 서로 어울리지 않았던 건지도 모른다. 칼리아는 그 남자를 슬며시 보면서 뒤쪽에서 들리는 어느 가족의 이야기에도 귀를 기울였다.

쓰고 있는 너울 뒤로 고수머리를 드러낸 아직은 어려 보이는 한 여자가 남편의 겉옷에 몸을 파묻었다. 그 남편으로 보이는 남자와 머리가 하얗게 센 퉁명스럽게 생긴 중년 부인은 남들의 시선은 전혀 아랑곳하지 않은 채 뭔가 큰소리로 말다툼 중이었다. 아무래도 어린 아내가 바로 얼마 전 임신을 한 것 같은데, 시어머니가 아이를 낳을 때까지 시댁 농장에 와 있으라고 하자 아들은 이럴 때는 시내 중심가에 계속 머물러야 한다고 버티는 듯했다.

또 다른 사람들이 쏟아지는 비를 피해 몰려오자 주변이 소란스러워졌다. 칼리아는 그 무리의 중심이 다름 아닌 자신을 제대로 인정해 주지 않았던 음악 경연 대회의 주최자인 외교관이라는 사실을 알아보고는 경멸에 가까운 시선을 던졌다. 외교관은 사원의 일꾼에게 자신이 앉을 의자를 가져오라고 명령했고 일꾼은 서둘러 의자를 가지러 달려갔다. 칼

●
스파르타에서는
인기가 없었던
열 줄 리라

리아는 외교관 옆에 이번 올림피아 제전의 영웅인 건장한 체격의 젊은 달리기 선수가 있는 것을 눈여겨보았다. 옆에서 그 선수에게 온갖 신경을 쓰고 있는 사람은 당연히 그의 훈련 담당일 것이다. 시미콜로스? 아니면 키밀로스? 그의 이름이 무엇이든 간에 어쨌든 스타디온 경주에서 우승을 거둔 그 선수는 경기가 끝나고 나서도 자신을 계속해서 따라다니는 사람들에게 밤낮을 가리지 않고 시달리는 모양이었다.

일꾼이 가져온 의자 위에 외교관이 앉자마자 풍성한 갈색 머리카락에 목에는 트라키아식 말 문신이 있는 어떤 젊은 여자가 조심스럽게 그의 옆으로 다가왔다. 그리고 역시 지붕 아래에서 비를 피하고 있던 어느 수척해 보이는 남자에게 손짓을 했다. 남자는 두꺼운 겉옷을 걸치고 있었지만 몸을 떨고 있었다. 한참 동안 그 남자를 주의 깊게 바라보던 외교관은 자신의 의자를 남자에게 양보했다. 그렇게 자리에서 일어서던 외교관의 눈에 비로소 칼리아가 들어왔다.

귀족 후원자들을 상대했던 경험이 적지 않았던 칼리아는 그 음악 경연 대회의 결과에 대해 감히 먼저 말을 꺼내지는 못했다. 그런데 페르세우스는 전혀 외교관답지 않은 직설적인 태도로 마케도니아로 가서 궁정 악사 생활을 해 보는 게 어떻겠냐는 제안을 던졌다. 안 그래도 마음이 불편했던 칼리아는 모욕감마저 느꼈다.

거의 1분쯤 지난 후에야 칼리아는 그것이 정말 진심으로 하는 말이라는 사실을 깨달았다. 그만큼 그의 제안은 너무 갑작스러웠지만, 그의 말에 악의가 없음을 뒤늦게 이해했다. 궁정 악사 자리는 사실 음악을 하는 사람이라면 자신의 모든 걸 포기하고서라도 얻고 싶은 어마어마한 자리였다. 그런데 그걸 먼저 제안하고도 거절당한다면 그만큼 체면이 말이 아니게 되므로, 이 외교관은 거절을 당할까 염려해 무뚝뚝한 태도로 물어봤던 것이다. 하지만 칼리아는 처음에 그걸 '악의 섞인 농담'으로 받아들여 마뜩찮은 반응을 보였고, 그 때문에 당황한 외교관은 보수를 두 배 더 올려 주겠다고 말했다.

사실 페르세우스는 실력을 공정하게 인정받지 못하고 경연 대회를 박차고 뛰어나간 칼리아를 바로 수소문했었다. 하지만 성과가 없어서 단념하려던 참이었다. 이렇게 헤라 사원의 정문 앞에서 우연히 다시 만날 때까지는 말이다. 다행히 칼리아는 일생에 한 번 만나기 어려운 이런 좋은 기회를 놓치지 않겠다고 결심을 굳혔다. 이들은 곧 협상에 들어갔는데, 정확히 말하자면 두 사람은 상대방이 먼저 자리를 털고 일어나 버릴까 염려하며 외나무다리 위를 걸어가듯 아주 조심스럽게 협상을 했다. 실제로는 둘 중 누구도 이 협상이 깨지기를 바라지 않는다는 사실을 그때는 알지 못했다.

그렇게 해서 칼리아는 구름에 휩싸인 아토스산의 흐릿한 모습이 저 수평선 아래로 천천히 사라져 가는 걸 지켜보게 되었다. 그리고 마치 고양이처럼 만족스럽게 기지개를 켜고 숨을 한 번 몰아 쉰 다음 조용히 노래를 부르기 시작했다. 이제 머지않아 그리스 전역에 유행하게 될 노래였다.

"살아라! 그리고 살아 있는 동안 찬란하게 빛나라.

절대로 슬픔에 휘둘리지 마라.

우리가 살아가는 인생은 찰나와도 같으니

언젠가는 그 마지막 순간이 다가오리라."

_<에우테르페에게 바치는 세이킬로스의 찬가>

< 세이킬로스의 노래 THE SONG OF SEIKILOS >

이 책에서 가공의 인물 칼리아가 부른 것으로 되어 있는 <세이킬로스의 찬가>는 사실 헬레니즘 시대의 유적에서 발견된 실제 그 시절의 노래이다. 또한 역사상 가장 오래된 악보와 가사가 정확하게 남아 있기 때문에 올림피아 제전이 열렸던 기원전 248년 칼리아가 불렀던 그 노래를 지금의 우리도 거의 똑같이 연주하고 노래할 수도 있다. 이 노래는 '세이킬로스'라는 사람의 묘비에 새겨져 있지만 실제로 이 세이킬로스가 누구인지, 그가 정말 이 묘비의 주인인지는 알 수 없다. 다만 '에우테르페Euterpe' 즉, 음악의 여신에게 헌정한다는 말도 함께 새겨져 있기 때문에, 확실하지는 않지만 세이킬로스가 이 노래를 만든 작곡자이자 작사가가 아닌가 추측하고 있다.

도망자

한낮이 다 되어 가는 시간, 강으로 이어지는 언덕의 비탈길 위에서 한 소녀가 계곡을 바라보며 서 있었다. 저 멀리 마을이 보였다. 어수선하게 늘어서 있는 초가지붕들 사이로 피어오르는 연기, 수확이 다 끝나 텅 비어 버린 강 옆의 밭들, 그리고 뭉게구름처럼 보이는 양떼들……. 모든 게 다 예전 기억 그대로였다. 소녀는 꽤 오랫동안 아무 말도 없이 그 자리에서 서서 단 한 마디로 설명할 수 있는 세상을 바라보았다. 그곳은 바로 '고향'이었다.

얼마 뒤 소녀는 한동안 잊고 있었던 고향의 말이라도 연습하듯 조용히 혼자 중얼거렸다. '저기가 네 고향이야. 지난 7년 동안 그저 꿈속에서만 볼 수 있었던 그곳으로 돌아왔어.' 지평선 너머로 보이는 산들도 7년 전과 전혀 달라진 것이 없었다. 그런데 강 근처에 살고 있던 마을 할아버지의 집이 지금 보이는 것보다 더 강에 가까이 있지 않았던가? 트라타는 할아버지 집 근처에서 뛰어놀던 때가 기억이 났다. 그렇게 놀고 있으면 혹시나 강물에 빠질까 염려한 할머니가 급하게 말리러 나오곤 했었다.

트라타는 그저 이 길을 따라 내려가기만 하면 됐다. 그렇게 한 시간 가량만 내려가면 마을 사람들을 다시 만날 수 있을 터였다. 그러면 모두들 뛰어나와 자기가 누군지 알아보고 더러는 울고, 더러는 웃으며 온갖 것들을 다 물어보겠지. 죽은 줄로만 알았던 사람이 7년 만에 다시 살아 돌아왔으니까.

그렇지만 트라타는 한숨을 내쉬며 미안하다는 듯 고개를 내저었다. 그녀는 결국 마을로 내려가지 않기로 했다. 마을은 예전 그대로일지 몰라도 세월이 너무나 많이 흘렀다. 이제는 누군가 다른 사람이 아버지의 밭을 물려받았을 것이다. 예전의 집도 분명 다른 사람들이 살고 있으리라. 그러니 지금 내려가 본다고 한들 처음에야 다들 반가워할지 몰라도 이내 뭘 어떻게 해야 할지 알 수 없는 그런 상황이 벌어질 것이다. 그동안 주인이 바뀌어 버린 밭이며 집을 어떻게 처리해야 할지 확실하게 말해 줄 수 있는 사람은 아무도 없었다. 아마도 누군가와 짝을 맺는 식으로 자신에 대한 문제를 처리하려 하지 않을까. 마을의 장로들은 예전에도 종종 그래왔듯이 지금 밭이나 집을 차지하고 있는 사람의 아들, 아니면 사촌쯤 되는 남자와 짝을 지어 주려 할 것이다.

하지만 꼭 그런 사정 때문에 마을로 내려가지 못하는 건 아니었다. 더 큰 문제는 지금 마을로 가면 아마 다시는 그곳을 떠나지 못할 거라는 점이었다. 트라타는 더 이상 예전의 그 어린아이가 아니었다. 한 곳에서만 살다가 같은 마을의 남자를 만나 부부가 되고, 아이를 낳아 기르면서 낮에는 밭일을, 그리고 밤에는 집안일을 하는 그런 삶에 만족하며 살 수 없는 사람이 되어 버린 것이다. 그럼에도 불구하고 트라타가 이곳까지 찾아온 건 그동안 자신에게 해 왔던 약속 때문이었다. 고향에 대한 그리움과 언젠가는 반드시 살아서 다시 돌아가겠다는 다짐은 아테네에서의 고달프고 힘들었던 생활을 견디게 해 준 유일한 힘이었다. 얇은 이불 한 조각을 덮고 웅크려 울면서 보냈던 그 모든 시간 동안, 트라타는 이렇게 고향 마을이 내려다보이는 언덕 위에 다시 서게 될 날을 기다리며 견디고 또 견뎌 냈다. 지평선 너머로 산들이 보이고 길게 흐르는 강을 따라 초가집들이 흩어져 있는 고향 마을을 반드시 다시 보고야 말리라!

그렇게 자신에게 했던 약속대로 고향 마을이 보이는 언덕까지 왔지만 차마 그곳까지 내려갈 수는 없었다. 한때 온 세상이나 마찬가지였던 저 마을은 이제 그녀에게는 좁디좁은 새장이나 다름없었다. 에게해의 섬들과 알렉산드리아의 등대, 그리고 페르가몬 왕국의 시장들까지, 그녀는 지금까지 너무나 많은 것들 보아 왔다. 게다가 사키온이 자신이 돌아오기를 기다리고 있었다. 사키온의 몸이 완전히 회복되고 나면 그를 따라 바빌론의 지구라트와 붉은 바위 절벽을 깎아 만든 신비한 도시 페트라, 그리고 비단길을 오고 가는 수많은 낙타들의 행렬을 볼 수 있을 것이다. 좋든 나쁘든 간에 트라타는 이제 오래전 고향 마을에서 붙잡혀 끌려갔던 어린 소녀가 아니었고, 아테네에서 도망쳤던 비쩍 마른 노예도 아니었다. 소녀, 아니 이제는 다 큰 처녀가 되어 버린 약재상 트라타는 전 세계의 시민이 되어 지금 이 자리에 서 있었다.

트라타는 지난 7년의 세월 동안 자기 자신에게 해 왔던 약속을 지키기 위해 머나먼 길을 달려서 여기까지 왔고, 비로소 인생의 한 부분을 마무리했다. 그리고 이제는 뒤돌아보지 않고 다시 새로운 인생을 향해 달려가야 할 시간이었다. 트라타는 기쁨의 환호성을 질러야 할지 아니면 아쉬움의 눈물을 흘려야 할지 잘 알 수 없었다. 그녀는 반대편으로 등을 돌려 자신이 아홉 살까지 살았던 고향 마을과 작별을 했다. 두렵지만 새로운 미래가 그녀 앞에 기다리고 있었다.

사진 출처

28쪽   Votive bust of Ptolemy II, 285-246 bc. Charles Edwin Wilbour Fund, 37.37E, Brooklyn Museum / Creative Commons-BY

34쪽   akg-images / Erich Lessing

42쪽   Terracotta Panathenaic prize amphora, attributed to the Euphiletos Painter, ca. 530 bc. Rogers Fund, 1914 / Metropolitan Museum of Art, New York

47쪽   akg-images / Hervé Champollion

55쪽   Decree relief with Athena, late fifth century bc. The Walters Art Museum, Baltimore / Creative Commons CC0

69쪽   Sepia Times / Universal Images Group via Getty Images

75쪽   Illustration from Trinkschalen und Gefässe des Königlichen Museums zu Berlin und anderer Sammlungen, Volume I, Eduard Gerhard, 1848

82쪽   PHGCOM / Wikimedia / Creative Commons CC BY-SA 3.0

90쪽   Granger / Shutterstock

106쪽   Familial scene in the gynaeceum. Red-figure Attic lebes gamikos after the manner of the Ariadne Painter, ca. 430 bc. National Archaeological

Museum in Athens / Marsyas / Wikimedia / Creative Commons CC BY-SA 2.5

114쪽   duncan1890 / istockphoto

122쪽   Lyre player with Kithara (author's own photograph)

130쪽   irisphoto1 / Shutterstock

143쪽   Physician treating a patient. Red-figure Attic aryballos, ca. 480-470 bc. Peytel Donation, 1914, Louvre Museum, Paris. Photo Marie-Lan Nguyen / Wikimedia / Creative Commons CC BY 3.0

150쪽   Zzvet / Shutterstock

159쪽   Wedding preparation. Red-figure skyphoid pyxis, Adrano Group, Sicily, ca. 330-320 bc. Pushkin Museum, Moscow. Photo shakko / Wikimedia / Creative Commons BY-SA 3.0

172쪽   Merchant ship of the classical era (author's own photograph)

177쪽   Symposium scene. Red-figure Attic bell-krater, Nikias Painter, ca. 420 bc. National Archaeological Museum, Madrid. Photo Marie-Lan Nguyen / Wikimedia / Creative Commons CC BY 2.5

186쪽   DEA / G. Dagli Orti / De Agostini via Getty Images

198쪽   Nejdet Duzen / Shutterstock

220쪽   DEA Picture Library / De Agostini via Getty Images

229쪽   Magical amulet against illnesses, third century ad. Papyrology Collection, P. Mich. Inv. 6666, University of Michigan Library

256쪽   Science History Images / Alamy Stock Photo

276쪽   Terracotta lekythos, attributed to the Amasis Painter, ca. 550-530 bc.

        Purchase, Walter C. Baker Gift, 1956 / Metropolitan Museum of Art,

        New York

283쪽   Bronze rod tripod stand, early sixth century bc. Gift of Mr and Mrs

        Klaus G. Perls, 1997 / Metropolitan Museum of Art, New York

296쪽   Merchant ship as seen in a port mosaic (author's own photograph)

308쪽   DEA Picture Library / De Agostini via Getty Images

326쪽   Muse playing the lyre, Attic white-ground lekythos, Achilles Painter,

        ca. 440-430 bc. Staatliche Antikensammlungen, Munich. Bibi Saint-

        Pol / Wikimedia / Creative Commons CC0

참고 도서

- Burford, A., "The Builders of the Parthenon', Greece & Rome, 1963, Vol. 10, Supplement: Parthenos and Parthenon 1963, pp.23-35

- Faulkner, N., A Visitor"s Guide to the Ancient Olympics, Yale University Press, Illustrated edition 2012

- Gabbert, J., "Piracy in the Early Hellenistic Period: A Career open to Talents", Greece & Rome, Vol. 33, No. 2, October 1986 pp.157-63

- McKenzie, J. et al. The Architecture of Alexandria and Egypt, c.300 BC to AD 700, Yale University Press 2007

- Miller, S., Ancient Greek Athletics, Yale University Press 2004

- Newton, C. & Popplewell Pullan, R., A History of Discoveries at Halicarnassus, Cnidus and Branchidae, Cambridge University Press 2011

- Onno, M. van Nijf, O. & Williamson, C., 'Connecting the Greeks: Festival Networks in the Hellenistic World', Proceedings of Anchoring Innovation in Antiquity, 17-20 December 2015

- Panagiotakopulu. E et al., 'Natural Insecticides and Insect Repellents in Antiquity: A Review of the Evidence', Journal of Archaeological Science

1995 22, 705-710

- Pedanius Dioscorides of Anazarbus, De materia medica, translated and edited by Beck, L., Georg Olms Verlag, Third revised edition 2017

- Retief, F. & Cilliers, L., 'Malaria in Graeco-Roman times', Acta Classica 2004, Vol. 47, pp. 127-137

- Rotstein, A., 'Mousikoi Agones and the Conceptualization of Genre in Ancient Greece', Classical Antiquity Vol. 31, No. 1 April 2012, pp. 92-127

- Vitruvius Pollio, Ten Books on Architecture, translated by Morgan, M., Dover Publications 1914

A Year in the Life of Ancient Greece

고대 그리스에서 1년 살기

A Year in the Life of Ancient Greece

1판 1쇄 인쇄	2022년 8월 1일
1판 1쇄 발행	2022년 8월 10일
지은이	필립 마티작
옮긴이	우진하
발행인	황민호
본부장	박정훈
책임편집	김순란
기획편집	강경양 한지은 김사라
마케팅	조안나 이유진 이나경
국제판권	이주은 한진아
제작	심상운
발행처	대원씨아이㈜
주소	서울특별시 용산구 한강대로15길 9-12
전화	(02)2071-2017
팩스	(02)749-2105
등록	제3-563호
등록일자	1992년 5월 11일
ISBN	979-11-6918-743-5 03920